CHAVES DE OURO

PARA A ASCENSÃO E

A CURA

REVELAÇÕES DE SAI BABA E DOS MESTRES ASCENSIONADOS

PEQUENA ENCICLOPÉDIA DO CAMINHO ESPIRITUAL DE *JOSHUA DAVID STONE*

Volume I
MANUAL COMPLETO DE ASCENSÃO — A Realização da Ascensão nesta Existência

Volume II
PSICOLOGIA DA ALMA — Chaves para a Ascensão

Volume III
ALÉM DA ASCENSÃO — Como Concluir os Sete Níveis de Iniciação

Volume IV
MISTÉRIOS OCULTOS — ETs, Antigas Escolas de Mistério e Ascensão

Volume V
OS MESTRES ASCENSIONADOS ILUMINAM O CAMINHO — Sinalizadores de Ascensão

Volume VI
ASCENSÃO CÓSMICA — Roteiro para os Reinos Desconhecidos da Luz

Volume VII
O CAMINHO DA ASCENSÃO — Manual do Iniciante

Volume VIII
CHAVES DE OURO PARA A ASCENSÃO E A CURA — Revelações de Sai Baba e dos Mestres Ascensionados

Volume IX
MANUAL PARA A LIDERANÇA PLANETÁRIA

Volume X
SUA MISSÃO ASCENSIONAL — O Seu Papel no Plano Maior de Deus

Volume XI
REVELAÇÕES DE UM INICIADO EM MELQUISEDEQUE

Joshua David Stone

CHAVES DE OURO PARA A ASCENSÃO E A CURA

REVELAÇÕES DE SAI BABA E DOS MESTRES ASCENSIONADOS

Tradução
ADAIL UBIRAJARA SOBRAL
MARIA STELA GONÇALVES

EDITORA PENSAMENTO
São Paulo

Título do original:
Golden Keys to Ascension and Healing

O primeiro número à esquerda indica a edição, ou reedição, desta obra. A primeira dezena à direita indica o ano em que esta edição, ou reedição, foi publicada.

Edição	Ano
1-2-3-4-5-6-7-8-9	00-01-02-03-04-05

Direitos de tradução para a língua portuguesa
adquiridos com exclusividade pela
EDITORA PENSAMENTO LTDA.
Rua Dr. Mário Vicente, 374 — 04270-000 — São Paulo, SP
Fone: 272-1399 — Fax: 272-4770
E-mail: pensamento@cultrix.com.br
http://www.pensamento-cultrix.com.br
que se reserva a propriedade literária desta tradução.

Impresso em nossas oficinas gráficas.

SUMÁRIO

DEDICATÓRIA A SAI BABA PELOS MESTRES ASCENSIONADOS DO PLANO INTERIOR DA HIERARQUIA CÓSMICA E PLANETÁRIA

Sai Baba é luz e amor. Sai Baba é a personificação Shiva de Brahma e Vishnu. Ele é igualmente Shakti. É a junção das energias de sua santidade o Senhor Sai Baba conosco, os mestres ascensionados do plano interior, a inspiração da redação deste livro. Por isso, é oportuno que nós o apresentemos. Também buscamos partilhar a verdade fundamental de que estamos prontos a ficar em comunicação telepática com todo aquele que nos buscar com sinceridade de coração e mente. Por isso desejamos abordar a maneira pela qual se pode ter acesso telepático a nós.

O mundo avançou e evoluiu de maneira sobremodo rápida ultimamente. Há uma grande rede telepática ligando toda a humanidade, ainda que concentrada primordialmente entre os discípulos, iniciados e mestres auto-realizados do mundo. Essa rede telepática constitui um aspecto da consciência de grupo que vocês, filhos do Deus uno, manifestam como em nenhuma outra época. Essa rede liga os que trabalham na esfera física da encarnação e que podem ser considerados como estando em comunicação telepática horizontal.

Há outro vínculo telepático deveras prodigioso que foi ativado a um grau nunca antes possível para as massas. Trata-se da conexão vertical de energia entre a humanidade e os planos superiores dos mestres planetários, dos mestres cósmicos, dos arcanjos, dos anjos, dos elohins e das várias outras culturas planetárias cuja função é ajudar a humanidade. Nós, da hierarquia celestial, caros amados do nosso coração, existimos e os abraçamos de ambas essas esferas. Andamos entre vocês como um de vocês e, por conseguinte, estamos em conexão telepática com vocês através do vínculo espiritual horizontal que existe entre todas as pessoas no âmbito da humanidade. Em alguns casos, somos vocês, porque vocês alcançaram os píncaros do ser que permitem que vocês sejam os próprios representantes de Deus na Terra. Na verdade, nós, a hierarquia do plano interior dos mestres ascensionados da mais sublime luz, amor e força, passamos boa parte da nossa existência nessas esferas expandidas do ser, de maneira a manter sempre um canal aberto de comunicação com todos os que buscam por nós por meio do vínculo espiritual vertical.

Este livro especial é sobre a ponte que há entre Sai Baba, nós, das esferas celestiais, a hierarquia do plano interior, o autor, todos e cada um de vocês. Trata-se de um tributo e de uma homenagem a sua santidade o Senhor Sai Baba, bem como a todos os seres ascensionados. Ele fala da unidade universal de toda a vida e celebra, em jubilosa devoção, a graça de Sai Baba!

Que se faça saber que o amor, a graça e a sabedoria de Sai Baba abraçam todos os que o abraçam e todos os que amam a Deus sob qualquer nome. Os que clamam a sua santidade em amor e devoção também clamam a nós. Sai Baba veio para a Terra a fim de ficar com todos vocês, pois é ele toda e a própria essência e substância daquilo que é, não havendo, assim, nenhuma parte em que ele não esteja, nenhuma pessoa a quem ele não possa falar, nenhuma oração que ele não escute.

Assim ele vem e ele é, e faz o seu trabalho cósmico nos abençoados solos do planeta Terra. Em conseqüência, todo homem, mulher e criança são abraçados no interior do seu coração dos corações. Onde habita o amor, aí Sai Baba é conhecido — e conhecido por muitos nomes. Porque ele é do coração do próprio amor. A que corações falará ele? A todos e a cada um de vocês que ao menos amam, porque o amor é tanto o doador como o receptor. O amor é a semente, a flor, o fruto e a mão que rega a vinha.

Qual é, então, a grande diferença entre o que registra a orientação interior do mestre quando ele fala no interior do coração, da mente e do espírito, aquele que adora o ser do mestre sem seguir as tradições, e aquele a quem o mestre vem como curador numa cachoeira de vibhuti derramada sobre uma foto, cujo caminho e chamado são seguir a obra do mestre segundo os passos da tradição hindu? Amados nossos, não há diferença entre eles. Vocês são todos a mesma coisa, porque o amor sempre falará ao amor. O veículo de expressão encontrará a saída mais apropriada, mas será sempre aquela voz Una de amor que o coração e a mente seguem e para a qual atentam.

Expandam, pois, a visão que vocês têm dele, a fim de que ele possa lhes revelar mais o seu próprio ser. É isso que as palavras contidas neste livro buscam fazer: derrubar as paredes da divisão e expandir a visão máxima. O que, na realidade, é essa visão senão uma visão de unidade — unidade entre o homem e o homem, entre a mulher e a mulher, entre o homem e a mulher, entre a humanidade e Deus? A forma de sua santidade o Senhor Sai Baba foi trazida à manifestação não para que ele se visse limitado pela forma e pelas concepções ou singularmente apartado da hierarquia celestial, mas para que vocês, caríssimos, pudessem ver, por meio de sua forma em ação, como é verdadeiramente ilimitada e transcendente a forma. Todos os corpos são apenas a manifestação densa de Deus, e as formas que vocês vestem — suas encarnações — são, em verdade, veículos para a expressão em expansão de Deus sobre a Terra, e foi isso que ele veio testemunhar e revelar.

Sua orientação, sua presença amorosa, sua luz, sua sabedoria estão aqui, todas elas, à disposição, para serem usadas, se vocês ao menos estenderem a mão. Ele por certo está na Índia numa semelhança de forma humana, mas também está além da Índia. Ele está além daquilo que a imaginação de vocês julga que ele é, e ao mesmo tempo está bem aqui, dentro de cada um de vocês e de todos vocês. Alguns ele chama para fazer a viagem de muitos e muitos quilômetros, para o lugar em que ele reside fisicamente na forma. A outros ele vem num tempo inferior ao piscar dos olhos, pois ele já está com vocês todos, no íntimo de vocês todos. Assim sendo, não fiquem atrapalhados nem perturbados se encontrarem a orientação dele em sua própria mente, ou o toque dele em seu coração, porque, assim como ele chama alguns de vocês a dirigir-se ao lugar em que reside fisicamente, assim também ele é chamado por alguns de vocês — e esperemos que por um número cada vez maior — a ir ao lugar em que vocês residem fisicamente. E então, ei-lo presente!

Não há como limitá-lo, assim como não há como limitar nem confinar a vastidão sem termo de Tudo O Que Existe. Muitos corações e um amor; muitos caminhos e uma verdade; muitas vozes e um cântico doce de glorificação ao Uno. Estejam, portanto, receptivos à vastidão de sua santidade o Senhor Sai Baba. Não fiquem imaginando como uma pessoa ou grupo de pessoas específicos podem ouvi-lo e transmitir sua mensagem de orientação e de amor. Imaginem, sim, por que não conseguem beneficiar-se também disso.

Quanto maior a nossa expansão em unidade, tanto maior a nossa amplidão. Baba veio à Terra já expandido, já ampliado; ele a tudo permeia. Sigam, portanto, o caminho que melhor os guia para ele, se buscam conhecê-lo. Mas lembrem-se que, embora esse caminho possa efetivamente envolver a jornada por muitos e muitos quilômetros, podendo também ser aquele que envolve uma jornada de apenas um fôlego, um suspiro, vocês o verão e saberão que vocês mesmos foram um, assim como um dia serão um com Baba e com todos os mestres ascensionados do plano interior. Em conseqüência, na verdade nunca existiu nenhuma divisão do coração nem da revelação. Onde ele está e onde estamos, Deus também está. Onde vocês estão, aí também está Deus. Nessa verdade revela-se o segredo da acessibilidade dele e nossa e das glórias da nossa sagrada comunhão.

Este livro veio a lume a partir de dentro, não em Puttaparthi, Índia, mas no coração e na experiência de Joshua, um devoto que clamou à sua santidade o Senhor Sai Baba e descobriu que ele de fato estava presente. Muitos livros foram escritos por aqueles que fizeram a jornada física para o seu ashram exterior. Esses livros revelam uma multiplicidade de milagres e tornam muitos corações receptivos.

Aqui nestas páginas está a história de uma jornada interior rumo a Baba, ao seu ashram do plano interior, em que também ocorre e se manifesta solidamente no físico uma multiplicidade de milagres. Essa história é contada para que outros saibam que essa jornada também está à sua disposição — uma jornada que não requer viagens de avião nem passaportes, exceto um: o passaporte do amor e da sinceridade. É por esse motivo que Baba foi chamado para que este livro peculiar tomasse molde e forma — para que todos, em toda parte, e de toda fé e caminho, possam ouvir a verdade da unicidade divina e saber que Baba está, literalmente, à distância de uma oração do conhecimento que vocês têm dele e dos milagres de amor que ele faz. Leiam este livro; e saibam então que essa peregrinação do coração é uma peregrinação que vocês podem fazer, mesmo neste segundo, e que ele já está, na verdade, em unidade com vocês e dentro de vocês. Assim como de fato ele chama alguns de vocês a ir ter com ele, assim também é verdade que, quanto ao resto de vocês, ele simplesmente espera um chamado para manifestar o amor e a sabedoria e os milagres que a vida há de mostrar. Ele está aqui e espera apenas ser útil a vocês.

Sempre no amor do Uno, somos a voz dos mestres ascensionados do plano interior.

PREFÁCIO

Este livro trata de como curar e manifestar a própria ascensão, prosperidade e saúde em todos os níveis por meio de Sai Baba e dos mestres ascensionados. Antes de apresentar minhas 420 chaves de ouro, eu gostaria de assentar bases e de proporcionar um contexto para algumas das chaves apresentadas no livro.

Durante certa fase da minha vida adulta, recebi algumas lições muito sérias relacionadas com a minha saúde física. Retrospectivamente, considero essa experiência não apenas um prodigioso mestre e catalisador da minha evolução espiritual, mas também um treinamento no meu desenvolvimento como psicoterapeuta, defensor da saúde holística e professor espiritual. Como as chaves de ouro que vocês vão ler neste livro são as que tenho usado para me curar em todos os níveis e para manifestar a minha ascensão e liderança, vocês perceberão que algumas delas têm um sabor autobiográfico.

Escrevi muitos livros de natureza mais didática. Este livro é peculiar pelo fato de Sai Baba ter me pedido que escrevesse um relato mais pessoal de como apliquei à minha própria vida todas as informações dos meus livros e cursos. Refiro-me freqüentemente, neste livro, aos problemas de saúde que tive de superar e ao modo como o fiz; por conseguinte, esse é um dos temas do livro. Como nos meus outros livros não escrevi sobre a minha vida pessoal, quis proporcionar aos meus leitores uma compreensão da maneira pela qual encarei a elaboração deste.

Tentei consolidar o essencial dos meus livros anteriores, e muito mais coisas, num volume prático, conciso e de fácil leitura. Logo, este livro contém a quintessência dos ensinamentos dos mestres ascensionados, tal como os apliquei à minha vida pessoal.

Foi meu objetivo escrever um livro que se configurasse como uma diretriz para ajudar as pessoas a curar a si mesmas, a alcançar a ascensão e a se encaminhar para a liderança espiritual — ainda que elas não tivessem lido nenhum dos meus livros anteriores. Este livro também proporcionará introvisões e servirá como um guia de recursos para o trabalho com o tratamento aprofundado de certos tópicos que abordei nos meus outros escritos. Para vocês, meus amados leitores, ofereço este livro com imenso amor. Que as palavras e a energia dele lhes proporcionem inspiração e benefícios em sua jornada espiritual.

PREFÁCIO

PRÓLOGO

INSPIRADO POR SAI BABA E PELOS MESTRES ASCENSIONADOS

Às vezes, não basta pedir simplesmente à humanidade que tenha fé. Embora a fé seja de fato um atributo a ser cultivado, a humanidade precisa de bases sobre as quais cultivar essa fé. Como se evidencia em toda parte ao nosso redor, o mundo se encontra num estágio de transição ampla e rápida. A humanidade está sendo chamada ao seu lar a fim de unir o eu pequeno ao Eu maior, o atman, e o atman com Brahman, o Uno. Esse renascimento de um planeta não é um empreendimento de pouca monta; e é por isso que Sai Baba, o homem dos milagres, o avatar de Deus, veio servir de fundamento sobre o qual a fé pode ser a substância de coisas vistas, conhecidas e sentidas como realidade sobre a Terra.

Tem havido muita confusão no tocante a Sai Baba, bem como grande exaltação e devoção. Da perspectiva esotérica do mestre ascensionado, Sai Baba é uma manifestação do Cristo cósmico. Ele personifica mais luz e amor do que qualquer ser que já tenha encarnado na Terra. Ele está aqui porque a humanidade está pronta para ele e porque esta, num sentido bastante real, invocou-lhe o ser. Parte disso decorre do processo natural da evolução, que fez a Terra avançar até o ponto em que ora está, um planeta sagrado que personifica mais energia de Deus do que em qualquer outro momento. Contudo, a própria humanidade desempenhou um grande papel nessa evolução por meio da invocação da luz e do amor, tendo assim se acelerado a si mesma mediante os seus próprios esforços.

Dessa forma, Sai Baba vem de esferas cósmicas transcendentes nascido do Eu Divino e do chamado do Eu Divino. Ele veio à luz para mostrar o caminho e o grande potencial inerentes à humanidade, pois do contrário não teria assumido forma humana. Ele se manifesta como curador, como o que indica o caminho e como a personificação da luz e do amor, que ele irradia. Veio para ensinar pela palavra, pela própria presença da sua sublime essência e pela sua condição de exemplo vivo do potencial da humanidade. Ainda que esteja encarnado em forma indiana e viva na cidadezinha de Puttaparthi, isso de nenhuma maneira limita sua missão cósmica quer à tradição hindu, quer a uma localidade específica do planeta. Muitos devotos que nunca se encontraram com ele em sua terra natal parecem conhecê-lo bem, pois que o encontraram através da luz do coração que arde interiormente.

A missão de Sai Baba não é apenas global, mas cósmica. Fazem-se referências a ele como sendo Shiva e Shakti, e ele é, de fato, os dois. Quando a Terra dá à luz a si mesma, o antigo é destruído ou, dito de maneira mais apropriada, transformado, deixando espaço para a criação do novo. Vemos isso em toda parte, todos os dias, em todas as nações, já que há efetivamente uma grande reviravolta em andamento à medida que o antigo dá lugar ao novo. É como se a humanidade como um todo, com os Trabalhadores da Luz na vanguarda na qualidade de protótipos, estivesse passando repetidas vezes pelo canal de nascimento, à medida que cada nível e cada iniciação são transcendidos, apenas para ver diante de si o nível seguinte, enquanto o processo se repete. Assim é que Shiva e Shakti dançam, destruindo e recriando, impelindo a humanidade a alturas que nunca antes estiveram ao alcance da mão e do coração que buscam. Shiva e Shakti são energia pura. Shiva é a energia da destruição e da transformação; Shakti é o princípio da criação, a própria energia da manifestação, a contraparte feminina de Shiva. Juntos, Shiva/Shakti formam um equilíbrio perfeito de que Sai Baba é o divino representante.

A energia pura da Mãe divina é mais um nome para a energia de Shakti, a serpente enrodilhada na base da coluna, a qual sobe pela espinha e pela cabeça a fim de unir o que chamamos de homem com o que chamamos de Deus. O advento de Sai Baba é a revelação na matéria da coexistência desses dois princípios, sendo, por conseguinte, a verdadeira personificação do *hu-man* [como se sabe, *man* é homem em inglês], Deus-homem. Sai Baba é, em conhecimento pleno e total, o representante divino tanto da humanidade como de Deus.

É importante que nos demos conta de que Sai Baba é um avatar no sentido mais verdadeiro da palavra. Ele nasceu iluminado, nasceu desperto na plena e total compreensão do seu ser divino. Ele não é um guru comum, um mestre ou mesmo um mestre ascensionado. Ele se manifesta como graça encarnada para que possamos conhecer o futuro do nosso próprio vir-a-ser; para que nós, devotos, iniciados ou mesmo mestres na Terra, pudéssemos ver dentro de nós mesmos um maior potencial para mais amor, mais luz, mais verdade e para a concretização de Deus. Ainda não estamos nesse ponto, não estamos na esfera da realização ou concretização ou mesmo da compreensão. Mas como Sai Baba está, e se encontra aqui, recebemos a graça de ver, de tocar, de sentir e de perceber a glória que nos espera no âmbito da nossa evolução cósmica.

Como, pois, devemos olhar para Sai Baba? De modo algum, exceto por intermédio dos olhos do amor. Como é preciso ver seus milagres? Certamente não mediante a análise, visto que esses milagres desafiam qualquer recurso de que imaginamos dispor para analisá-los. Eles também são dádivas do amor. Fomos agraciados com um ser tão profundamente puro, divino e consciente em Deus, que tentar conhecê-lo de qualquer outra maneira, exceto a do coração, é uma tarefa inútil. Pensem no próprio amor. Não está o amor completo no ato de amar? Não é verdade que se demonstra o amor por meio da virtude do seu próprio mérito, da sua própria dádiva? Assim é Sai Baba, Sai Ram.

Certos devotos são chamados a seguir o caminho tradicional hindu/indiano da devoção. Outros não o são, porém são chamados do mesmo modo, por intermédio do amor, por Sai Baba. Saibam que ele se importa não com a maneira pela qual vocês se dedicam a ele ou o conhecem — ele se importa apenas com que vocês o conheçam como amor. Que o amor é o santuário de vocês e o seu altar e aquilo que é cultuado nesse altar. Sai Baba vem numa forma, mas quem é ele transcende a tal ponto essa forma que limitá-lo a ela é limitar o amor, limitar Deus. Conhecê-lo e amá-lo, contudo, é graça; porque é aí que a humanidade tem a oportunidade de ver a face e a forma do próprio amor, inalterado e sem nenhum véu sobre si.

Assim é que Sai Baba agraciou a Terra neste momento, a fim de trazer mais luz e amor aos Trabalhadores da Luz e a fim de despertar os adormecidos para a verdade que Deus é e para o fato de que Deus habita em todos. As forças da luz e do amor despertarão cada um de nós e todos nós, assim como despertarão melhor os já despertos! Assim vem Sai Baba, o avatar do amor e da luz, que desperta a humanidade para Deus e que dá a todos, e a cada um de nós que seja receptivo a ele mesmo um pouco, a coisa exata de que precisamos para dar o nosso próximo passo rumo ao maior conhecimento, ao maior amor e ao maior ser. Alguns precisam de milagres — e estes são oferecidos em abundância. Mesmo os que alegam crer em milagres costumam ficar transidos de espanto quando na presença de um, seja a manifestação de vibhuti, um amuleto ou a resposta a uma oração.

Sai Baba é a manifestação de tudo isso e de mais. Ele é Shirdi Sai Baba do passado e Prema Sai Baba do futuro. Ele é agora, assim como foi e será, a mais elevada manifestação de Deus na Terra que já agraciou o nosso planeta. Isso de maneira alguma nega a divindade de Cristo, de Buda e de outros grandes mestres. Significa simplesmente dizer que um avatar das esferas cósmicas optou por vir à nossa Terra neste momento de aceleração da evolução a fim de ajudar a nutri-la — e a todos nós contidos em seus vários reinos — ao longo do caminho da luz. Assim como a Terra personifica, hoje mais do que nunca, mais amor e mais luz, assim também Sai Baba traz à manifestação na forma mais amor e mais luz do que até hoje estiveram ancorados em nosso planeta.

Este prelúdio busca agora a conclusão, mas aí está a chave secreta: não há fim, nem para o que Sai Baba é nem para o potencial da humanidade. Em conseqüência, dizemos simplesmente: sintam com seu coração. Sai Ram.

INTRODUÇÃO

MINHAS EXPERIÊNCIAS PESSOAIS COM SAI BABA

A GLÓRIA DE SAI BABA

Esta é a história da minha jornada com Sai Baba. No meu primeiro livro, *The Complete Ascension Manual**, escrevi o que julgo ser um capítulo iluminador sobre a vida e os ensinamentos de Sai Baba. Trata-se de um dos capítulos favoritos do meu livro. Vou agora partilhar minhas experiências mais pessoais.

Os dois professores espirituais que tiveram o efeito mais profundo na minha vida são Sai Baba e Djwhal Khul. Ainda que toda a minha vida esteja concentrada no ashram de Djwhal Khul, e que o mesmo continue a ocorrer depois de eu deixar este plano terreno, Sai Baba ainda está presente na minha vida como um guru cósmico, por assim dizer. Sempre que tenho qualquer experiência espiritual notável no estado onírico, é sempre Sai Baba quem está por trás dela. Não passo muito do meu tempo dedicando-me a ele da maneira como o fazem seus verdadeiros devotos, assim como não passo muito tempo pensando nele visto que me encontro muito ocupado no ashram de DK. Mas Sai Baba, em sua onisciência, conhece o meu coração e pode sentir o amor e a devoção infinitos que sinto por ele.

É preciso compreender que Sai Baba não é um mestre ascensionado comum. Não tenho certeza sobre se já houve um dia um mestre espiritual encarnado dessa magnitude que tenha vivido na Terra. A maioria dos mestres ascensionados que há na Terra está na sexta, sétima, oitava e talvez, no máximo, nona iniciação, no sistema de iniciação de Alice Bailey. Sai Baba está funcionando em algum ponto entre a décima segunda e a vigésima quarta iniciação.

Tive contato com quase todas as escolas de mistério, com os caminhos espirituais e as religiões do planeta. Nunca deparei com ninguém que tivesse a mag-

* *Manual Completo de Ascensão*, publicado pela Editora Pensamento, São Paulo, 1999.

nitude de Sai Baba. Quando afirmo isso, não sugiro que ele deva ser seu guru ou que você mude de caminho espiritual, nem Sai Baba o faz. Conserve os professores e o caminho espirituais que você tem agora, pois Sai Baba está em todos eles. Alguns canais referiram-se a ele como um regente espiritual. Eu recomendaria que você o usasse como um sistema de apoio para o caminho espiritual no qual você já se encontra.

Sai Baba é o ser espiritual mais elevado a viver na Terra. Os dois mais elevados seres a viver no planeta são Sai Baba e o Senhor Maitreya. O Senhor Maitreya é o Cristo planetário e o cabeça da hierarquia espiritual. Sai Baba é o Cristo cósmico. Poder-se-ia considerar o Senhor Maitreya um avatar galáctico. Sai Baba é um avatar universal. O termo "avatar" é usado de maneira bem pouco precisa nos círculos metafísicos. Eu designo pelo termo um ser totalmente realizado em Deus ao nascer. A partir dessa definição, Jesus, Buda, Maomé e Krishna não foram avatares. Nenhum dos grandes mestres que iniciaram todas as nossas religiões conhecidas foi de fato um avatar nos termos da minha definição. Não digo isso à guisa de juízo; afirmo simplesmente um fato.

Uma coisa peculiar em Sai Baba é o fato de ele estar fisicamente encarnado agora, algo que, de certa maneira, o torna mais prontamente disponível. O Senhor Maitreya também está fisicamente encarnado, mas permanecerá oculto até o momento de se afirmar claramente. Isso não quer dizer que ele não esteja disponível no sentido espiritual, mas não está prontamente disponível no sentido em que o tem estado Sai Baba nos últimos 67 anos na Terra. Sai Baba é literalmente um Deus ambulante na Terra. Ele pode caminhar sobre as águas, ressuscitar os mortos, transformar água em vinho e materializar coisas à vontade. Sai Baba podia na verdade materializar coisas a partir do nada quando era criança. Ele nunca teve um guru, tampouco treinamento espiritual, porque foi realizado em Deus ao nascer. Sai Baba diz que há quinze sinais de um ser auto-realizado. O décimo sexto sinal só se manifesta num verdadeiro avatar. Esse décimo sexto sinal é a onipotência, onisciência e onipresença absolutas. Essa é a glória de Sai Baba.

Nunca fui a Índia. Eu teria ido num instante; porém, como me recuperava de uma hepatite e seguia um regime rigoroso, não havia como suportar a viagem. Pela graça de Deus e de sua santidade o Senhor Sai Baba, meu desejo foi realizado — pois Sai Baba veio a mim. Combinei com o meu grupo principal que assim que aprendermos a nos teletransportar efetivamente, o primeiro lugar aonde iremos será Puttaparthi, Índia, para visitar Sai Baba.

Surpreende-me o fato de há cinco ou seis anos eu nada saber sobre Sai Baba, embora estivesse constantemente procurando caminhos espirituais a estudar. Um grande número de pessoas me disse a mesma coisa. Talvez cada pessoa seja guiada para ter acesso à sua energia no momento apropriado de sua vida. Os que não sabem muito sobre ele, agora podem considerar que estão sendo iniciados. Porque, na verdade, não creio que haja no mundo algo de que eu goste mais do que fazer as pessoas se voltarem para Sai Baba. Com este prefácio, iniciarei minha odisséia pessoal com sua santidade Sathya Sai Baba.

A JORNADA RUMO À SUA GLÓRIA COMEÇA

Ouvi falar pela primeira vez de Sai Baba quando conheci uma moça em Los Angeles. Ela tinha um irmão que acabara de voltar da Índia. Contou-me ela a seguinte história. Seu irmão viajara até o ashram de Sai Baba e passara dez dias tentando entrevistá-lo. Havia milhares de pessoas ali e, passados dez dias, ele acabou desistindo. Foi fazer naquele dia um passeio a cerca de quinze quilômetros do ashram, na direção de uma grande montanha. Sentou-se nas encostas da montanha e rezou para Sai Baba, dizendo-lhe apaixonadamente que o aceitava como seu guru, ainda que nunca tivesse sido agraciado com um encontro. Ele abriu os olhos e Sai Baba tinha materializado dez pacotes de cinza vibhuti no seu colo. (Três dias depois, esse irmão teve a gentileza de me dar um desses pacotes.) No dia seguinte, quando voltou ao ashram, Sai Baba o escolheu no meio da multidão e ele teve seu primeiro encontro.

Fiquei intrigado com essa história e comecei a ler *Sai Baba, Avatar*, de Howard Murphet. Também escrevi uma carta a Sai Baba pouco depois disso. Sai Baba diz que lê cada uma das cartas, ainda que não abra necessariamente todas. Na carta, eu lhe pedia ajuda para alcançar a liberação e a auto-realização. Alguns meses depois, tive meu primeiro sonho com ele. Antes disso, fui a um seminário de um dia dirigido por Patricia Diegel, que eu conhecera havia dez anos por intermédio do meu pai.

Patricia é uma professora espiritual e médium especializada em ajudar as pessoas a descobrir o seu nível de evolução anímica. Ela desenvolveu uma escala que vai de um a mil, e ela entra em sintonia mediúnica e diz a você o ponto em que você se encontra espiritual, mental e emocionalmente. Fiquei intrigado com seu programa e tive uma consulta com ela. De acordo com sua escala, ela me disse qual o estágio da minha evolução, e senti intuitivamente que era provável que ela estivesse certa. Patricia tivera alguma formação a partir do material de Alice Bailey, estando assim familiarizada com o conceito de iniciações espirituais. Mas ela não vinculara esse conceito com o seu sistema, e assim sua escala não dizia em que ponto é alcançada a liberação.

Comecei a brincar intuitivamente com o seu material a fim de tentar descobrir quantos pontos de sua escala me eram necessários para atingir a libertação da roda do renascimento. Foi quando eu fazia isso que tive meu primeiro sonho com Sai Baba. No sonho, Sai Baba vinha a mim e dizia que eu precisava de 70 pontos na escala de Patricia Diegel para alcançar a liberação nesta vida. Não se poderia ser mais claro.

Na época, eu ainda não me dera plenamente conta de quem era Sai Baba. Eu não sabia que ele era um avatar cósmico. Julgava que fosse um dos muitos mestres auto-realizados da Índia. Fiquei no entanto profundamente comovido com o sonho e me concentrei ainda mais no meu caminho espiritual. Como Sai Baba disse em seus livros e palestras que ninguém sonha com ele sem que ele queira isso, eu fora contatado. Duas ou três semanas depois, ele me apareceu outra vez no estado onírico, sentado no meu chakra da coroa, na posição de lótus. Ele saiu do meu chakra da coroa e começou a fazer os milagres mais surpreendentes diante de um grande grupo de pessoas.

Passado algum tempo, recebi um tratamento de cura de uma amiga de aguçada clarividência e clariaudiência. Durante minha cura, ela recebeu uma mensagem segundo a qual os mestres estavam me chamando. Perguntei: "Que mestres?" A orientação era a de que um deles era Sai Baba. O sr. Cretino, aqui, finalmente recebeu a mensagem. A partir daí, imergi em Sai Baba e entrei num dos mais espantosos períodos da minha vida. Li todos os livros que pude encontrar sobre ele, fui a encontros sobre Sai Baba. Visitei a livraria Sai Baba em Tustin, Califórnia. Nas reuniões e na livraria comprei muitos livros e fotos maravilhosos dele.

Cada livro sobre Sai Baba que eu lia era mais espantoso que o outro. Só então comecei a compreender-lhe a profundidade. Bem poucas pessoas compreendem de fato a magnitude e bênção que a Terra está recebendo neste momento. Sai Baba disse que é a encarnação do Senhor Attatreya, que por sua vez é no hinduísmo a encarnação de Brahma, Shiva e Vishnu, vivendo no mesmo corpo. Disse também que é a encarnação de Shiva e Shakti vivendo no mesmo corpo. Essa é sua segunda encarnação como avatar tríplice. Em sua última vida, ele foi o santo realizado em Deus Shirdi Sai Baba, e nessa vida foi a personificação de Shiva. Meu quinto livro, *Os Mestres Ascensionados Iluminam o Caminho*, faz um relato do seu passado como esse assombroso santo.

Sai Baba disse que viverá 96 anos e então passará. Voltará novamente em dois anos como Prema Sai Baba. Chegou mesmo a dar a um discípulo um medalhão que traz a sua aparência nessa encarnação futura.

ENCONTROS DO PLANO INTERIOR COM SAI BABA

Foi durante esse período que participei de uma iniciação no fogo dirigida por Earlyne e Robert Chaney. Fiz votos então de compromisso espiritual e pureza, votos que programei propositadamente para entrarem em vigor na época dessa iniciação no fogo. Na noite anterior, sonhei que estava numa sala de aula com Sai Baba e umas 100 outras pessoas. Muitos de nós que estávamos na classe encontraríamos pessoalmente Sai Baba. Este se dirigiu primeiro a mim e pôs a mão na minha cabeça. Entrei no seu gabinete e tive minha primeira entrevista. Como não pude ir à Índia ter o encontro, Sai Baba teve a gentileza de me conceder um no plano interior.

Tive muitos outros sonhos com Sai Baba nesse período da minha vida. Num deles, eu o visitava em seu ashram em Puttaparthi, Índia, e ele estava me mostrando o lugar. Lembro-me de dizer-lhe, no sonho, que eu não podia acreditar que o estivesse visitando daquela maneira. Noutra cena, eu me encontrava num cômodo com ele e algumas outras pessoas. Eu estava cheio de amor e devoção por ele. Comecei a chorar enquanto lhe dizia que o amava muito. Limpando uma lágrima dos olhos e vindo na minha direção, ele me trouxe um lenço, que julguei estivesse doce. Essa é uma experiência comum a muitos dos devotos de Sai Baba. E recebeu o nome de "lágrimas bhakti" ou lágrimas devocionais.

Na cena seguinte, eu fazia aquilo que recebe o nome de padnamaskaram. É a prática espiritual de tocar com a cabeça os pés do mestre, em sinal de entrega a Deus. Lembro-me de me sentir no sonho um tanto desajeitado porque não sou indiano e não tinha muita certeza sobre como fazê-lo. Tive então uma experiência de viagem da alma extremamente agradável; nela, Sai Baba me mostrava como seus devotos a faziam. Sai Baba é o epítome do amor, do altruísmo e da ausência de ego.

Outra experiência com Sai Baba se vinculava com uma comunicação canalizada que tive de um ser espiritual, o doutor Peebles, bastante popular em Los Angeles. Nessa comunicação, eu perguntava ao doutor Peebles se ele podia enviar uma mensagem a Sai Baba, embora eu não saiba o que me fez pensar nisso. A mensagem era: "Peço humildemente para ser seu devoto e discípulo no meu caminho da liberação e da realização de Deus." O doutor Peebles enviou a mensagem a Sai Baba, e este por seu intermédio enviou uma mensagem de acordo com a qual eu fora aceito. Sai Baba acrescentou que em uma semana eu encontraria algo que iria consolidar a nossa relação.

No dia seguinte, eu estava meditando com uma querida amiga, Athena. Ela é clarividente e clauriaudiente e costumamos meditar juntos. Nessa meditação, ela disse que acabara de receber uma mensagem de acordo com a qual eu encontraria algo sob o meu travesseiro. Eu estava cético e não dei muito crédito a isso. Contudo, duas horas depois, quando me lembrei da mensagem, olhei debaixo do travesseiro. Lá estava o medalhão que eu perdera meses antes e que era um dos meus bens mais valiosos! Era dourado e trazia uma figura de Jesus com uma pomba, um símbolo do Espírito Santo, que descia sobre ele. Eu não dissera a ninguém que o perdera. Sai Baba materializara para mim meu medalhão perdido como âncora da minha conexão com ele. Eu estava agora vinculado com Sai Baba de maneira integral.

Posteriormente, voltei a ver o doutor Peebles e pedi-lhe que enviasse outra mensagem. Pedi a Sai Baba ajuda para conseguir a minha liberação. Eu sabia que estava me aproximando; um período de um ano e meio a dois se passara desde aquele primeiro sonho sobre a necessidade de "70 pontos". Pelos meus cálculos, eu não estava muito longe. Confirmando isso, Sai Baba por certo respondeu, dizendo que eu atingiria a liberação em abril e então ele iria ao meu encontro. Era janeiro quando eu tivera a comunicação espiritual.

No último dia de abril, eu estava meditando outra vez com Athena quando Sai Baba apareceu e me disse que a minha meta tão esperada da liberação fora alcançada. Ele até realizou uma cerimônia, usando Athena como veículo e canal para celebrar essa ocasião. Fiquei enormemente comovido. Só bem mais tarde, ao mergulhar no material de Alice Bailey, percebi que naquele momento eu tivera a minha quarta iniciação. No sistema de Alice Bailey, a quarta iniciação inclui a liberação da roda do renascimento. Não era ascensão, mas liberação. Naquele ponto da minha evolução espiritual, eu ainda não compreendia nem usava os sete níveis da iniciação.

A CURA DO MEU PÂNCREAS

Em outra ocasião, enquanto meditava com Athena, rezei para Sai Baba pedindo ajuda na cura do meu pâncreas. Eu ainda tinha sérios problemas com ele, incluindo uma pancreatite crônica moderada. Sai Baba veio ao nosso encontro e pôs uma bola dourada de luz na mão de Athena. Esta disse que a bola, de fato, lhe queimara a mão — que ela tinha a impressão de que um ovo estava sendo fritado na sua mão. Sai Baba, usando o corpo dela, colocara a bola dourada de luz bem sobre o meu pâncreas. Depois, colocou uma segunda bola de luz em suas mãos e procedeu da mesma forma. Dentro de uma semana, pude comer cereais e amido e voltar a uma dieta mais normal. Sai Baba curara miraculosamente o meu pâncreas. Sentia-me ainda um pouco fraco, mas o meu pâncreas funcionava agora normalmente pela primeira vez em anos. Isso foi de fato um milagre.

SAI BABA E AS ESCALAS DE EVOLUÇÃO DA ALMA

Uma outra história teve que ver com Patricia Diegel. Descobri mais tarde que Patricia tivera um encontro com um dos secretários de Sai Baba, que ao que parece se interessara muito pelo seu trabalho. Patricia ofereceu-se para fazer uma de suas análises de evolução da alma para Sai Baba como uma dádiva a ele. O secretário aparentemente voltara à Índia e perguntara a Sai Baba se ele se dispunha a receber essa dádiva. Ele disse que sim e Patricia fez um trabalho espiritual para ele.

Patricia me disse que Sai Baba deveria fazer uma palestra para um grupo bem grande de pessoas. Durante sua palestra, afirmou que acabara de receber uma dádiva da "maga branca do Ocidente" Patricia Diegel, e que a comunicação era precisa. Não é necessário dizer que esse foi o melhor cumprimento que Patricia havia recebido. Julguei essa história interessante, pois o primeiro sonho que eu tivera com Sai Baba estava vinculado com os 70 pontos de que eu precisava para alcançar a liberação. Sai Baba tinha conhecimento pessoal desse processo.

Tempos depois, pude calcular aproximadamente a relação entre a escala de Patricia e o sistema de iniciação de Alice Bailey. Durante esse período da minha vida, comecei a receber orientação interior por mim mesmo sobre o ponto em que eu estava nessa escala numérica. Pude avaliar o quanto evoluía a cada mês. Julguei isso útil porque, de modo geral, a evolução espiritual parece uma coisa muito abstrata. Quando comecei a trabalhar mais intimamente com Djwhal Khul, passei a usar os sete níveis de iniciação em vez da escala de Patricia; de qualquer modo, Patricia servira como um útil catalisador antes de eu encontrar Djwhal Khul. (Creio que Patricia mora em Las Vegas, Nevada, caso você queira entrar em contato com ela.)

Sai Baba veio a mim outra vez, usando sua própria escala de evolução da alma ao me aparecer num sonho. Eu estava outra vez numa sala de aula e ele me disse que eu me encontrava no nível 800. Isso foi cerca de um ano antes de eu ter de fato chegado à ascensão. No sonho nessa sala de aula, eu era o mais evoluído dentre os discípulos e Sai Baba estava nos mostrando o nível evolutivo das diferentes pessoas do grupo. Essa escala era definitivamente diferente da de Patricia, mas eu sabia intuitivamente do que ele estava falando.

Nesse mesmo sonho, foi-me dito que eu estava no caminho certo e que devia me assegurar de permanecer equilibrado no sistema de quatro corpos. Entendi isso como dizendo que eu tivesse certeza de permanecer assentado, de me alimentar direito, de fazer exercícios físicos suficientes e não passar o tempo inteiro escrevendo, o que eu estava inclinado a fazer.

RESUMO

Essas são apenas algumas das destacadas experiências que tive com Sai Baba. Elas ilustram o profundo efeito que ele tem tido na minha vida. Meus três anos de completa imersão em Sai Baba foi um dos períodos mais felizes da minha vida. Se Sai Baba não me tivesse curado, creio que acabaria morrendo de falência pancreática. Até hoje, toda vez que preciso de ajuda em algum aspecto da minha vida, invoco Sai Baba. Sempre vou considerá-lo o meu guru cósmico.

Nada se compara com o seu amor e com a sua força assombrosos. Nunca houve no planeta um mestre universal de sua estatura. É como se Melquisedeque, o logos universal, decidisse encarnar na Terra. É essa a magnitude do ser conhecido como Sai Baba.

SAI BABA HONRA TODOS OS CAMINHOS

Seja qual for o seu caminho, você pode pedir a ajuda de Sai Baba. Não é preciso ir à Índia nem se tem de aceitá-lo como guru para aproveitar suas forças cósmicas. Ele é um mestre cósmico que não se interessa por fazer você mudar o alvo de sua lealdade. Na maior parte do tempo, ele de fato o orientará para você *não* mudar, da maneira como fez comigo. Ele é um defensor cósmico de todos os que estão no caminho espiritual, sendo no nível universal irmão de Melquisedeque.

Minha vida é completamente dedicada a Djwhal Khul, ao Senhor Maitreya e a Sanat Kumara. Contudo, Sai Baba é um farol cósmico de luz que sustenta esses mestres no seu trabalho. É significativo o fato de que o medalhão que ele rematerializou para mim tivesse um retrato de Jesus. Ele me transmitia a mensagem de que não era meu caminho a concentração nele e nas tradições orientais. Meu caminho estava, em vez disso, no ashram do Cristo em que trabalho atualmente. Sai Baba na verdade me indicava meu verdadeiro trabalho antes de eu tê-lo encontrado plenamente. Por isso, use-o como apoio para qualquer mentor espiritual, religião ou escola de mistério com que já estiver envolvido.

Sai Baba não quer levar para o seu ashram todos aqueles com quem entra em contato, ao contrário de tantos gurus. Na verdade, ele faz justamente o oposto. Pouco importa para quem você reza. Sai Baba estará presente e vai responder. Beneficie-se da sua santa presença, pois nunca houve outro como ele encarnado na Terra. Vivemos num período abençoado da história da Terra, porque Deus agraciou o planeta com sua santidade o Senhor Sai Baba e sua santidade o Senhor Maitreya.

Uma vez perguntei a Sai Baba por que ele não falava dos mestres ascensionados. Ele disse que sua missão era global; nela, ele buscava chegar às massas de todas as religiões. Disse contudo que, por meio deste livro, desejava mostrar sua aliança com aqueles a quem chama de irmãos, e mostrar seu apoio ao movimento da ascensão. Ele desejava sobretudo que eu fizesse as pessoas saberem como ele pode ser contatado por qualquer pessoa do planeta e que ninguém precisa fazer uma viagem à Índia nem tornar-se seu devoto para fazê-lo.

COMO VOCÊ PODE INVOCAR SAI BABA

Sai Baba vem ao meu encontro no instante em que o evoco, e responde miraculosamente a todas as minhas orações. Ele também fará isso por você se você pedir. Meu primeiro contato com ele ocorreu quando eu lhe escrevi uma carta. Se se sentir inclinado a fazê-lo, envie-lhe uma carta e reze a ele pedindo ajuda. Parafraseando uma fala do filme sobre beisebol *Campo dos Sonhos*, se você o chamar, ele virá. Sintonize-se com ele na meditação. Na meditação, peça para ir e sentar-se no assento de amor de Sai Baba no seu ashram. Usufrua o doce conforto do seu amor. Não há nada que se assemelhe à glória de Sai Baba. Quando você lhe sofre a influência, continua a sofrê-la para sempre.

Sai Baba quer que você saiba que ele está aqui para todo mundo. Todos são especiais para ele, e serão guiados sob a sua asa onipresente se o pedirem. A combinação de sua força pessoal com a força de Sai Baba e dos mestres ascensionados pode ressuscitar os mortos. Trata-se de uma equipe imbatível. Peça a graça e a ajuda de Sai Baba em todos os aspectos de sua vida. Sai Baba é incapaz de recusar um pedido sincero e amoroso de ajuda. Ele se compraz em atender a todo pedido espiritual sincero. Seja qual for a cruz que você carrega, sejam lições de saúde, problemas financeiros, problemas de relacionamento, problemas profissionais — invoque-o. Com essa força, você pode galgar qualquer montanha e superar qualquer obstáculo.

OUTROS EXEMPLOS DE AJUDA

É Sai Baba que permanece agora comigo como meu protetor e benfeitor, ajudando-me na minha missão e removendo todas as pedras do caminho. Um exemplo disso foi que minha editora estava demorando para assinar um documento que envolvia o meu agente internacional com vistas à tradução de todos os meus livros ao redor do globo. Isso vinha se arrastando havia três meses. Finalmente, pedi a ajuda de Sai Baba e, no plano interior, ele pegou a caneta e o contrato que estavam com a mulher e o assinou. Dois dias depois, falei com ela, que já havia assinado o contrato.

Pedi a ajuda de Sai Baba para conseguir no festival do Wesak de 1995 300 pessoas. Terminei com um excedente de 200. Em 1996, pedi a sua ajuda para reunir 1.200 pessoas — e, mais uma vez, tivemos de dispensar algumas. Melquisedeque, o Senhor Maitreya e os outros mestres também estão ajudando, o que, naturalmente, aumenta esse poder. Como você pode ver, invoco Sai Baba para tudo.

Certa vez, uma amiga queria mais alguns clientes e pediu a Sai Baba; nos dias seguintes, seu movimento de clientes aumentou. De outra vez, ela rezou para Sai Baba, pedindo alguma vibhuti. Dois dias depois, um amigo lhe deu alguma pelo seu aniversário. Não precisamos imaginar quem sugeriu esse presente. Você tem de fato um defensor prodigioso esperando para ajudá-lo.

O PEDIDO E A DETERMINAÇÃO SÃO AS CHAVES

A chave aqui é que você tem de pedir a ajuda de Sai Baba, tal como tem de pedir a dos mestres ascensionados. Fui abençoado na minha vida e superei enormes obstáculos por duas razões. A primeira é a minha tremenda vontade de viver, de alcançar a liberação e de servir. A segunda é que não tenho tido medo de pedir ajuda e fazer perguntas a cada passo do caminho. Como Djwhal Khul disse nos livros de Alice Bailey, "às vezes o homem comum supera o gênio". Sou em larga medida um homem comum.

Aquilo por que passei nesta vida poderia ter-me destruído. Em vez disso, julgo-me o homem de maior sorte da Terra. Se não tivesse passado por essas lições de saúde, eu não seria a pessoa que sou hoje. Sinto-me grato agora pelas adversidades e perdas aparentes, pois fui muito mais longe ao seguir o caminho que segui. Por meio dos desafios que enfrentei, fui forjado nos fogos da vida. Minha escolha era ser esmagado e destruído ou me transformar num homem de aço. Não havia meio-termo. Sai Baba disse: "É a mente que cria a servidão; é a mente que cria a liberação."

Deus me privou de tudo — ou eu me privei de tudo — de maneira que eu confiasse apenas em Deus. Entreguei-me por inteiro a Deus e aos mestres, assim como me entreguei por inteiro à humanidade. Como diz *Um Curso de Milagres*, "para ter tudo, dê tudo a todos". Não ocultei absolutamente nada de vocês, meus irmãos e irmãs, nos meus livros, palestras, em meus seminários e em minha vida diária. Eu sabia que sonegar alguma coisa era sonegar a mim mesmo, porque em verdade somos o mesmo Eu. Pela graça de Deus, entreguei tudo e, pela graça de Deus e de Sai Baba, recebi tudo de volta. Sou eternamente grato por isso.

APRENDER MAIS SOBRE SAI BABA

Eu adoraria ver todas as pessoas do planeta conhecendo melhor Sai Baba. Seus ensinamentos são dos mais claros e belos que já vi. Só os ensinamentos de Djwhal Khul e de Jesus/Senhor Maitreya julguei comparáveis. Há um capítulo do *Manual Completo de Ascensão* que traz o sabor da vida e dos ensinamentos de Sai Baba. Esse é um começo fácil. E há os vários livros maravilhosos sobre Sai Baba e de Sai Baba. Alguns dos que li e adorei são: *Voice of the Avatar*, uma coletânea de citações; *Baba, the Breath of Sai*, de Grace McMartin; e os dois livros de Howard Murphet, *Sai Baba, Man of Miracles* e *Sai Baba, Avatar*. Isso vai lhe proporcionar um amplo panorama dos seus ensinamentos. Leia esses e outros livros sobre Sai Baba e você ficará apaixonado para sempre.

Também recomendo que você ligue para a Bodhi Tree Book Store de Los Angeles para encomendar uma fita de vídeo chamada "The Aura of Divinity". Custe o que custar, vale a pena. Trata-se de um dos meus bens mais apreciados. É um vídeo de duas horas que conta a história da vida e da missão de Sai Baba. Mostra-o materializando coisas e fazendo outros milagres bem diante dos nossos olhos. Assisti ao vídeo muitas vezes e sempre fico abismado diante da glória que é Sai Baba.

FONTES RELATIVAS A SAI BABA

Livrarias
Sathya Sai Book Center of America
305 West First Street
Tustin, CA 92680
(714) 669-0522, Fax (714) 669-9138

Esse centro tem todos os livros e fotos maravilhosas de Sai Baba para o seu altar. Se você for algum dia a Los Angeles, visite a loja. Há uma pequena sala que contém um dos seus robes laranja e outros pertences em que você pode meditar. Você pode pedir um catálogo pelo correio.

The Bodhi Tree Book Store
8585 Melrose Avenue
West Hollywood, CA 90069-5199
(800) 825-9798 ou (310) 659-1733
Você pode pedir um catálogo pelo correio.

Boletim
Há um boletim trimestral sobre Sai Baba que custa apenas cinco dólares por ano.

Sathya Sai Newsletter
1800 East Garvey Ave.
West Covina, CA 91791

Ashram de Sai Baba

Recomendo que você escreva a Sai Baba endereçando a carta para o seu ashram na Índia. Sai Baba disse que responde a todas as cartas, não necessariamente de modo físico, mas espiritualmente. Foi assim que fiz meu primeiro contato com ele. Depois disso, você pode simplesmente invocá-lo enquanto medita e ele virá instantaneamente, tal como o faz qualquer dos mestres ascensionados. O endereço de Sai Baba na Índia é:

Sri Sathya Sai Baba
Prasanthi Nilayam P.O.
Anantapur District,
Andhra Pradesh 515134
South India

Ao encerrar esta introdução, eu gostaria de falar de mais duas experiências recentes com Sai Baba. A primeira foi uma mensagem telepática que recebi logo depois da celebração do Wesak de 1996 para 1.200 pessoas. A celebração foi um enorme sucesso; contudo, um dos pontos altos ocorreu, a meu ver, poucas semanas depois de o festival ter terminado. Sai Baba veio ao meu encontro e me disse que gostara muito da minha apresentação no Wesak e do livro mais recente que eu escrevera como uma dádiva de devoção a ele e aos mestres ascensionados. Grande foi a minha honra, a minha humildade e a minha emoção diante desse apoio, especialmente por vir de Sai Baba, a quem tanto amo.

O último contato com Sai Baba que eu gostaria de partilhar foi outra experiência onírica no plano interior. Eu dirigia por uma auto-estrada e virei à direita para me ver numa pequena colina que se projetava sobre a auto-estrada. Vi-me esperando por Sai Baba. Ele chegou e eu lhe dei um cartão da Hallmark com uma bela mensagem impressa. Vi-me pensando que também deveria ter escrito uma mensagem pessoal nele. Sai Baba começou a olhar a correspondência. Pensei que ele se esquecera do meu cartão porque ele se fora ao terminar. Assim que pensei isso, vi a frente da minha camisa coberta de sangue. Eu não me ferira de maneira alguma e aquele não era o meu sangue.

Percebi imediatamente que se tratava de uma grande bênção. Era o sangue de Cristo. Sai Baba ocupa a posição do Cristo cósmico no governo espiritual. Fiquei mais uma vez muito humilde e honrado por ele ter concedido a mim uma graça tão prodigiosa. De uma maneira um tanto cosmicamente bem-humorada, ele a dera no preciso momento em que eu pensava que ele não iria responder ao meu cartão, o que tornou tudo muito mais importante.

1

PRINCÍPIOS ESPIRITUAIS ESSENCIAIS CHAVES 1-53

Amor Incondicional
Ver Tudo com a Mente Crística
O Coração da Compaixão: Reconhecer a Unicidade de Toda a Vida
Força
Busque Apenas Deus
Entrega e Desapego
Questionamento de Si Mesmo e Acordo Consigo Mesmo
Equilíbrio
Serviço
Viva a Vida Como um Guerreiro Espiritual
Votos Espirituais

AMOR INCONDICIONAL

1. O Fundamento da Vida e de Toda Prática Espiritual

O amor incondicional é a principal chave de ouro. Ele tem constituído o cerne da manifestação da minha cura, da minha ascensão e da minha liderança. Sai Baba ensina que o amor é a mais importante prática espiritual. Afirma ele que devemos viver de modo a "começar o dia com amor, encher o dia de amor, passar o dia com amor e terminar o dia com amor — porque esse é o modo de Deus". Aqui temos o fundamento de toda prática espiritual.

Sai Baba disse também que o nosso corpo físico é uma casa que Deus alugou para nós. Vivemos no corpo físico enquanto for essa a vontade de Deus, e pagamos aluguel a Deus demonstrando fé, devoção e sadhana espiritual, ou prática espiritual — e a prática espiritual número um é o amor incondicional. Sai Baba afirma que o caminho para a imortalidade é a remoção da imoralidade.

Como ser uno com Deus é ser uno com todos no amor, esse é o fundamento de todas as coisas. Vinculam-se intimamente com o amor incondicional as qualidades da generosidade e da graciosidade.

Há professores espirituais que dispõem de um enorme volume de informações e que são grandes canais ou médiuns; mas se o amor não for o fundamento de tudo o que fazem, o engano se instaura. Se alguém praticar todas as outras chaves de ouro deste livro e não demonstrar amor, esse terá perdido o barco, e a verdadeira realização de Deus não será alcançada.

2. Transforme Todos os Pensamentos de Agressividade em Amor

A chave de ouro seguinte é um aspecto do amor que foi uma luz norteadora para mim a partir de *Um Curso de Milagres*. Trata-se do desapego de todos os pensamentos agressivos. Fiz um voto, diante de mim mesmo e de Deus, em que me comprometi a nunca atacar, ainda que seja atacado pelos outros. Farei o que for necessário para manter uma atitude de amor, por mais que me veja atacado ou enganado. Isso não quer dizer que eu não precise me defender com os meus próprios recursos e me apoiar em minha própria força. Mas faço isso com um forte amor. Isso pode ser uma lição e um desafio para algumas pessoas. É algo que se vincula com a qualidade da humildade e com aquilo que Cristo disse sobre dar a outra face e amar os inimigos. Relaciona-se ainda com a atitude de ver tudo por meio da nossa mente crística.

3. Permaneça no Amor, na Unicidade e na Paz em Todas as Situações

Esta chave de ouro foi o meu compromisso em permanecer no amor, na unicidade e na paz a todo momento, em todas as situações. Permanecer no amor, na unicidade e na paz é o princípio diretor de tudo aquilo que faço. Tento manter essa atitude ao tratar com pessoas que competem ou se comparam comigo e que comigo se relacionam de maneira egoísta. Isso leva a uma atitude instantânea de perdão o tempo inteiro — perdão tanto dos outros como de mim mesmo. Vejo cada situação na vida como um teste espiritual para ver se posso permanecer nesse estado de consciência.

4. A Prática da Presença

A chave de ouro seguinte foi aquilo que eu chamo prática da presença. Essa descrição me veio de um doce livro com esse título escrito por Joel Goldsmith. Desperto todos os dias e tento praticar a presença de Deus. Dei-me conta de que, se desejava ser Deus, eu tinha de agir como Deus. Toda pessoa, animal, planta e mineral é Deus encarnado. Tenho o hábito de cumprimentar todas as pessoas como se fossem o Mestre Jesus, Buda ou Sai Baba — o que, em verdade, elas são. Isso também me ajudou a desenvolver um enorme amor pelos animais. No tocante a isso, usei a abordagem "finja até que seja verdade". Percebi que, se me mantivesse na prática de ser um mestre ascensionado, eu terminaria por me tornar um. Isso se revelou uma excelente prática espiritual. Não basta simplesmente pensar sobre Deus ou apenas sentir Deus. Cada um tem de *ser* Deus. Esta pode ser a sadhana ou prática espiritual mais importante de todas.

5. Instantes Sagrados

Esta chave de ouro foi a compreensão do "instante sagrado" descrito em *Um Curso de Milagres*. Nesse instante sagrado eu sou o Cristo, você é o Cristo, somos todos perfeitos e somos todos unos uns com os outros e com Deus. Na realidade, todas as outras coisas são ilusões. É por isso que *Um Curso de Milagres* diz: "Nada real pode ser ameaçado; nada irreal existe. Aqui está a paz de Deus." Você não precisa tentar tornar-se Deus. Você já é Deus. O caminho espiritual consiste em desfazer ou afastar a lama que cobre o diamante. O nosso pensamento errôneo identificou-se mais com a lama do que com a luz. No instante sagrado, tudo isso é liberado como um mau sonho que, em primeiro lugar, nunca foi real.

6. Encontros Sagrados: Ver Deus em Todas as Pessoas

A chave de ouro seguinte foi o que chamo de encontro sagrado. Trata-se igualmente de um termo de *Um Curso de Milagres*, segundo o qual todo encontro com um irmão ou irmã é um encontro sagrado. Todo intercâmbio envolvendo duas pessoas é Cristo encontrando Cristo, Deus encontrando Deus. Isso, combinado com aquilo que chamo de percepção inocente — ver a inocência em cada pessoa, ver o que é divino —, foi uma das minhas sadhanas espirituais.

Esse ideal leva ao amor incondicional; porque, se cada pessoa é Deus e o Eu eterno, nada senão o amor pode vir. Esse ideal é um compromisso com o ver, para além das aparências dos corpos físico, emocional e mental, o verdadeiro cerne de cada pessoa. O mundo é um espelho do nosso próprio pensamento. Aquilo que vemos em nossos irmãos e irmãs é em verdade o que vemos em nós mesmos. A fim de curar-se, temos de ver Deus em toda pessoa assim como em nós mesmos. Isso também se aplica à maneira como vemos o sexo oposto. Você vê uma pessoa primeiro como corpo físico ou como Deus vivendo num corpo físico?

VER TUDO COM A MENTE CRÍSTICA

7. Cura das Atitudes: Pensar com a Mente Crística

Esta chave de ouro envolve atitude e perspectiva. Os nossos pensamentos é que criam a nossa realidade, havendo sempre uma perspectiva na vida que vai levar você à paz interior, pouco importando qual seja sua situação exterior. Essa é a ciência da cura das atitudes. Meu compromisso com o pensar a todo momento usando a mente crística e não a mente egóica foi, eu diria, um dos principais segredos do meu sucesso na vida.

Quando me vejo presa da incerteza, fico escrevendo no meu diário, por muitas horas se necessário, até pôr a mim mesmo, e à minha vida, na perspec tiva adequada. Nos primeiros estágios da minha existência, tive de escrever muito no diário. Agora, tenho tanta prática, que posso fazê-lo com a mesma eficácia usando a mente. Pensar com a mente crística leva à clareza, à firmeza e à estabilidade. Essa maestria ajuda a produzir equilíbrio emocional, dado que as nossas emoções são de modo geral uma conseqüência da nossa atitude.

Vincula-se com o pensar usando a mente crística a compreensão de que só existem duas emoções, o amor e o medo. As emoções baseadas no amor são expressões da mente crística; as emoções baseadas no medo são expressões do ego. Este se percebe a si mesmo como entidade separada, o que faz que o medo advenha enquanto o ego tenta proteger-se. Quando vê tudo por intermédio da sua mente crística, você vê tudo como uma só coisa e como parte de Deus, o que leva as emoções baseadas no amor a se manifestar. Por conseguinte, sua experiência da vida depende da maneira como você interpreta a vida: a partir da sua mente egóica negativa ou a partir da mente crística. Esse é o fundamento de toda evolução espiritual.

8. Seja Alguém com Olhos para o Amor e Não para os Defeitos — Veja Por Meio dos Olhos de Cristo

Esta chave de ouro eu também aprendi em *Um Curso de Milagres* — ser um descobridor do amor em vez de um descobridor de defeitos. Sempre tento ver o melhor nos outros e em mim mesmo. Tudo na vida é percepção. Vemos com a mente, e não só com os olhos físicos. Todas as pessoas são belas quando fazemos a opção de ver a vida por meio dos nossos olhos crísticos.

Isso se associa à importância de se manter uma atitude de não-julgamento. Nada há de errado na vida em fazer discernimentos e observações espirituais; mas isso se faz a partir do coração e não apenas a partir da mente. A descoberta do amor em vez do defeito é uma prática que envolve buscar o bom e o belo sob a aparência. Ver o copo como meio cheio ou meio vazio é uma questão de percepção. A beleza está nos olhos de quem a contempla.

O CORAÇÃO DA COMPAIXÃO: RECONHECER A UNICIDADE DE TODA A VIDA

9. O Sofrimento de Um é o Sofrimento de Todos

Esta chave de ouro foi para mim um importante ponto de apoio no desenvolvimento da compaixão. Meus estudos do budismo e minha devoção a Quan Yin e à Virgem Maria muito me inspiraram no tocante a isso. Aprendi a compreender de fato que o sofrimento alheio é, em verdade, meu sofrimento. O sofrimento dos animais e das plantas é um sofrimento meu. Não nos é necessário incorporar o sofrimento alheio de maneira que isso nos abata, mas podemos ter a mais profunda compaixão pelo seu sofrimento. Considero a compaixão uma das mais importantes qualidades crísticas/búdicas que uma pessoa pode desenvolver.

10. Unicidade com Toda a Vida: Histórias de Sai Baba

Esta chave de ouro é a da consciência de que somos unos com toda a vida, que toda a vida precisa ser honrada como parte de Deus. Esta chave é exemplificada por duas das minhas histórias favoritas de Sai Baba. A primeira ocorreu durante a encarnação passada de Sai Baba como o avatar Shirdi Sai Baba. Um dia, uma de suas devotas foi ao mercado comprar para Shirdi Sai Baba algumas tâmaras, alguns figos e algumas nozes como oferenda. Ela voltou para casa e deixou o prato de comida sobre a mesa. Quando ela deixou o cômodo para trocar de roupa antes de levar a oferenda, seu cachorro subiu na mesa e comeu tudo.

Quando viu o que acontecera, a mulher ficou irritada e procurou bater no cachorro e chutá-lo. Então, ela voltou ao mercado tomada pela ira e comprou mais comida para a oferenda. Dessa vez, ela se dirigiu diretamente ao guru, Shirdi Sai Baba, e ofereceu-lhe a dádiva. Com desdém, Shirdi Sai Baba disse: "Eu não quero isso. Já comi." A mulher ficou chocada e disse: "O que você quer dizer, mestre? Ainda é cedo." Ele replicou: "Eu já comi, mas então você me bateu e me chutou."

Essa história teve um grande efeito sobre mim, e tento me lembrar a todo momento de que vivo em todas as coisas e de que todas as coisas vivem em mim. Aquilo que eu faço a outrem é literalmente o que eu faço a mim mesmo. A Regra de Ouro enuncia: "Fazei aos outros o que faríeis a vós mesmos." Se a nossa verdadeira identidade é o Eu eterno e se toda a criação é parte desse Eu eterno, então tudo o que fazemos a qualquer outra parte da criação fazemo-lo literalmente a nós mesmos. Da mesma maneira, dar algo a alguém é literalmente dar amor a si mesmo. Se a humanidade compreendesse profundamente e praticasse esta lei, o mundo inteiro se transformaria num átimo!

Em outra história de Sai Baba, alguém o levava de carro estrada abaixo, e Sai Baba tinha os olhos fechados em meditação no banco de trás. O carro ia a cerca de 80 quilômetros por hora quando, de repente, o motorista viu uma cobra serpeando no leito da estrada. O motorista não quis pisar nos freios e perturbar Baba, e, assim, terminou passando por cima da cobra. Depois de fazê-lo, o motorista olhou para Sai Baba pelo retrovisor. Os olhos de Sai Baba ainda estavam fechados e ele de modo algum se movera. Quando chegaram ao destino, o motorista abriu a porta do carro para Sai Baba — que saiu do carro e tirou a camisa. Quando Sai Baba se afastou, o motorista viu marcas de pneus em suas costas. Sai Baba nunca proferiu uma única palavra.

Toda pessoa, todo animal, toda planta, toda pedra é Deus. Há apenas uma identidade no universo por toda a vida ao longo da criação. E essa identidade é Deus. Todos partilhamos essa única identidade. Temos de deixar de lado o *glamour*, a ilusão, *maya* e as aparências de modo a podermos ver a verdadeira realidade da vida. Nossa real identidade como o Eu eterno está em toda a criação. Toda a criação é uma parte de você. Esforce-se para ser inofensivo e indefeso em todas as coisas.

Seus irmãos e irmãs partilham sua identidade como o Cristo com você. Deus só teve um filho e uma filha, e somos todos parte dessa condição de filhos ou de filhas. Cada um de nós é um deus aprendiz em processo de percepção disso em níveis cada vez mais profundos. Este é o processo de iniciação. Aprenda com o exemplo de Sai Baba.

FORÇA

11. Seja Senhor de Sua Força Pessoal

Esta chave de ouro é o pilar básico da minha vida. Dou-lhe o mesmo estatuto do amor incondicional, que nenhuma outra chave de ouro deste livro alcança. Esta chave é ser senhor da sua força pessoal. Assumi o compromisso de ser senhor da minha força em todos os momentos. Quando perguntei aos mestres ascensionados qual era a chave da liderança, disseram-me eles: "A aquisição de força." Ser senhor da sua força gera vigor e estabilidade interiores, um e outro essenciais à liderança eficaz.

A única razão por que ainda estou neste corpo físico é o fato de não ter entregue a minha força ao corpo físico quando passei por todas as minhas lições de saúde. Treinei-me ao longo dos anos para nunca renunciar à minha força, mesmo quando adormecido. Isso se tornou bem mais fácil na minha vida atual do que o era no passado, pois se transformou num hábito. Não obstante, isso não quer dizer que a vigilância a todo momento tenha deixado de ser necessária. Se não levar em conta nada mais neste livro, lembre-se destas duas chaves de ouro: *força pessoal e amor incondicional*. Combinadas, trata-se da energia de primeiro e de segundo raio, o fundamento do reino de Deus.

12. Não Renuncie à Sua Força

No meu desenvolvimento espiritual, esta chave de ouro consistiu em aprender a não entregar minha força a coisa nenhuma. Trata-se de um corolário do ser senhor de sua força pessoal. Não ceda sua força a outras pessoas, a situações exteriores, às suas emoções, aos seus pensamentos, ao seu corpo físico, à sua mente subconsciente, à sua criança interior, ao seu ego, ao seu corpo de desejo inferior ou sexualidade. Não ceda sua força à astrologia, aos seus sonhos, aos raios, a nenhuma ciência espiritual, a nenhum caminho, tampouco aos mestres ascensionados. Não ceda sua força nem a Deus. Deus não a quer. Ele quer que você a use, e use o seu amor e a sua sabedoria para se tornar um mestre.

Reze com força, e não como um fracote. Suas orações serão muito mais eficazes se você agir assim. A astrologia é maravilhosa, mas o essencial é que você é Deus e Deus criou a astrologia. Os sonhos são maravilhosos, mas não lhes entregue sua força nem deixe um sonho desestabilizador estragar o seu dia.

13. Não Ceda Sua Força a Canais

Ampliando a partir da chave precedente, não ceda seu poder a nenhum canal exterior, ainda que seja uma pessoa que canaliza os mestres ascensionados. Em toda canalização, pouco importa quem a faça, as informações são filtradas pela personalidade e pelos bancos de informação da pessoa que a pratica — mesmo que estejamos nos referindo a Edgar Cayce, Alice Bailey ou a outros grandes canalizadores. Da mesma maneira, uma informação válida no momento em que foi dada não o é necessariamente tempos depois.

Lembre-se de que nem mesmo os mestres ascensionados têm todo o conhecimento. Eles atingiram apenas um décimo do caminho que leva à plena realização de Deus. Não estou dizendo que o uso de canais exteriores não seja bom em algumas ocasiões, dado que o é. E é certo que há muitos livros canalizados valiosos. Estou dizendo que você *confie na sua própria orientação e intuição acima de qualquer coisa que se ache fora de você*. E não ceda sua força ao próprio processo de canalização. Acima de tudo, seja fiel ao seu próprio eu.

14. Fique do Lado da Causa na Sua Vida

A chave de ouro seguinte foi a atitude e a prática de ficar na minha vida do lado da causa e não do lado do efeito. Esse é o ideal da condição de mestre, em vez de vítima. Estar do lado da causa na sua vida é um importante componente da manutenção de sua força pessoal a todo momento. Estar do lado da causa na minha vida foi um importante segredo do sucesso que tenho obtido em termos de manifestação. Permanecendo ao lado da causa a todo momento e usando a minha força pessoal, a oração, afirmações, visualizações e ações positivas, tenho sido capaz de manifestar de modo permanente tudo aquilo de que preciso.

Tenho usado a força da lei hermética que diz: "Assim como dentro, assim também fora; assim como em cima, assim também embaixo." O domínio da minha mente levou ao domínio das minhas emoções, o que redundou no domínio da minha mente subconsciente e do meu sistema de quatro corpos. Esse nível de força pessoal atraiu e magnetizou tudo aquilo de que precisei, porque as mentes supraconsciente, consciente e subconsciente estiveram de acordo. Isso, a par da oração e do uso da força de Sai Baba, dos mestres ascensionados e de Deus, proporcionou milagre após milagre. Em verdade, contudo, não existem milagres, mas de preferência os subprodutos naturais do uso de leis universais.

Obviamente, não tenho o controle completo sobre tudo o que aparece na minha esfera de vida e de influência; mas tenho completo controle sobre a minha atitude com relação às coisas que surgem na minha vida. Ao me comprometer com pensar com a mente crística em todos os momentos, e não com a minha mente egóica, sou capaz de magnetizar e atrair para a minha vida apenas aquilo que é mais elevado e mais sublime.

BUSQUE APENAS DEUS

15. Desejo de Realização de Deus

Esta chave de ouro foi o meu total compromisso com lograr a liberação e com o servir. As religiões orientais falam de renunciar ao desejo. O ideal da vida não é renunciar ao desejo, mas ter apenas o desejo do Eu superior. Meu desejo na vida, que a tudo abarca, foi alcançar a realização de Deus, a liberação e a ascensão, e servir. Tenho estado completamente voltado para isso, e só para isso. Tenho-me concentrado tão integralmente nessa direção, que não deixei que o meu eu inferior me desviasse. Busquei fortalecer a qualidade crística da concentração e da conservação dessa concentração. Na religião oriental, isso recebe o nome de seguir o seu dharma. Segui o meu dharma assim como o homem que se afoga anseia por ar.

Esse fervor espiritual, a par do ser senhor da minha força pessoal e da prática do amor incondicional, têm cultivado em mim a qualidade incessante do entusiasmo, que tanto permeia a minha personalidade e os meus livros. Amo a Deus de todo o coração, de toda a alma, de toda a mente e de todo o poder, e não tenho medo de demonstrá-lo. Na base de tudo isso está o meu compromisso, que tenho fortalecido por meio de um número incontável de votos espirituais. Apego-me a esses votos como às minhas tabuletas pessoais da criação. Meu compromisso pessoal não é só com a ascensão planetária, mas com a completa ascensão cósmica para mim e todos os meus irmãos e irmãs.

16. Devotamento a Deus

Esta chave de ouro foi amor a Deus e amor aos mestres. Às vezes, isso recebe o nome de devoção. Creio que a minha maior inspiração no que se refere a esta qualidade veio do incomparável Paramahansa Yogananda. A devoção e a pureza permeiam essa grande alma e a partir dela emanam. Isso também se aplica a Sai Baba. A devoção é, em sua essência, amar a Deus e à criação de Deus. Todo amor começa com o amor a Deus. Jesus resumiu toda a lei com "Ama o Senhor teu Deus de todo o teu coração, alma, mente e poder, e ama a teu próximo como a ti mesmo".

Pode-se ter devoção sem ceder a própria força, e isso é importante. Djwhal Khul me disse que os mestres sentem e apreciam o meu amor por eles. O amor a Deus e aos mestres foi a marca da minha vida. Deus é o meu único interesse. Acautele-se dos falsos deuses e, portanto, do culto aos ídolos. Alguns desses falsos deuses são o dinheiro, a sexualidade, o poder, a fama e os relacionamentos românticos. Examine a sua vida com honestidade implacável e veja se está pondo algo antes de Deus. Se estiver, perdoe a si mesmo e faça a mudança de atitude apropriada.

17. Sede de Conhecimento Espiritual e de Sabedoria

A chave de ouro seguinte foi minha inacreditável sede de conhecimento espiritual e sabedoria. Tenho certeza de que a maioria de vocês que está lendo este livro pode entender isso. Nunca me interessei por encher minha mente com fatos sem sentido. Todavia, tudo o que se refira ao conhecimento divino e ao meu serviço tem-me impelido com uma sede insaciável. A leitura espiritual tem tido um enorme efeito na minha vida. A leitura espiritual, em combinação com a meditação, a oração, a elaboração de um diário, o autoquestionamento, as frases positivas, as visualizações, a repetição dos nomes de Deus e a música devocional têm tido, todos eles, um enorme impacto na minha vida. Têm sido a minha sadhana ou prática espiritual básica.

ENTREGA E DESAPEGO

18. Entregue-se à Vontade de Deus e Dê Graças em Todas as Situações

Esta chave de ouro foi para mim aprender a ver tudo o que acontece na vida como lições, desafios, oportunidades de crescimento e — sobretudo — como testes para o espírito. Olhe para tudo o que acontece entendendo-o como uma dádiva, e abençoe toda pessoa e situação. Essa atitude, ainda que bastante alheia ao ego, é uma das chaves verdadeiras do desenvolvimento da paz interior. Digo a tudo o que possa acontecer na vida: "Não a minha vontade, mas a tua, ó Senhor. Obrigado por esta lição". Essa atitude simples tem um efeito revolucionário sobre a minha vida. Você pode entregar-se a Deus e conservar a sua força pessoal. Não se trata de coisas mutuamente exclusivas. A idéia é fazer as duas coisas simultaneamente. Ela funciona. Experimente-a.

19. Tenha Preferências em vez de Apegos

A chave de ouro seguinte foi a atitude de ter preferências em vez de apegos. Buda afirmou em suas quatro nobres verdades que todo sofrimento vem dos apegos de cada um. Durante um período da minha vida, minha saúde — e às vezes até a minha existência física — esteve seriamente ameaçada. Chamei esse período de minha iniciação de Jó. No decorrer dessa época, tive de me libertar de todos os apegos ou não me teria sido possível encontrar a paz interior.

Libertar-se dos apegos é um dos testes da quarta iniciação, a da renúncia. Na vida, é muito importante ter preferências, inclusive fortes preferências. Mas os apegos o mantêm infeliz, com medo e sem concentração. A diferença reside no fato de que, com preferências, você é feliz qualquer que seja o desfecho de uma situação; porém, com apegos e expectativas, você perde a sua paz interior se as coisas não acontecerem como você quer. Essa atitude tem tido um enorme efeito na minha vida.

20. Indiferença Divina

Esta chave de ouro é o cultivo da qualidade da indiferença divina. Trata-se de uma qualidade de ser a testemunha, objetiva, desapegada, mas ainda assim envolvida. É a diferença entre simpatia e compaixão. Na simpatia, você assume as coisas de outrem. A compaixão conserva os limites e um sistema imunológico psicológico saudável. Uma pessoa e um líder eficazes têm de ter essa qualidade. Isso permite à pessoa responder, em vez de reagir, à vida.

QUESTIONAMENTO DE SI MESMO E ACORDO CONSIGO MESMO

21. Primeiro Entre em Acordo com Você Mesmo

Esta chave de ouro foi a compreensão de que os mais importantes relacionamentos da minha vida são, em primeiro lugar, o meu relacionamento comigo mesmo e, em segundo, o meu relacionamento com Deus. Se não estou de acordo comigo mesmo, não entrarei em acordo com nenhuma coisa da minha vida, incluindo Deus. Chegue a um acordo nesses dois relacionamentos primeiro e todos os outros relacionamentos entrarão na ordem divina. Antes de estarmos prontos para servir os outros, precisamos conhecer a nós mesmos. Há muitas pessoas que tentam servir sem estar em acordo com elas mesmas e com Deus. É coisa nobre que queiram servir, mas fariam melhor se primeiro entrassem em acordo com elas mesmas.

22. O Verdadeiro Valor Pessoal Vem de Deus

A chave de ouro seguinte tem que ver com o valor pessoal. A introvisão essencial aqui é que o verdadeiro valor pessoal vem de Deus. É nosso legado espiritual. Pode um filho ou filha de Deus não ter valor? O valor pessoal é aprimorado pela concentração nas suas vitórias e não nas suas derrotas. É também muito importante que a pessoa não se compare a ninguém, pois cada um de nós traz consigo uma peça original do plano de Deus.

23. Comprometa-se com o Questionamento de Si Mesmo e com a Vigilância dos seus Pensamentos

Esta chave de ouro foi um compromisso inabalável com o questionamento de si mesmo. Eu o vejo como o compromisso com a vigilância dos próprios pensamentos e com a vigilância espiritual a todo momento. Isso significa nunca entregar o comando ao "piloto automático". Significa igualmente não permitir que nenhum pensamento de medo, ou qualquer outro pensamento que não seja de Deus, entre na sua mente. Essa prática espiritual é tão importante que, segundo Sai Baba, constitui 75% do caminho espiritual. Trata-se da prática de reconhecer que não existem pensamentos neutros. Todos os pensamentos são ou do Eu superior ou do ego. É o ego que teme, porque o Eu superior sabe que é eterno. Cabe a cada um de nós escolher a quem servir.

24. Examine as suas Motivações

Esta chave foi o exame intenso das minhas próprias motivações. Recomendo a todos os Trabalhadores da Luz que façam isso de maneira completa e honesta. Como todos sabemos, o ego negativo é muito cheio de truques. Nos mais profundos recessos da nossa mente subconsciente, o que é que de fato nos motiva a fazer o que fazemos? É preciso muita coragem para examinar plenamente isso. Para compreender de fato Deus e passar aos níveis superiores de liderança, é preciso purificar as mentes consciente e subconsciente das impurezas do ego: o egoísmo, o narcisismo, o desejo do eu inferior, o hedonismo e o materialismo. O estudo das motivações no campo da psicologia precisa de muito mais foco do que o que tem merecido até agora.

25. *Comprometa-se com uma Vida Íntegra*

Esta chave de ouro foi o meu compromisso de viver com integridade. Podemos também encará-la como a coerência entre a minha poderosa Presença Eu Sou, o Eu superior, a mente consciente, a mente subconsciente, o corpo emocional e o corpo físico. Uma das fraquezas mais comuns que vejo nos Trabalhadores da Luz é uma incoerência entre níveis. A mente consciente pensa que responde de uma maneira e a mente subconsciente pensa e sente outra coisa. A mente consciente diz que quer fazer algo, mas o corpo físico acaba não fazendo isso. A importância de ter integridade e nunca enunciar uma única palavra que o resto de você mesmo não aceita é muito importante no caminho espiritual. Quando os mestres ascensionados dizem que vão fazer alguma coisa, eles a fazem. A integridade aplica-se a chegar na hora certa aos compromissos, a responder a telefonemas, a lidar com o dinheiro e a todo outro aspecto da vida na Terra.

Como podemos esperar ocupar posições de liderança diante de todo um planeta, um sistema solar, uma galáxia ou um universo, se não podemos manter a integridade com as pessoas na Terra? Temos de vigiar cada pensamento, cada palavra e cada ato nosso. Tudo está escrito nos registros anímicos. Tudo é registrado pelo nosso átomo permanente no nosso próprio ser. Ser egoísta e enganar alguém ou não ter respeito por alguém ou ser insensível é fazer tudo isso a Deus, porque os nossos irmãos e irmãs são Deus. A integridade com que você se relaciona com seus irmãos e irmãs é literalmente a maneira pela qual você se relaciona com você mesmo.

O mundo e as outras pessoas são uma tela em que projetamos os nossos pensamentos. Quando aprendemos a projetar em vida apenas pensamentos da consciência de Deus, de Cristo ou de Buda de maneira coerente, graduamo-nos — porque é para aprender isso que estamos na Terra. A vida terrena é uma escola da prática do ser Deus. O que estamos de fato tratando aqui é de ter um caráter imaculado, sem defeitos. A pergunta é: o que vamos preferir viver? Muitas pessoas usam a desculpa da condição humana para justificar sua falta de integridade. Essa é mais uma trama do ego negativo. É igualmente uma concepção errônea do que significa ser humano, porque o ser humano no seu nível mais elevado é "hu-man", homem-Deus. Identificar-se como Deus vivendo num corpo físico é consciência do mestre ascensionado.

26. *Sexualidade Sagrada*

A chave de ouro seguinte tem relação com a sexualidade. Um dos segredos da minha cura física e da minha aceleração espiritual foi o meu compromisso com o uso moderado da minha sexualidade. Não sou de modo nenhum um puritano, contudo, quanto mais amadureço espiritualmente, tanto mais sagrado se torna o uso das minhas energias sexuais. Comecei a elevar mais essa energia e a usá-la para outras coisas como a criatividade, a meditação e a iluminação do cérebro (ojas). Comecei a me relacionar com minhas parceiras sexuais de maneira mais tântrica. Em termos essenciais, a expressão da minha sexualidade tornou-se um ato muito mais santificado. A energia sexual é a própria energia vital. O meu compromisso foi dominar essa energia e nunca usá-la a serviço do eu carnal ou inferior, mas antes de maneira santificada.

Isso requer um enorme compromisso, um enorme foco e uma enorme autodisciplina, mas bem vale a nossa atenção. No atingimento da compreensão de Deus e do total autodomínio, a sexualidade é uma das mais difíceis áreas a serem dominadas para muitos Trabalhadores da Luz, e foi um desafio para mim no começo da minha vida. O uso adequado da energia sexual tem um grande efeito de cura e de aceleração espiritual na sua vida.

27. Pratique a Não-Violência

Esta chave de ouro envolve o princípio da não-violência. Isso inclui, a meu ver, um voto de não-violência, não só no nível físico, mas também nos níveis mental e emocional. O ideal aqui é transmutar todos os pensamentos e emoções violentos. Quando eles surgirem, não lhes dê ouvidos, visto que são um produto do pensamento do ego negativo. É este que cria todas as emoções negativas. Quando você pensa com sua mente crística, suas emoções continuam afáveis, amorosas, jubilosas e tranqüilas. Deus vive em todas as coisas, mesmo nos insetos. Se os insetos invadem sua casa, você tem o direito de proteger o seu espaço. Ao ar livre, porém, você tem de respeitar o espaço deles. Tente evitar filmes, programas de televisão e livros violentos, pois eles são aflições para a alma e o espírito.

28. Comprometa-se a Ser Determinado

A chave de ouro seguinte liga-se à determinação. Trata-se de uma das mais importantes qualidades que todo mestre ascensionado e todo líder tem de desenvolver. O ideal é ser determinado em tudo o que se faz. Faça você o que fizer na vida, faça-o com 100 por cento de suas energias. É melhor ser determinado e tomar a decisão errada do que não tomar nenhuma decisão.

29. Desenvolva uma Psicoepistemologia Saudável

Esta chave de ouro foi uma das bases do meu trabalho espiritual e um segredo do meu sucesso — o desenvolvimento de uma psicoepistemologia saudável. Trata-se de um termo com que a maioria das pessoas não está familiarizada. Existem certos pensamentos que formam a base da nossa visão do mundo. Esses pensamentos são chamados *pensamentos psicoepistemológicos*; eles são os pensamentos mediante os quais os outros pensamentos são filtrados. Um importante segredo do sucesso é ter uma psicoepistemologia clara e equilibrada. Descrevo isso como ter a cabeça de volta aos eixos. Se a sua psicoepistemologia estiver fora dos eixos, tudo na sua vida estará.

No estado ideal da realização de Deus, observamos a vida através do prisma de espectro pleno dos sete raios e, eventualmente, também por meio dos raios superiores. A maioria das pessoas vê a vida a partir de uma lente que contém apenas uma pequena fração desse prisma realizado em Deus. Sua lente psicológica é determinada pelos pensamentos psicoepistemológicos que estão filtrando a sua experiência. A meta máxima da vida é vê-la por meio das lentes com que Deus a vê. Muitas pessoas vêem a vida primordialmente através de lentes como a criança interior, o ego negativo, o corpo de desejo, o corpo mental, o corpo astral, o corpo físico, o legado dos pais, a vitimização, a programação cultural, a programação educacional e a programação religiosa. Você pode perceber que ver a vida através dessas lentes fará que a nossa visão seja altamente distorcida e desfocada para uma perspectiva bastante estreita.

Escrevi uma tese de mestrado sobre esse assunto tão importante. O tema do desenvolvimento de uma psicoepistemologia saudável é um dos mais importantes do campo da psicologia e da espiritualidade e, provavelmente, o menos compreendido. No começo da minha vida, pude desenvolver uma psicoepistemologia saudável, o que me levou ao desenvolvimento de um tipo de toque de Midas.

Quando sua lente pessoal está de acordo com o seu Eu superior, com a sua poderosa Presença Eu Sou e com as leis universais, a sua consciência estará alinhada com a consciência de Deus. Então, você vai manifestar abundância em todos os níveis, porque a abundância é o ponto de vista de Deus. O trabalho concentrado na promoção da clareza de sua psicoepistemologia valerá o seu peso em ouro.

EQUILÍBRIO

30. Viva no Tao

Esta chave de ouro foi verdadeiramente iluminadora para mim. Trata-se de *Viver no Tao*. Há um tao para tudo na vida. Isso tem que ver com o equilíbrio entre o yin e o yang. Ao surfar sobre as ondas, você cai quando fica à frente delas. Se você deslizar sobre a onda muito devagar, perderá a onda. Há um tao para cada aspecto da vida. Aprender a permanecer nesse tao é um dos verdadeiros segredos da saúde, da vida equilibrada e do sucesso. Aprenda a escutar esse tao e permaneça no âmbito do seu ritmo sublime. Esta é uma das chaves do desenvolvimento do toque de Midas.

31. Comprometa-se com o Equilíbrio, com a Integração e com a Moderação

A chave seguinte foi o meu compromisso com esses três princípios. No começo da minha vida, tive muita dificuldade para aprender essa dura lição, visto que eu era um tipo A muito voltado para o fazer. Nada como uma crise de hepatite e de pancreatite para mudar esse *modus operandi*. Meu corpo físico foi meu grande professor sobre o caminho do meio, de que Buda falou com tanta eloqüência. Não é necessário ser um asceta. O caminho espiritual é o caminho do equilíbrio e da moderação.

Os corpos físico, emocional, mental e espiritual devem ser, todos eles, respeitados, equilibrados e integrados adequadamente. Se aquilo que você está fazendo na vida está prejudicando o seu corpo físico, pare. O corpo físico é uma face de Deus. Minha mente gostaria de agir 24 horas por dia, mas meu corpo físico se rebela quando meu tipo A hiperativo está em ação. Eu precisava dessa lição kármica, porque, no começo da vida, não obedecia às leis de Deus. Agora, escuto a sabedoria dos meus corpos físico e emocional e tento não passar por cima deles. Eu estaria mentindo se dissesse que não sou mais um viciado em trabalho, mas agora posso dizer orgulhosamente que sou um viciado em trabalho equilibrado, e não um tipo A.

32. Equilíbrio entre o Masculino e o Feminino

Esta chave de ouro foi, na minha evolução, o trabalho concentrado que tenho feito no aprendizado do equilíbrio dos aspectos masculinos e femininos do meu ser. Trata-se de um dos requisitos para chegar à ascensão. Ele está vinculado com a necessidade de equilibrar os quatro corpos e as três mentes e a estabelecer uma relação apropriada com a criança interior em firmeza e amor. Trata-se de aspectos essenciais, da própria engrenagem do caminho espiritual.

33. O Princípio Hermético do Masculino e do Feminino

Esta chave de ouro é o princípio do masculino e do feminino. Este princípio hermético afirma que o masculino e o feminino estão em tudo; tudo tem seu princípio masculino e feminino; eles se manifestam em todos os planos. Esta lei hermética, em combinação com a lei da polaridade, foi na minha vida uma excelente chave de ouro, pois eu a apliquei a tudo. Mediante a compreensão dos opostos na vida, aprendi e treinei a mim mesmo ao longo do tempo para equilibrá-los. Em *Os Mestres Ascensionados Iluminam o Caminho,** páginas 124 e 125, compilei quadros mostrando listas exaustivas desses equilíbrios. Estude-os e você verá em que aspectos pode ser demasiado yin ou demasiado yang. Não julgue a si mesmo. Simplesmente se perdoe e estabeleça um programa ou plano de batalha de cura de atitude a fim de fazer as correções de caráter apropriadas na estrutura da sua personalidade. Esse capítulo também servirá de guia para proporcionar-lhe uma compreensão mais profunda das sete grandes leis herméticas.

34. Equilíbrio entre Altruísmo e Egoísmo

Esta chave de ouro foi a minha compreensão do equilíbrio entre o altruísmo e o egoísmo espirituais. Muitas pessoas espirituais costumam ser ou demasiado altruístas ou demasiado egoístas. O ideal é ser um e outro no momento certo. Ser espiritualmente egoísta é uma importante qualidade em seu lugar. Muitos Trabalhadores da Luz são maltratados e ficam então cheios de ressentimento

---

* *Os Mestres Ascensionados Iluminam o Caminho,* publicado pela Editora Pensamento, São Paulo, 2000.

porque não compreendem esse preceito. A crença comum é de que é egotista ser egoísta e espiritual ser altruísta.

Não obstante, o egoísmo tem um componente positivo e um componente negativo, tal como ocorre com o altruísmo. As pessoas com freqüência resistem à idéia de ser santas por causa dessa compreensão errônea. O verdadeiro santo sabe como ser espiritualmente egoísta quando necessário. A segunda lição aqui é ser determinado seja qual for o aspecto desse contínuo que você esteja escolhendo. Se for egoísta e não determinado no tocante a isso, você sentirá muita culpa. Se for altruísta e não determinado no tocante a isso, sentirá ressentimento. O segredo é entrar em sintonia, seguindo-a, com a sua orientação interior quanto à decisão apropriada em cada situação.

35. Transcender a Dualidade

Esta chave de ouro veio do *Bhagavad Gita* e de Sai Baba. Ela está ligada à compreensão da dualidade. A consciência da terceira e da quarta dimensões está cheia de dualidade. Há lucro e perda, prazer e sofrimento, enfermidade e saúde, vitória e derrota, louvor e crítica. Na consciência de Deus, permanece-se no equilíbrio mental, na equanimidade, na paz interior, no júbilo imutável e no amor incessante. A dualidade é transcendida e a nossa consciência não se torna uma montanha-russa emocional. A psicologia do futuro é uma psicologia transcendente e uma filosofia de vida de uma dimensão superior.

36. Como Transcender a Dicotomia Vencedor/Vencido

Esta chave de ouro consiste em transcender todos os pensamentos de superioridade e de inferioridade, pois eles são dois lados da mesma moeda do ego negativo. Fritz Perls chamou isso de complexo do vencedor/vencido. Sua orientaçao era a de que sempre que o vencedor ou o vencido aparecer na sua mente, você deve tirá-los de cena. Sai Baba e os mestres não poderiam tê-lo dito melhor. A maioria das pessoas deste planeta está presa à oscilação interminável entre emoções do vencedor e emoções do perdedor. Elas não foram educadas para ver que a paz interior reside em transcender a dualidade e em viver na atitude espiritual centrada crística/búdica. Leia *Psicologia da Alma — Chaves para a Ascensão* (Pensamento) para obter mais ajuda com esta lição.

SERVIÇO

37. A Lei do Serviço

A chave de ouro seguinte é a lei do serviço. Seus poderes de manifestação são multiplicados por mil se a sua vida estiver concentrada em servir a Deus e a seus irmãos e irmãs em Cristo. Há um antigo provérbio que diz: "Um puro de coração tem a força de dez." Eu tive essa experiência ao organizar e promover as celebrações do Wesak. O número de mestres ascensionados cósmicos e planetários e de anjos que vieram em minha ajuda e guiaram as pessoas para vir dos quatro cantos do globo foi espantoso.

Quando a oração e a manifestação são elevadas do nível da personalidade para os níveis da alma e monádico em total serviço dedicado, o poder aumenta exponencialmente. Quando fizer algum trabalho de manifestação, reze e trabalhe pelo benefício dos outros e de si mesmo porque, na verdade, o "outro" é você mesmo e o "outro" é Deus.

Você não está limitado pelas fronteiras do seu corpo tridimensional porque não é um ser tridimensional. No momento, faço esforços para me tornar um ser entre a décima e a décima segunda dimensão. Sai Baba e Melquisedeque são algo como seres entre a trigésima e a trigésima sexta dimensão. Quanto mais alto você vai, tanto mais se dá conta de que vive em todas as coisas e de que todas as pessoas e coisas vivem em você. Dedique sua vida ao serviço da humanidade e toda a força de Deus virá em sua ajuda a cada pedido seu.

38. Uma Atitude e um Estilo de Vida Voltados para o Serviço

Esta chave de ouro pode ser expressa no enunciado de *Um Curso de Milagres*, "para ter tudo, dê tudo a todos". Posso dizer honestamente que dei 100% de esforço ao meu caminho espiritual nesta vida. Também dei tudo de mim para ajudar meus amados irmãos e irmãs. Não retive coisa alguma para mim. Dei todo o meu amor, todo o meu esforço e toda pequena parcela de sabedoria que eu possa ter acumulado. Não guardei nada para mim. Posso dizer honestamente, com clara consciência, que dei a vocês, meus amados irmãos e irmãs, tudo. Dei com freqüência ainda mais do que aquilo que os mestres ascensionados do plano interior podem ter querido que eu desse.

Desde cedo, tive o desejo de ser útil às pessoas naquilo que pudesse. Esse serviço tem assumido muitas formas além de aconselhamento, de transmissão de ensinamentos e da redação de livros. Às vezes, pode ser simplesmente ajudar alguém a empurrar um carro quebrado ou a carregar as compras. Tornei-me profundamente consciente, no começo da idade adulta, de que tudo o que eu negasse aos meus irmãos e irmãs eu negaria, de fato, a mim mesmo e a Deus — porque os três são em verdade um só.

Não me incomodei com dinheiro; eu ficava simplesmente grato por ter a oportunidade de servir. Quando aconselhava, às vezes minhas sessões duravam quatro horas, ainda que eu cobrasse da pessoa só uma hora. O dinheiro não foi o meu deus; ajudar as pessoas foi. Jesus também disse em *Um Curso de Milagres* que "ajudar meus irmãos e irmãs é a minha verdadeira igreja". Na realidade, quem estava sendo mais ajudado era eu mesmo. Porque, ao dar tudo o que tinha, eu recebia tudo de volta das mãos de Deus. Deus já me estava dando tudo; agora, eu estava aprendendo a dar tudo a mim mesmo ao partilhá-lo.

Não estou dizendo aqui que não cometi erros, pois eu os cometi à exaustão. Tudo o que estou dizendo é que dei meus melhores esforços e que Deus me agraciou ao me devolver tudo o que eu havia dado e bem mais do que isso. Não dei por essa razão, mas essa é a lei de Deus em ação. Como diz *Um Curso de Milagres*, minha salvação cabe a mim mesmo. Esse enunciado teve sobre mim um profundo efeito. Foi essa descoberta em ação que me fez chegar ao ponto em que estou agora. Essa prática espiritual tem um profundo efeito de cura para a própria pessoa, além de ser uma chave para a manifestação, dado que erige uma atração e um magnetismo permanentes de bom karma. Servir é uma das melhores maneiras de liberar karma e de aumentar a conta bancária espiritual. Quando se desenvolve um estilo de vida fundado antes no dar do que no receber, as dádivas voltam numa abundância indescritível. Essa também foi a minha maneira de pagar a todos os que tinham me ajudado tanto na minha vida.

É importante deixar de lado os mitos e encantos da ascensão e concentrar-se cada vez mais no serviço ao mundo. As capacidades do mestre ascensionado avançado de teleaporte, materialização e desmaterialização virão no devido tempo, mas não devem ser objeto de obsessão. A maneira mais rápida de acelerar sua ascensão é dedicar a vida a servir e a cumprir a sua parte do plano divino de Deus.

39. Atos Casuais de Gentileza: Uma História

A chave de ouro seguinte consistiu na aquisição do entendimento de como pequenos atos de serviço podem criar um efeito multiplicador e gerar importantes mudanças de consciência. Um evento particular no começo da minha vida me afetou de maneira sobremodo profunda. Eu estivera estudando *Um Curso de Milagres* e estava tomado pelo espírito de Deus. Um dia, eu passava numa estrada de carro e vi um homem com o carro quebrado. Ele estava tentando empurrar o carro para o acostamento. Parei imediatamente e fui ajudá-lo. Terminei levando-o de volta para casa, uma viagem de 40 minutos, e ele ficou muito agradecido. Quando chegamos à casa dele, ele me convidou para entrar, mas declinei do convite. Ele me ofereceu dinheiro, mas também recusei. Eu lhe disse que estava simplesmente grato por ter a oportunidade de servir.

Ele ficou muito comovido e disse que queria me contar uma história. O homem era filipino e disse que, ao chegar a Los Angeles havia seis anos, detestara a cidade. Ele tinha um guincho e começara um pequeno negócio. Mas o negócio não ia bem e ele vivia sendo alvo de muito preconceito onde quer que fosse. Cerca de um ano depois de ele se mudar para lá, seu carro quebrou e um homem parou para ajudá-lo mais ou menos da mesma maneira que eu. O homem o transportou durante duas horas, ajudando-o a cuidar das coisas. O filipino tentou pagar-lhe, convidá-lo para entrar, mas o homem nem sequer lhe disse o nome. Tendo-o ajudado, ele partiu, não pedindo coisa alguma em troca.

O filipino ficou profundamente comovido com o fato de um ser humano que não o conhecia ter feito isso por ele. Desse modo, começou a fazer a mesma coisa pelas pessoas nas proximidades do seu negócio. Logo ele se tornou extremamente benquisto na comunidade por causa da ajuda e do serviço que prestava às pessoas, e não demorou muito para que seu negócio começasse a florescer. Nos anos seguintes, fez centenas de amigos e se tornou uma das pessoas mais amadas da comunidade. Enquanto estávamos sentados no carro conversando, o homem me disse que aquele outro homem o ajudara havia cinco anos e agora eu fizera o mesmo por ele outra vez. Vi-me profundamente afetado, sentia-me muito grato por ser um instrumento de Deus daquela maneira insignificante.

Naquela noite, no noticiário, vi uma história em que alguém estava participando de um sorteio do McDonald's e terminou ganhando um milhão de dólares com um dos bilhetes. A pessoa enviou imediatamente o bilhete ao hospital de Saint Jude e nem sequer disse o nome ou o endereço. Foi algo totalmente anônimo. A McDonald Company normalmente não permite a transferência de bilhetes, mas é claro que permitiu essa. Sempre fico comovido com essas histórias. Nunca subestime o efeito que podemos ter na vida das pessoas através de atos aleatórios de gentileza. Com o efeito multiplicador que esses atos geram, podemos mudar o mundo.

Lembro-me de um incidente de quando eu tinha doze anos de idade. Eu estava na fila numa cafeteria e o homem na minha frente não tinha dinheiro suficiente para pagar sua comida. Alguém atrás de mim se ofereceu para pagar por ele. Fiquei extremamente tocado com isso e tive vontade de me dar um chute por não me ter oferecido. Mesmo com aquela pouca idade, jurei a mim mesmo que, se isso voltasse a acontecer num restaurante ou mercado, eu seria o primeiro a me oferecer para pagar. Sempre me lembro dessa experiência e mantive a promessa muitas vezes.

Histórias de serviço altruísta como essas são de grande inspiração para mim. Esse é o mundo real e o trabalho real. Como disse Sai Baba, "mãos que ajudam são mais santas do que mãos que rezam". Jesus disse: "Minha verdadeira igreja é ajudar vocês, irmãos e irmãs." É surpreendente como podemos tocar a vida das pessoas se nos deixarmos ser criativos e receptivos às oportunidades que nos cercam. Creio que são essas pequenas coisas o mais importante para Deus.

40. O Reconhecimento das Alegrias do Caminho de Serviço

A chave de ouro seguinte foi a compreensão de que o caminho espiritual não é um trabalho duro nem um sacrifício. Como diz *Um Curso de Milagres*, "o verdadeiro prazer é servir a Deus". Sempre tive com isso uma relação situada no mais profundo cerne do meu ser. Nos primeiros estágios da minha vida, quando eu saía da sintonia com o serviço a Deus, eu me sentia muito mal. Não havia sensação pior do que essa. Aprendi, por meio do sofrimento e do karma, que a feitura dessas escolhas não contribuía para o meu melhor interesse. Pela graça de Deus, finalmente aprendi essa lição de feliz obediência.

Não tenho mais a sensação de que estou perdendo alguma coisa ao seguir esse caminho; muito pelo contrário! Sinto que com isso ganho tudo, incluindo saúde e riqueza. Nos estágios iniciais do caminho espiritual, o ego negativo pode lhe dizer que você está fazendo um sacrifício, que está renunciando a alguma coisa. Isso é uma ilusão. É como dizer que trocar um grão de areia pelo infinito é perder algo. Se não está servindo a Deus, que mais estará você fazendo com a sua vida?

O caminho espiritual envolve de fato, em algumas ocasiões, muito trabalho duro, mas há também seu lado divertido — e eu não o trocaria por nada no mundo. A coisa mais importante a lembrar é que o caminho espiritual é o caminho do equilíbrio e da integração. Você tem o melhor de ambos os mundos. Não é necessário desistir dos prazeres terrenos para estar num caminho espiritual. Aquilo que você tem de fato de desistir é do prazer terreno do eu inferior, mas não do prazer terreno do Eu superior.

Um exemplo disso pode ser a necessidade de renunciar à pornografia, mas não à sexualidade. Da perspectiva de Deus, o sexo entre dois adultos em comum acordo, quando o amor está presente, é uma coisa maravilhosa. Pretende-se que seja usufruído de maneira equilibrada. O caminho espiritual não é a rejeição da Terra, mas é justamente o contrário. Criar a unidade com a Terra é o verdadeiro ponto fulcral da ascensão.

41. O Serviço Planetário: A Cura da Terra

Esta chave de ouro foi um compromisso de curar a Terra tanto através de métodos espirituais como da ação positiva. É freqüente que eu encerre meditações individuais e grupais tomando por foco a cura da Terra, da humanidade e de toda a criação. Fazemos isso enviando luz e energia ao redor do globo a pessoas, cidades e países que precisem de ajuda. Use todos os métodos espirituais, incluindo o poder da oração, da luz, do som, da visualização e das frases positivas. E aja envolvendo-se em causas ambientais. Um aspecto desse trabalho consiste num compromisso de manter-se atualizado sobre as questões mundiais.

Uma vez realizada a ascensão planetária completa de alguém, reduz-se muito a focalização da evolução espiritual pessoal e amplia-se muito a focalização no serviço planetário e na liderança. Este é um dos aspectos agradáveis do atingir a liberação.

VIVA A VIDA COMO UM GUERREIRO ESPIRITUAL

42. Seja um Guerreiro Espiritual, ao Mesmo Tempo Forte e Amoroso

Esta chave de ouro foi a atitude que tomei de ser na vida um guerreiro espiritual. A vida na Terra é uma escola espiritual muito rigorosa, uma das mais difíceis do universo. O tema de todo o nosso universo, em termos do dia cósmico no qual vivemos, é a coragem. Para ter sucesso na vida e ser senhor da própria força espiritual, aprendi cedo que tinha de ser tanto muito vigoroso como muito amoroso. É a integração desse arquétipo no seu aspecto positivo e inspirador que fez de mim verdadeiramente um ser inabalável. Pouco importava quantas vezes eu caía, pois eu me levantava e continuava a lutar no rumo da vitória espiritual. Fiz uso de todas as adversidades que me aconteceram para me fortalecer em todos os níveis. Creio que isso me preparou para a minha atual missão. Os mestres sabem que podem confiar em mim e que sou absolutamente obstinado em meus esforços.

Isso vai ficando mais fácil com o passar do tempo. Vem a ser um hábito arraigado assim que chega à maestria sobre a mente subconsciente, a criança interior, os corpos físico, mental e emocional e o ego — e a sua integração. Djwhal Khul chamou isso de subjugação do inquilino no limiar. Uma vez que isso tenha sido alcançado, a vida se torna muitíssimo mais fácil. As lições sempre haverão de surgir, mas uma vez que você seja o capitão do seu navio, os retrocessos serão temporários. Djwhal Khul disse que tenho momentos em que perco o rumo, mas que esses momentos em geral duram apenas um curto tempo, e logo estou de volta aos trilhos. Isso se vincula com a maestria em termos da ciência da cura atitudinal.

43. Reconheça que a Escola da Terra é uma Guerra Espiritual

Uma das mais importantes chaves de ouro foi para mim a compreensão de que a vida, nesta escola da Terra, é como uma guerra espiritual. Toda pessoa que não acredita nisso é ingênuo, e não digo isso com nenhum juízo de valor implícito. Aprendi essa lição muito cedo na vida, por volta dos 22 anos. Talvez essa seja a principal introvisão que me permitiu escalar e alcançar o topo da montanha, por assim dizer. Isso foi reafirmado por Paramahansa Yogananda em seus escritos quando ele disse que a vida é um campo de batalha. Reafirmou-o Krishna no *Bhagavad Gita* ao dizer a Arjuna para deixar de lado a sua covardia, levantar-se e lutar, e que a piedade e a complacência excessivas para consigo mesmo não condiziam com a grande alma que ele era. Krishna também afirmou nessa obra: "Quando você luta com amor no coração, nenhum karma se acumula!"

A guerra espiritual, em que todos nós estamos envolvidos, é a batalha entre o eu inferior e o Eu superior; a contenda entre a verdade e a ilusão; a peleja entre o pensamento do ego negativo e o pensamento crístico. O termo "guerreiro espiritual" é um instrumento muito útil para levá-lo aos níveis superiores da iniciação e além deles. O professor espiritual Paul Solomon disse que o caminho espiritual é como escalar uma montanha. São cinco passos para cima e dois para baixo. Sete para cima, cinco para baixo. Quatro para cima, dois para baixo. O caminho é assim até mesmo para os iniciados mais avançados. Como o tema deste dia cósmico do nosso universo é a coragem, o arquétipo do guerreiro espiritual é inerente à maneira como este universo foi criado.

Há um grande número de Trabalhadores da Luz que não abraçam esse conceito o suficiente e que, por conseguinte, fracassam ante as lições da vida. Nunca fui ingênuo com relação àquilo com que estava envolvido, e todas as manhãs eu me preparava para a batalha ao envergar a minha armadura espiritual. Esta se compõe de minha força pessoal, do meu amor incondicional, da minha proteção, da minha fé, da minha confiança, da minha paciência e do meu perdão.

A batalha que todos travamos consiste em escalar a montanha conhecida como realização de Deus. Não é uma montanha fácil de galgar, especialmente neste planeta. É difícil dominar a mente, as emoções, o corpo físico, o ego negativo, a criança interior, o corpo emocional e a sexualidade, para só citar alguns. Os Trabalhadores da Luz devem igualmente enfrentar os extraterrestres negativos e a Fraternidade Negra. Esta não deve ser temida pelos que não são fracos. O primeiríssimo passo no caminho espiritual é começar a ser senhor da sua força pessoal. O tipo de guerra de que falo não é aquela movida pelo ego negativo. Esse tipo de guerra precisa ser abolido.

Essa guerra espiritual é a luta para permanecermos fiéis aos nossos ideais espirituais sob a ação de enormes obstáculos. É a batalha para continuar a ter amor dentro de si em todas as circunstâncias; a peleja para transcender a consciência do ego negativo a todo momento; a contenda para não recorrer ao "piloto automático", mas, pelo contrário, permanecer vigilante por Deus e pelo Seu reino a todo momento. É o enfrentamento destinado a afastar os irmãos e as irmãs da sedução do *glamour*, de *maya* e da ilusão. É a vontade de viver em vez de ceder à vontade de morrer. É o conflito voltado para permanecer a todo momento com total domínio a serviço de Deus e da consciência crística.

Se existe uma chave para o meu sucesso nesta vida, ela foi declarar guerra a serviço de Deus todas as manhãs nos últimos vinte anos. Foi o resgate da minha força pessoal e a reafirmação dos meus votos espirituais. Minha batalha espiritual consiste em manter meus votos espirituais independentemente do que me aconteça na vida. Como disse Jesus: "Sede fiéis até o momento da morte, e darvos-ei uma coroa de vida."

Sou o guerreiro espiritual máximo. Não é por acaso que o meu nome é Joshua. Joshua foi o rei guerreiro espiritual que substituiu Moisés e conduziu o povo judeu à Terra Prometida. Joshua é também o nome hebraico de Jesus. É meu trabalho nesta vida ser outra vez guerreiro espiritual de Deus e ajudar a liderar os discípulos de todas as crenças de volta à Terra Prometida. Estou preparado para isso, pois sou forte e tenho firmes convicções. O outro requisito é o amor. Meu coração está tomado pelo amor a Deus, aos mestres, aos meus irmãos e irmãs e a mim mesmo. É preciso ter tanto força como amor para ser integrado e auto-realizado.

44. *A Ira Positiva e o Guerreiro Espiritual*

Esta chave de ouro relaciona-se com alcançar uma compreensão e um relacionamento adequados com a ira. Boa parte da nossa ira advém do ego negativo. Há, porém, uma qualidade crística a que Edgar Cayce se referia com a expressão ira positiva — aquilo que eu prefiro chamar de fervor ou indignação justiceira do guerreiro espiritual. Quando a ira aparecer, não a reprima — canalize-a para a sua força pessoal, para o seu amor forte e para o arquétipo do guerreiro espiritual. Há na ira uma enorme força pessoal. Ela só é negativa se dirigida erroneamente. Use essa energia para corrigir erros, praticar exercícios, purificar a casa ou meditar. Dessa maneira, a energia se vê transformada e tem um efeito positivo.

VOTOS ESPIRITUAIS

45. *Faça Votos Espirituais*

Esta chave de ouro da minha vida está relacionada com a prática dos votos espirituais. Trata-se de algo que é parte integrante do meu trabalho e uma chave importante para o meu progresso espiritual. Fiz inúmeros votos. De modo geral, eu os transformo, no começo, em parte da minha redação do diário. Esses votos me trazem grande paz interior. Apego-me a eles como se fossem os meus Dez Mandamentos pessoais. Esses votos espirituais foram os ideais e preceitos segundo os quais vivi. Como disse o mestre Jesus: "Sede fiéis até a própria morte, e dar-vos-ei uma coroa de vida." Tenho sido fiel, acima de tudo, aos meus votos e ideais espirituais. É por esse motivo que, pela graça de Deus, recebi a coroa.

Não se trata de algo peculiar a mim. Trata-se de algo disponível a toda pessoa desejosa de demonstrar esse nível de compromisso. Sua salvação não cabe a Deus; cabe a você mesmo. Deus lhe deu tudo. O que de si você está disposto a dar? A chave para o meu sucesso foi o fato de eu não ser hesitante nem indeciso. Eu me dou 100% a Deus. Ao fazer isso, dou Deus a mim mesmo. Deus não cria a nossa realidade — nós a criamos. A questão principal da vida a todo momento é sempre a mesma: quem você quer que predomine nesta situação: Deus ou o seu ego? Mude de opinião e escolha Deus em todos os momentos pelo resto da sua vida, apegando-se a essa convicção como o homem ou a mulher que se afoga precisa de ar, e cedo você realizará o desejo do seu coração. Ponha em prática essas chaves de ouro que esbocei e o resultado terá a mesma inevitabilidade do nascer do Sol pela manhã.

46. O Voto do Bodhisattva

Esta chave de ouro assumiu na minha vida a forma do Bodhisattva. Trata-se de um voto que fiz de permanecer na Terra para servir a todos os seres sensíveis mesmo depois de ter alcançado a total libertação. Posso dizer honestamente que, embora tendo completado minha ascensão planetária pessoal, estou plenamente comprometido com permanecer na Terra e servir. Amo de fato as pessoas e vejo todos os seres como Deus. Desejo fazer tudo o que estiver ao meu alcance para ajudar a aliviar o sofrimento e a trazer a iluminação para todos.

Eu não estaria na posição em que agora me encontro se certas pessoas essenciais na minha vida não tivessem vindo em minha ajuda, e é ilimitada a minha sincera gratidão a essas pessoas. Tendo Deus por testemunha, venho dedicando e vou dedicar todas as minhas energias e o meu último suspiro a devolver essa bênção que me foi concedida. Essa é a minha versão pessoal do voto do Bodhisattva.

47. Voto de Usar com Sabedoria todo Tempo e Energia

Esta chave de ouro é um voto espiritual que fiz no começo da minha vida. Trata-se de nunca desperdiçar uma única parcela de tempo ou de energia. Pela graça de Deus, tenho mantido este voto. Isso não quer dizer que eu não me distraia nem me divirta, visto que fazê-lo não é desperdiçar tempo. A distração e a diversão são uma importante parte do caminho espiritual. Este voto espiritual relaciona-se com não perder de vista as minhas prioridades e manter sempre o seu rumo.

48. Ser um Mestre da Escolha

Esta chave de ouro foi chegar a ser um mestre da escolha. Designo com isso o meu voto de permanecer consciente o tempo todo e de não pensar, dizer nem fazer o que quer que seja se eu não tiver feito a opção de fazê-lo. Quando a mente intuitiva, os sentimentos e o instinto são integrados adequadamente, esse processo pode realizar-se com muita rapidez.

49. O Voto de Piedade ou Devoção

Esta chave de ouro foi objeto do meu interesse desde muito cedo. Dou-lhe o nome de meu voto de piedade. Para algumas pessoas, esta palavra poderia ter uma conotação negativa, mas esse não é o meu caso, visto que ela é a consciência do mestre ascensionado. Trata-se do compromisso de ser afável o tempo inteiro e de nunca atacar. É o compromisso de levar uma santa vida de serviço e ser altruísta o tempo inteiro. Se preferir outra palavra, você pode chamar este voto de voto de devoção.

50. Um Voto de Pureza, o Voto de Brahmacharya

Esta chave de ouro foi, no meu caminho espiritual, um voto de pureza, ou aquilo que eu chamo de meu voto de Brahmacharya. Ele se aplica à pureza em todos os níveis. Incluem-se aí a pureza no corpo mental, com relação aos pensamentos impuros; pureza no corpo emocional, com relação às emoções impuras, negativas, e aos desejos do eu inferior; e pureza no nível físico em termos de alimentação, uso adequado da sexualidade e ação adequada a todo momento. Falamos aqui de manter uma dieta mental, emocional e física interior e exteriormente. Isso tem vínculos com o comprometer-se a estar sempre vigilante e nunca se deixar conduzir pelo "piloto automático". Esse voto é um compromisso com a manutenção da maestria a todo momento, mesmo quando nos sentimos fisicamente cansados ou emocionalmente esgotados.

51. Voto de Renúncia

A chave seguinte foi outro voto que fiz e que eu chamo de meu voto de renúncia. Renunciado é aquele que renuncia ao mundo material e assume como principal prioridade o mundo espiritual. Isso porém não quer dizer que a pessoa não permaneça envolvida com o mundo material. A distinção está no fato de que, depois desta renúncia, eu estava envolvido mas não apegado. O segredo é desistir de todos os apegos materiais, porque isso é o que leva ao sofrimento. Como diz Buda, "todo sofrimento vem do pensar errôneo".

A idéia aqui é acabar com o sofrimento por meio da graça, em vez de esperar que a vida o elimine por intermédio do karma. Se você continuar no caminho espiritual, todos os apegos serão, em última análise, eliminados porque isso é necessário para você chegar à compreensão de Deus. Assim, por que não fazer neste momento semelhante voto, pôr a vida material — o que inclui todos os relacionamentos — no altar espiritual e entregá-la a Deus? Diga a Deus e aos mestres que você põe a sua vida espiritual em primeiro lugar, acima de tudo o mais, que você se liberta de todos os falsos deuses e ídolos. Fazer isso lhe poupará muito sofrimento. Transforme as coisas materiais em preferências, e não em apegos. Quando elas se tornarem preferências, sua felicidade e sua paz interior não estarão mais atreladas a elas.

52. Voto para Fazer a sua Vida Ter Valor

Esta chave de ouro é aquilo que considero a minha iniciação *Reader's Digest*. Ela se vincula com as histórias da *Reader's Digest* que falam de coisas incríveis feitas pelas pessoas que demonstram o triunfo do espírito humano. Eu também vejo programas de televisão sobre essas pessoas e vejo histórias nos noticiários. Fiz então um voto espiritual de que teria uma vida como essa, não para objetivos egoístas, mas em favor da glória de Deus. Fiz a promessa de que não me importaria com aquilo por que tivesse de passar nem com o tamanho dos obstáculos. Fiz o voto de que eu teria no mundo um impacto positivo. Quando fiz esse voto, e outros como ele, eu nem desconfiava de que essa semente frutificaria dez ou quinze anos depois.

53. Voto de Servir e Alcançar a Evolução

Esta chave de ouro foi um voto que fiz desde o começo da minha vida. Fiz a promessa de que conseguiria o máximo de evolução espiritual que pudesse nesta vida e que ajudaria o maior número de pessoas possível. Eu levaria uma vida equilibrada, integrada, mas a evolução espiritual e o serviço seriam a força propulsora de tudo quanto eu fizesse. Votos espirituais como esse têm um profundo efeito na vida da pessoa, em particular se você os faz por toda uma vida e mesmo pela eternidade, como é o meu caso. Fazer votos espirituais como esse dará um grande impulso à sua vida espiritual, tanto quanto o fazem as ativações vindas dos mestres ascensionados. Juntos, esses votos e essas ativações são uma combinação imbatível.

2

A CURA A PARTIR DAS DIMENSÕES SUPERIORES CHAVES 54-76

Tecnologias Arcturianas
Equipes e Templos de Cura nas Dimensões Superiores
A Cura em Todos os Níveis

TECNOLOGIAS ARCTURIANAS

Os arcturianos são uma dádiva de Deus. Trabalhar com eles foi uma importante chave para a ressurreição do meu corpo físico, e eles têm tido um enorme efeito na aceleração da minha ascensão. Apresento a seguir algumas das maravilhosas tecnologias do amor e da luz advindas dos arcturianos. Eles usam os computadores altamente avançados das suas naves para fazer esse trabalho. Quando você estiver, por assim dizer, conectado com os bancos dos computadores das naves arcturianas, toda solicitação será instantaneamente atendida. Descobri que as tecnologias arcturianas produziram mais cura para o meu corpo físico do que qualquer outra coisa que eu tenha usado. É como se eu tivesse os meus próprios agentes de cura particulares à disposição sempre que deles precisasse. Devo muito ao Senhor Arcturo e aos arcturianos pela sua ajuda.

54. Aumente o seu Quociente de Luz e Fortaleça o Corpo Físico

Esta chave de ouro foi tão indispensável à minha manifestação que eu a uso todos os dias. Invoco o Senhor Arcturo e os arcturianos para um aumento de 100% do quociente de luz, ao lado da cura e do fortalecimento de quaisquer partes do meu corpo físico que requeiram atenção. Às vezes, peço o fortalecimento do pâncreas ou do fígado. Outras vezes, requeiro o fortalecimento das minhas cordas vocais ou do sistema imunológico. Em outras ocasiões ainda, solicito ajuda na promoção do equilíbrio de todos os fluxos meridianos do meu corpo. Faço isso de vez em quando antes de dormir e percebo que durmo melhor. Também faço isso depois de escrever por um período de quatro a cinco horas. Vocês conhecem a sensação do corpo dolorido depois de ficarmos escrevendo ou na frente do computador por um longo tempo. Faço essa súplica e de modo geral dentro de quinze a 30 minutos sinto todo o meu sistema etérico retornar ao equilíbrio.

55. *Invocar os Arcturianos em Situações Extremas*

Esta chave de ouro destina-se a pessoas com problemas crônicos de saúde. Aos que se vêem diante desse desafio espiritual, recomendo o emprego das energias arcturianas 24 horas por dia de maneira regular. Faça sempre orações ao Senhor Arcturo e aos arcturianos por um aumento de 100% do quociente de luz e para a cura da parte do corpo físico que lhe está causando problemas. Se a energia não parecer forte o bastante, peça-lhes que aumentem a freqüência. Vá solicitando repetidamente um aumento até que eles a ponham num nível em que você possa de fato sentir-se, por assim dizer, permeado por essa energia.

Se você sentir que começa a enfraquecer e a não estar bem outra vez, invoque-os novamente e peça mais luz e cura nessa área. Peça a tecnologia arcturiana do cristal líquido todos os dias, seguida do cilindro de ouro meia hora mais tarde. Isso vai manter o seu campo limpo e energizado.

Em situações extremas em que não me sinto bem, peço para ir à câmara do mecanismo das naves arcturianas para ser medicado. Quando estou extremamente fatigado ou me vejo em emergências, solicito aos arcturianos uma completa revitalização e energização do meu corpo físico. Descobri que isso é um instrumento valiosíssimo. Também medito ou tiro uma soneca quando me sinto cansado. Em situações extremas, você pode também chamar o doutor Lorphan e os agentes de cura galácticos (ver Chave de Ouro 66).

56. *A Tecnologia Arcturiana do Cristal Líquido*

Este instrumento arcturiano é a sua tecnologia do cristal líquido. A pedido, os arcturianos injetam no seu sistema de quatro corpos e nos seus chakras um tipo de cristal líquido que desativa imediatamente toda e qualquer energia negativa. Costumo usar primeiro esse processo e então pedir o cilindro de ouro.

57. *O Cilindro de Ouro Arcturiano*

O cilindro de ouro arcturiano pode ser pedido diretamente ao Senhor Arcturo, e será baixado sobre o seu sistema de quatro corpos. Ele elimina todo tipo de energias tóxicas, e eu o tenho empregado na remoção de implantes, elementais, mucos etéricos, parasitas indesejados, bem como outras formas de desequilíbrio em qualquer nível. O cilindro de ouro assemelha-se a um imenso ímã que atrai impurezas. Quando é retirado do seu corpo, o cilindro leva quaisquer resíduos remanescentes. Descobri que a sua combinação com a tecnologia do cristal líquido purifica completamente o meu campo todas as vezes. Esses instrumentos têm sido uma dádiva divina na cura de todos os meus corpos e em meu processo permanente de purificação. São do mesmo modo aceleradores da ascensão. Uso-os especialmente no estado de sono sempre que me sinto confuso ou me deixo influenciar em função do envolvimento com as lições da vida.

58. A Máquina Arcturiana de Prana

Esta chave de ouro é a máquina de prana dos arcturianos. Trata-se de um valioso instrumento. Peça aos arcturianos que ancorem essa máquina no seu campo de energia. Trata-se de um ventilador que é posto no chakra do coração, onde sopra para fora do seu campo de energia toda energia negativa. Ele realinha e purifica seus nadis, ou circuitos etéricos, e toda a sua grade de luz etérica. Ajuda também a limpar as veias e artérias. Essa máquina tem tido um efeito enormemente fortalecedor no meu veículo físico. Eu a uso toda vez que sinto alguma energia negativa no meu campo de energia.

59. A Máquina Arcturiana do Júbilo

A máquina do júbilo é outro espantoso instrumento arcturiano. Ela tem um prodigioso efeito benéfico no corpo emocional. Sempre que eu me sinto emocionalmente abatido, peço a máquina arcturiana do júbilo. Faço uma aposta com você. Se você invocar agora os arcturianos pedindo que ativem sua máquina do júbilo, aposto dez pontos de quociente de luz que você não será capaz de parar de sorrir e até de rir. Partilhei isso com amigos e eles ficaram embasbacados. Os arcturianos enviarão a você o puro júbilo do nono raio, e você não poderá ficar deprimido ainda que o queira. Nada é mais curador do que o júbilo. A ascensão, o júbilo e o amor se acham interligados. Use este instrumento para ajudar a cultivar a qualidade crística/búdica em sua vida cotidiana.

60. O Aumento Arcturiano de Voltagem

A próxima chave de ouro foi o uso da técnica arcturiana de aumento da voltagem. É comum, quando estou na fila no mercado ou no correio, e desejoso de usar esse tempo, que eu murmure para mim mesmo ou diga telepaticamente: "Senhor Arcturo e arcturianos, aumentem a voltagem." Sinto um aumento do fluxo da corrente espiritual percorrer o meu corpo. É algo simples e eficaz que pode ser feito rapidamente em meio a qualquer outra atividade.

61. O Sistema Arcturiano de Revestimento

Esta é uma dispensação essencial que recebi do Senhor Arcturo. Trata-se de uma ancoragem do sistema arcturiano de revestimento em nossos sistemas de chakras. O Senhor Arcturo disse que essa tecnologia avançada poderia, metaforicamente falando, enviar em dezoito segundos uma carta que o sistema de chakras levaria normalmente três meses para fazer. Essas tecnologias avançadas, que uma por uma foram ancoradas ao longo do tempo, ressuscitaram literalmente todo o meu ser.

62. Reprogramação Arcturiana da Sua Estrutura Bioquímica Etérica

A chave de ouro seguinte é pedir ao Senhor Arcturo e aos arcturianos para reprogramar a sua estrutura bioquímica etérica a fim de assegurar-se de que ela esteja de acordo com a estrutura do seu corpo físico. No meu caso, num dado momento, meus corpos espiritual, mental e emocional estavam evoluindo com mais rapidez do que o meu veículo físico, tendo os arcturianos de atualizar minha estrutura bioquímica etérica a fim de criar coerência no meu sistema de quatro corpos.

EQUIPES E TEMPLOS DE CURA NAS DIMENSÕES SUPERIORES

63. Os Mestres de Cura do Plano Interior

A chave de ouro seguinte é trabalhar com os mestres de cura do plano interior. Esses agentes de cura têm sido o outro elemento-chave da ressurreição do meu corpo físico. Quando você convocar esse grupo de agentes de cura do plano interior, invoque o seu eu crístico e a sua mônada em conjunto com os mestres de cura do plano interior. Invoco-os ou me sinto numa de suas câmaras de cura sempre que não passo bem, e sejam quais forem os sintomas ou a causa. Quando preciso muito deles, chamo-os várias vezes ao dia. Depois que você os chamar, diga-lhes o que você quer que eles tratem. Deite-se e descanse ou medite e permita-lhes trabalhar em você por até uma hora.

Apresento a seguir alguns pedidos especiais que você pode fazer aos mestres de cura do plano interior:

• Peça uma completa purificação e reparo de todos os seus veículos: espiritual, etérico, mental, emocional e físico. Isso inclui pedir-lhes que consertem quaisquer "vazamentos" ou "furos" da sua aura.

• Peça para receber, no nível etérico, influxos das substâncias de que você precisa, como vitaminas, minerais, hormônios, etc., sob a orientação dos mestres ascensionados. Isso assemelha-se a dar a si mesmo, a modo de irradiação, essas substâncias, ou à solicitação de acupuntura etérica. Funciona porque tudo é energia.

Eu costumava receber muita energia de cura de outros praticantes, até o dia em que me dei conta de que eu poderia ter acesso por mim mesmo a quase tudo aquilo de que precisava. Esse é o grupo de agentes de cura mais refinado à disposição da humanidade. Os mestres de cura do plano interior e os arcturianos são uma espantosa combinação para a manutenção da boa saúde em todos os níveis.

64. Restaure a sua Matriz Divina

A chave de ouro seguinte foi pedir à equipe de cura etérica para reparar os meus danos etéricos de vidas passadas e desta vida. Trata-se de algo extremamente importante, porque, se não o fizermos, deixaremos o corpo físico agir a partir de uma matriz imperfeita, o que impede a completa recuperação. Convoque esse grupo e peça-lhe que repare o seu corpo etérico e o deixe num estado em que ele irradie apenas sua matriz monádica perfeita. O trabalho com esse grupo, em conjunção com o pedido de ancoragem do meu corpo matriz monádico e do meu corpo mayavarupa, acelerou em larga medida tanto a cura do meu veículo físico como a minha ascensão.

65. Os Mestres de Cura pela Acupuntura

Esta chave de ouro consiste em pedir à equipe de cura pela acupuntura, dos mestres ascensionados, que ponha agulhas de acupuntura etérica no seu corpo para ajudar a corrigir quaisquer problemas de saúde física que você esteja tendo. Peça-lhes que removam as agulhas quando você terminar.

66. O Doutor Lorphan e os Agentes de Cura Galácticos

Uma valiosíssima chave de ouro na minha cura foi o trabalho com o doutor Lorphan e os agentes de cura galácticos. Trata-se de um grupo extremamente avançado de agentes de cura que você pode invocar em situações de saúde extremas. Como as minhas lições de saúde foram muito severas, invoquei o doutor Lorphan e ele fez maravilhas no reparo do circuito do meu campo de energia e no fortalecimento do meu sistema digestivo. Uso o doutor Lorphan e os agentes de cura galácticos em situações sérias quando preciso de recursos além das prodigiosas dádivas de cura dos arcturianos e dos mestres de cura do plano interior.

67. Banhos de Cor nos Templos de Cura do Plano Interior

Com esta chave de ouro, peça para ir aos templos de cura do plano interior e tomar banhos de cor. Trata-se de piscinas de luz líquida e cor. São os mais gloriosos *spas* de cura. Invoque os seus anjos de cura e peça para ter um banho de cura numa piscina de cura de qualquer cor que você deseje. Trata-se de uma coisa excelente a fazer antes de dormir, pois é muito relaxante e rejuvenescedor.

A CURA EM TODOS OS NÍVEIS

68. A Cura Tem de Ser Feita em Todos os Níveis

Esta chave de ouro serve para lembrar que a cura física não se pode manifestar por completo sem que primeiro curemos o corpo etérico, o corpo emocional e o corpo mental. Use os instrumentos que ofereço neste livro para curar esses corpos, que são a causa de toda doença que acomete o corpo físico.

69. Purificação por Meio do Programa de Eliminação do Medo

Esta chave de ouro, o programa de eliminação do seu medo essencial, foi uma dádiva de Deus. Essa tecnologia é um processo por meio do qual todos os medos essenciais que você tenha acumulado em seu sistema de quatro corpos —

desta vida e de todas as suas vidas passadas — podem ser removidos com a ajuda dos mestres ascensionados. Convoque Djwhal Khul e Vywamus para ancorar essa tecnologia de repadronização no seu campo de energia e solicite a sua ajuda na eliminação dos seus medos essenciais. Isso pode ser feito com relação ao medo em geral ou a temores específicos.

Essa matriz também é capaz de eliminar todas as entidades astrais, doenças astrais, campos cinzentos e doenças mentais ou etéricas e ajudar a reparar e realinhar sua grade de luz etérica com a ajuda do computador holográfico do ashram de DK.

Ao longo de um período de mais ou menos nove meses, muitos medos foram eliminados do meu sistema de quatro corpos. Todas as lições de saúde que vivi fizeram que o medo se acumulasse em meus órgãos. A purificação e eliminação de todas essas ervas daninhas do meu sistema catalisaram um efeito ressuscitador e regenerador em mim. Em apenas um seminário de fim de semana que coordenei, os mestres removeram 45% do meu medo essencial de toda uma vida. Isso é uma terapia rápida! Essa tecnologia está à disposição de todos. Trato dela com mais detalhe num capítulo de *Além da Ascensão*.

70. Elimine Resíduos Tóxicos Etéricos

A chave de ouro seguinte da minha cura foi pedir a remoção de todos os dardos, agulhas e projéteis etéricos. Esses aspectos negativos de modo geral se acumulam a partir de vidas passadas, podendo igualmente ser adquiridos nesta vida. Vi-me envolvido num relacionamento em que a pessoa tinha muita raiva, raiva que, num dado momento, foi dirigida a mim. O doutor Lorphan e os mestres de cura do plano interior tiveram de passar dois dias retirando os dardos e agulhas alojados no meu fígado.

Cada vez que alguém ataca os outros ou se irrita com eles, esse alguém envia-lhes dardos psíquicos como esses. Toda essa matéria precisa ser purificada e eliminada. Agora você pode ver por que as pessoas ficam tão doentes e por que há tantas doenças, como câncer, ligadas ao colapso do sistema imunológico. Isso se deve em larga medida à não-purificação e eliminação dessa matéria do plano interior. Eis por que a medicina convencional é tão ineficaz diante das doenças crônicas: ela trata apenas de 10% da realidade e deixa de lado 90% do que está acontecendo no resto do sistema de doze corpos.

71. Purificar o Filtro Etérico Através da sua Codificação Pessoal de Cores

Esta chave de ouro surgiu de uma idéia que um amigo me transmitiu com relação àquilo que os mestres designam como *filtro etérico*. Dizem eles que todo corpo etérico tem um filtro que funciona mais ou menos como o filtro de fiapos de uma secadora de roupas. Ele foi feito para funcionar automaticamente, mas na maioria das pessoas ficou, com o passar do tempo, entupido. Dessa maneira, a luz não pôde passar por ele de modo adequado. Melquisedeque disse que é da maior importância limpar esse filtro. Faz-se isso invocando a nossa codificação pessoal de cores.

Cada pessoa tem sua própria codificação específica de cores. Por exemplo, disse-me Melquisedeque que minha codificação pessoal de cores é o raio platina, o raio ouro, o raio azul e o raio vermelho. Afirmou ele que o raio platina é a energia direta da fonte divina; o raio ouro é seu raio da Câmara de Ouro; o raio azul é o raio do ashram de Djwhal Khul; e o raio vermelho é o raio do ashram do primeiro raio de El Morya, vinculado com a liderança. Para limpar o seu filtro, peça aos mestres sua própria codificação pessoal de cores, o que vai ajudar a purificar seu filtro etérico. Recomendo que se faça isso uma vez por mês como manutenção.

72. O Ajuste da Rede Etérica

Esta chave de ouro consiste em pedir a Djwhal Khul e ao Senhor Arcturo um ajuste da rede do corpo etérico. Para quem é demasiado empático, um espessamento da rede etérica pode ser positivo. Para os que estão demasiado fechados emocional ou psiquicamente, um adelgaçamento da rede pode ser necessário. Deixe isso à sua poderosa Presença Eu Sou e à sabedoria dos mestres ascensionados. A maioria das pessoas precisa de um espessamento da rede etérica, pois isso oferece mais proteção.

73. A Purificação dos Animais de Estimação

Esta chave de ouro adveio da compreensão da necessidade de purificar os animais de estimação de todos os implantes alienígenas e elementais negativos. Essa compreensão surgiu em mim depois que meus implantes foram purificados. Eu me esquecera de purificar no processo os meus dois gatos, Patches e Rags. A purificação de animais de estimação é um procedimento simples. Apenas invoque a tecnologia da luz líquida e o cilindro de ouro do Senhor Arcturo e dos arcturianos e faça um pedido específico para que todos os implantes alienígenas e elementais negativos sejam neutralizados e eliminados dos animais em que você quer que se faça esse trabalho.

74. A Purificação de Velhas Marcas do Campo de Energia

A chave de ouro seguinte foi pedir a Djwhal Khul e a Vywamus que eliminassem de minha aura todas as marcas negativas. Estas costumam vir de vidas passadas. Elas incluem coisas como um ferimento a espada ou a faca no campo de energia. Peça também que todas as irritações e manchas da aura sejam curadas e purificadas. Todas essas coisas são fáceis de curar e eliminar, bastando para isso que saibamos o que pedir.

75. Peça uma Purificação Genética Completa

A chave de ouro seguinte foi uma série de formas de purificação cósmica que revolucionaram e ressuscitaram literalmente todo o meu sistema de quatro corpos. Na primeira parte desse processo, pedi a Djwhal Khul, ao Senhor Maitreya, a Melquisedeque e ao Senhor Arcturo uma completa purificação genética de linhagem que eliminasse toda doença e fraqueza do corpo físico nesta vida e em todas as vidas passadas.

Como parte disso, peça também aos arcturianos a completa eliminação de todos os cânceres e de todos os tipos de moléstia que se tenham formado nos corpos etérico, mental e emocional. Solicite uma eliminação completa, nos veículos físico e etérico, de tudo o que não apresente uma saúde perfeita e radiante. Peça isso para toda a sua linhagem sangüínea — passada, presente e futura.

76. Purificação Celular Cósmica

Esta chave de ouro serve para invocar Melquisedeque, Metatron e Vywamus a fim de que façam uma purificação celular cósmica. Isso purificará toda a sua estrutura celular, devolvendo-a à sua primeira formação e encarnação na Terra.

Creio que você está começando a perceber que, mediante a invocação dessas formas de tecnologia espirituais, podemos literalmente ser levados de volta à vida, pouco importando o nosso grau de doença física, emocional, mental ou espiritual. Trata-se de tecnologias espirituais avançadas do futuro que estão disponíveis agora. E o propósito deste livro é *pô-las à sua disposição desde já*. O mais surpreendente são a sua simplicidade de uso e a sua eficácia. Creio que vocês concordam que o caminho espiritual tem de ser simples.

Recomendo que você percorra este livro, chave por chave, de maneira sistemática, solicitando e praticando cada um desses procedimentos. Ao fazer isso, todo o seu sistema de doze corpos é completamente desobstruído, purificado e aprimorado de modo que não haja nenhuma possibilidade de a doença se manifestar. Isso acontece porque você está purificando os corpos mais sutis onde toda doença começa.

Esses instrumentos podem ser usados para a cura, para a manutenção da saúde e para a prevenção. Estou mostrando a você uma maneira de curar-se e de evoluir por si próprio sem ter de pagar a outros praticantes. Por que deveria eu lhe dar o peixe quando posso ensiná-lo a pescar? Toda doença se manifesta primeiro nos corpos etérico, emocional e mental. Conservando esses corpos purificados mediante o uso desses instrumentos e introvisões, você pode manter a saúde em seu veículo físico. Você tem alguma idéia de quanto dinheiro eu faço você economizar? Economize o seu dinheiro e venha para a próxima celebração do Wesak!

3

TORNAR-NOS QUEM DE FATO SOMOS: EVOLUÇÃO E INTEGRAÇÃO EM TODOS OS NÍVEIS CHAVES 77-118

Ascensão
Bancos Ascensionais
Os Chakras
O Desenvolvimento do Sistema de Quatro Corpos
Alma e Evolução Monádica
Os Raios
Evolução Superior

ASCENSÃO

77. Aumente o seu Quociente de Luz

Esta chave de ouro foi o entendimento do quociente de luz. Passei a compreender que aumentar o quociente de luz é a chave para manifestar a complementação das nossas iniciações. A quantidade de luz que se retém é fundamental. Uma vez que descobri esta verdade, comecei a concentrar grande parte do meu tempo ao aumento do meu quociente de luz. Uma das maneiras pelas quais fiz isso consistiu em sentar nos bancos ascensionais.

A segunda maneira é pedir diretamente um aumento do quociente de luz durante cada meditação. Peço isso aos arcturianos, a Metatron, a Melquisedeque e a outros mestres com quem trabalho. Também invoquei Djwhal Khul e me envolvi em seu "programa de gotejamento intravenoso do quociente de luz do segundo raio" (esta é a única designação que consigo lhe dar). Peça a Djwhal Khul isso e ele saberá do que você está falando. Cada iniciação requer um nível de quociente de luz diferente a ser completado.

Outra maneira foi pedir que a luz de mil sóis se derramasse no meu ser. Toda a luz e toda a energia do universo estão à nossa disposição. Você também pode pedir ao Senhor Maitreya para colocar em seu chakra da coroa uma das suas hastes douradas de luz. Isso será absorvido pelo seu sistema de quatro corpos e servirá para acelerar o aumento do seu quociente de luz.

78. Estabilize o seu Quociente de Luz

Esta chave de ouro consiste em trabalhar para estabilizar o quociente de luz. Há uma grande flutuação no nível de luz no interior do sistema de quatro corpos e em diferentes momentos de sua vida diária. Por exemplo, se você está meditando e fazendo uma série de ativações de luz, seu quociente de luz aumentará consideravelmente. Você poderá ficar, comumente, num nível de quociente de luz entre 80 e 83%. Numa dada meditação, você pode elevá-lo a até 93% por alguns minutos. Então, na vida cotidiana, ele poderá reduzir-se outra vez. Mas a cada vez que você medita, adiciona-se mais uma fração à sua média geral. O segredo não está apenas em alcançar na meditação um alto quociente de luz, mas em estabilizar o seu quociente de luz, no mais alto grau possível, em todos os quatro corpos de forma coerente. É isso que exige o verdadeiro esforço.

Por exemplo, você pode ser um grande meditador; mas, se não estiver psicologicamente equilibrado e purificado, haverá algum tipo de escoamento do seu quociente de luz. Cada pensamento, palavra e ato seu afetam a sua luz. Às vezes, as pessoas recebem comunicações confusas do espírito sobre o quociente de luz e o nível de iniciação porque esse processo de flutuação não é levado em conta. Pergunte aos mestres qual é seu nível estabilizado de quociente de luz e o quanto ele flutua.

79. Invoque o seu Próximo Nível de Luz

A chave seguinte consiste em continuar invocando os mestres para estabilizar o seu quociente de luz no nível seguinte acima daquele em que você se encontra agora. Mais uma vez, o segredo é chegar à estabilização. Quando eu me estabilizei no nível de quociente de luz da ordem de 99%, transferi-me para a escala cósmica do quociente de luz. Isso me fez voltar a um nível de 10 a 11% na escala cósmica. Pouco importa o nível que você atinja, sempre haverá outro passo a galgar na escadaria.

80. Construa o Antahkarana

A próxima chave de ouro foi a construção do meu antahkarana, ou ponte do arco-íris. O antahkarana é a ponte de luz que você cria entre sua personalidade, sua alma, sua mônada e Deus. Esse trabalho espiritual é crucial. O antahkarana é, em primeiro lugar, a chave da conexão da sua personalidade com o seu Eu superior. Então, ele liga você à sua mônada ou à sua poderosa Presença Eu Sou.

Por fim, ele serve de ponte para ajudar a criar a integração desses três aspectos do eu.

Quando essa ponte de luz estiver pronta, complete a construção do seu antahkarana remontando até Deus. Esse é o seu antahkarana cósmico. Semelhante ponte luminosa faz com que mais luz ainda entre no seu sistema de quatro corpos, o que significa cura em todos esses níveis. A construção do antahkarana é um aspecto essencial do processo de ascensão. Recomendo que você trabalhe com o capítulo a esse respeito do *Manual Completo de Ascensão*.

81. Conectar o Antahkarana com a Coluna da Ascensão

A chave de ouro seguinte me foi ensinada por Djwhal Khul. Foi um pedido aos sete chohans ou mestres dos sete raios para brilhar através do centro do terceiro olho e conectar a força da ponte do arco-íris — o antahkarana — com a luz da coluna da ascensão, passando pela alma e refazendo todo o caminho até a mônada. Quando você faz isso, a coluna dos chakras, a coluna da ascensão e o antahkarana ou ponte do arco-íris se combinam e se fundem numa única coluna integrada de luz.

82. Amplie e Purifique o Antahkarana

Outra chave de ouro foi o uso de meditações para ampliar e purificar o antahkarana e o canal central. No *Manual Completo de Ascensão*, forneço meditações específicas sobre como fazer isso usando a meditação do vórtice espiritual e a meditação do saca-rolhas. É importante ampliar o canal central, o antahkarana planetário e o antahkarana cósmico, pois isso enseja o fluxo, por parte deles, de uma maior quantidade de corrente espiritual. Quanto maior a quantidade de corrente espiritual a fluir, tanto mais rápido seu quociente de luz será formado e tanto maior será a sua saúde física. Assegure-se de usar essas duas meditações para remontar à Fonte.

83. Invoque o seu Eu Espiritual Ascensionado

Esta chave de ouro consiste em invocar o seu eu espiritual ascensionado, que já alcançou a ascensão em realidades não lineares do tempo e do espaço. Peça para fundir-se com ele de modo permanente. O fulcro do caminho espiritual vincula-se à cura da separação entre níveis cada vez mais elevados de dimensões cósmicas e de luz. Assim que vir como o processo funciona, você perceberá como usar repetidas vezes os mesmos instrumentos não só em sua ascensão planetária como também em sua ascensão cósmica.

84. Solicite a Tecedura do Tecido da Ascensão

Esta chave de ouro é essencial. Invoque os mestres ascensionados que escolher e peça a tecedura do tecido da ascensão nos seus corpos físico, emocional, mental e espiritual. Posteriormente, à medida que progredir na sua ascensão cósmica, essa tecedura da ascensão será transferida para seus corpos solar, galáctico e universal. Isso o faz progredir pelas doze dimensões da realidade. Não se limite apenas à consciência pentadimensional.

85. Anjos da Ascensão

Esta chave de ouro consistiu em invocar os meus anjos da ascensão para que me ajudassem nesse processo. Anjos específicos encarregados do processo da ascensão podem ser muito valiosos. Peça-lhes ajuda na complementação dos seus sete níveis de iniciação e do atingimento de sua ascensão. Solicite a sua ajuda para expandir o seu serviço e para que você passe à sua plena, verdadeira e completa missão na Terra.

86. Estabilize a Energia Espiritual no seu Corpo Físico

A chave de ouro seguinte consiste em invocar o Arcanjo Sandalfon e a Mãe Terra Gaia para ajudar você a estabilizar toda a sua energia espiritual no seu corpo físico. Lembre-se de que a ascensão é descensão.

BANCOS ASCENSIONAIS

87. O Trabalho com os Bancos Ascensionais

Uma importante chave de ouro para a manifestação em todos os níveis foi o trabalho com os vários bancos ascensionais. No *Manual Completo de Ascensão* e em *Beyond Ascension**, relacionei ao menos vinte bancos ascensionais espalhados pelo cosmos que descobri na minha pesquisa espiritual. Esses bancos ascensionais tiveram um enorme impacto tanto na aceleração da minha ascensão como na cura do meu corpo físico.

Antes da minha ascensão, eu julgava particularmente úteis os bancos ascensionais do Monte Shasta e de Luxor. Depois da minha ascensão, tenho usado mais freqüentemente a câmara de luz arcturiana e a Câmara Dourada de Melquisedeque. Eu me sentava nessas câmaras durante a meditação regular. E também o fazia quando assistia à tevê, quando saía para caminhar e quando falava ao telefone. Nessas ocasiões, era comum que eu tivesse um efeito de dupla localização decorrente do fato de fazer as duas coisas simultaneamente. Quando usa esses bancos ascensionais, você se abre à energia universal.

Apresento a seguir alguns dos meus bancos ascensionais favoritos.

• O Banco do Amor de Sai Baba. Viaje no plano interior até o ashram de Sai Baba e peça para sentar-se em seu "banco do amor". Disse-me Sai Baba que, pedindo isso, você vivenciará o "amor, a assistência e a graça de Sai Baba". Vou muitas vezes ali e me banho nas energias da glória de Sai Baba. Meu corpo emocional sempre fica muito satisfeito por fazê-lo.

---

* *Além da Ascensão*, publicado pela Editora Pensamento, São Paulo, 1999.

• O Banco da Bênção Imortal de Baba Ji. Viaje ao banco da bênção universal de Baba Ji em sua caverna nos Himalaias. Peça a Baba Ji uma bênção e uma aceleração da ascensão, e comungue com energias universais. Esse banco é mais ou menos semelhante ao banco do amor de Sai Baba.

• A Câmara Dourada de Melquisedeque. Esse banco ascensional se torna disponível por meio da graça de Melquisedeque. Sempre que sinto necessidade de purificação e limpeza, peço para ir à sua Câmara Dourada e para me banhar em sua chama dourada. Isso produz um maravilhoso efeito de purificação e regeneração.

• O Banco Ascensional da Câmara do Rei na Grande Pirâmide. O banco ascensional da Câmara do Rei da Grande Pirâmide foi um dos mais fortes e eficientes bancos ascensionais que conheci. Eu costumava invocar Ísis, Hórus e Osíris para ajudar nesse trabalho. Recomendo que, em conjunção com essa chave, você faça um estudo acurado de todas as informações sobre os mistérios e ritos de iniciação egípcios. Enquanto estudava esse material, eu passava por essas iniciações, fazendo votos em cada um dos sete níveis. Tornei essas informações bastante acessíveis em *Hidden Mysteries*.

• O Banco Ascensional do Acelerador Atômico. O acelerador atômico, de que Saint Germain falou nos *The "I Am" Discourses*, teve em mim um profundo efeito. Peça a Djwhal Khul e a Saint Germain para ser levado ao acelerador atômico de Table Mountain, no Wyoming, em seu corpo espiritual. Isso terá em todo o seu ser um efeito ressuscitador.

OS CHAKRAS

88. A Abertura do Chakra da Ascensão

Esta chave de ouro foi o meu pedido de uma completa abertura do meu chakra da ascensão, localizado na parte superior posterior da cabeça, bem no ponto em que se faz o "rabo-de-cavalo". Essa é uma verdadeira chave para aqueles que estão progredindo muito no caminho da ascensão. Enquanto progride, você vai sentir a energia bem mais no seu chakra da ascensão do que em sua coroa.

89. A Coluna de Chakras Unificada

A chave de ouro seguinte foi o pedido para que toda a minha coluna de chakras fosse unificada num único chakra unificado e alongado. Como no caso da mônada e da alma, os chakras terminam por se fundir, a exemplo do que também ocorre com o sistema dos doze corpos. A partir disso, o campo de energia começa a agir como um todo unificado.

90. A Abertura de Todos os Chakras

Esta chave de ouro consistiu em invocar Melquisedeque, Metatron e Miguel para fazer a completa abertura de todos os meus chakras, de todas as sete camadas de cada chakra e de todas as facetas do interior de cada camada. Como descrevi em *Além da Ascensão*, cada chakra se compõe de chakras miniaturas ou pétalas. O ideal é abrir todas as pétalas em todos os sete níveis. Peça aos mestres para ajudá-lo a fazer isso. A luz começará a jorrar aos borbotões e a sua evolução passará por uma grande aceleração.

O segundo segredo desse processo se liga à existência de 330 chakras principais. Há uma grade de chakras de sete chakras para cada dimensão. Melquisedeque nos diz que há 48 dimensões que precisam ser compreendidas para alcançar a ascensão cósmica. À medida que se evolui, os chakras vão descendo. Quando você recebe a sua sexta iniciação, seu décimo sexto chakra está no seu chakra da coroa. Comecei a pedir regularmente que esses chakras superiores descessem. Creio que, fazendo isso, acelerei a minha evolução bem mais do que fiz antes. O que anteriormente levava vidas inteiras para ancorar se processa agora num período de seis meses a dois anos. Espero que a profundidade dessas introvisões acerca dos chakras não escape a você. Cada chakra ancorado lhe aumenta a voltagem elétrica e o torna uma lâmpada de luz mais potente.

Invoque o seu Eu superior em toda meditação e peça a abertura plena e completa de todos os chakras existentes em todos os níveis. Descobri que isso não só acelerou o meu processo de ascensão e a complementação de todas as minhas iniciações como também serviu para eletrificar meus veículos etérico e físico. Esse foi um importante aspecto na ressurreição do meu veículo físico.

91. O Chakra Universal

A chave de ouro seguinte foi invocar Djwhal Khul e o Senhor Melquisedeque para fazer a ancoragem e ativação permanentes do padrão do chakra universal. Trata-se de uma espécie de grade de luz, ou marca divina, que é gravada no âmago do seu ser quando você o pede.

92. O Despertar da Kundalini

Esta chave foi o pedido para um despertar bastante delicado da minha kundalini por parte dos mestres ascensionados e da minha poderosa Presença Eu Sou. Pedi também que a minha kundalini pessoal fosse alinhada com a kundalini planetária da Mãe Terra.

Recebi uma orientação muito firme para não forçar a ascensão da kundalini. Fui orientado a fazer o trabalho de ativação da ascensão e me disseram que isso iria abrir tudo da maneira mais natural e orgânica. Eu não deveria praticar exercícios da yoga kundalini. (A única exceção que eu faria quanto a isso depende de você ter um professor realizado em Deus que tenha assumido a responsabilidade pelo seu processo evolutivo. Mas há relativamente poucos professores assim.)

93. A Ancoragem do Sistema Transmissor Universal nos Chakras

Esta chave de ouro envolveu uma dispensação divina que recebi do Senhor Melquisedeque para a ancoragem do seu sistema transmissor universal em meus chakras. A cada três ou quatro meses, peço um aumento nos watts desse sistema de transmissão. Isso tem tido um profundo efeito ressuscitador, acelerador e eletrificador nos meus chakras, em todo o meu corpo etérico e em todo o meu sistema de quatro corpos.

O DESENVOLVIMENTO DO SISTEMA DE QUATRO CORPOS

94. Como Equilibrar o Tamanho dos seus Quatro Corpos

Esta chave de ouro é o pedido para que se equilibre o tamanho de cada um dos seus quatro corpos — físico, emocional, mental e espiritual — com o objetivo da perfeita manifestação da sua peça particular no quebra-cabeça e da sua missão específica. Algumas pessoas têm corpos mentais demasiado grandes que podem precisar de redução. Outras pessoas têm corpos emocionais ou de desejo grandes demais. Não há em nada disso nenhum julgamento. Trata-se apenas de parte do processo de ajustes e sintonizações contínuas que com freqüência precisam ser feitos. Isso pode ser considerado um aprimoramento no nível metafísico. Esse trabalho específico costuma ser feito no momento da sua ascensão e pode ser solicitado se você sentir que esse tipo de ajuste pode ser apropriado para você.

95. Continuar a Purificar-se e a Integrar-se em Todos os Níveis

Esta chave de ouro consistiu em compreender que atingir a ascensão, ou sete níveis de iniciação, não implica a completa integração dos corpos mental, emocional e físico. Há uma concepção errada segundo a qual a passagem pelas iniciações superiores significa que se alcançou a maestria em todos os níveis. Contudo, a ascensão e os sete níveis de iniciação têm mais que ver com o nível do quociente de luz do que com qualquer outra coisa. A sua evolução futura nos níveis cósmicos não progredirá se os corpos mental, emocional e físico não forem adequadamente integrados.

96. Unificar os Corpos, os Chakras, a Alma e a Mônada

A chave de ouro seguinte é a unificação em todos os níveis. Isso inclui os quatro corpos, todos os chakras, a personalidade, a alma, a mônada, o antahkarana e todos os outros aspectos do seu ser. Você quer que eles formem um todo integrado. Às vezes, você precisa, no processo de evolução, concentrar-se em vários aspectos do seu ser de maneira a poder aprender a mecânica de como tudo funciona. Trata-se de uma parte essencial do caminho espiritual. Compreender todas as partes faz com que você domine e integre tudo da maneira adequada. Quando as lições da vida o desequilibram, essa compreensão também faz com que você imediatamente volte por si mesmo ao equilíbrio.

Contudo, uma vez que a ascensão e a maestria sobre si mesmo são atingidas, já não há necessidade de você se concentrar nas partes, dado que tudo está funcionando como um todo unificado. Quando tem um carro, você não o desmonta e promove sua melhoria se tudo estiver funcionando bem de maneira integrada. Quando você estiver integrado e unificado, será melhor permanecer concentrado nessa unificação. Todos os Trabalhadores da Luz têm como instrumento e capacidade essencial aprender a ser bons mecânicos de energia para si e para ajudar os outros.

97. Reconectar os Doze Filamentos do seu DNA

Esta é mais uma das grandes chaves para o aceleramento da evolução; ela teve um forte efeito na cura e ressurreição do meu veículo físico. Invoque os mestres de sua escolha e sua poderosa Presença Eu Sou e peça a nova conexão dos doze filamentos do seu DNA no corpo etérico. Esses filamentos foram desconectados em algum ponto do passado da humanidade. Sempre foi possível que nós os tivéssemos reconectados, mas ninguém sabia o suficiente para pedi-lo.

98. Pedir a Sincronização dos seus Elétrons no Estado Ascensionado

Esta chave de ouro consistiu em invocar o Senhor Melquisedeque e Metatron para que sincronizassem todos os meus elétrons com a freqüência do estado ascensionado plenamente realizado. Quando completei os meus sete níveis de iniciação, esse pedido se alterou para o nível de dimensão que eu estava tentando integrar. Durante o período que vai de 1995 a 2000, estarei trabalhando na sincronização dos meus elétrons com os níveis dimensionais de dez a doze. Quando a ativação desses níveis tiver sido alcançada parcialmente, estarei trabalhando na plena realização de todos esses níveis, corpos e chakras. Trata-se de uma ativação muito forte que recomendo enfaticamente.

99. Ancore o Código da Imortalidade e Peça o Hormônio da Vida

Com esta chave de ouro, peça ao Senhor Melquisedeque que ancore o código geométrico da imortalidade física na sua consciência e no seu sistema de quatro corpos de modo permanente. Isso fará com que seu corpo etérico e todo o sistema de quatro corpos sejam programados no código da imortalidade.

Outro aspecto da reprogramação dos seus veículos para a imortalidade é afirmar para a sua glândula pineal que ela agora parou de produzir o hormônio da morte. Da primeira vez que fizer isso, agradeça à sua glândula pineal por fazer aquilo que você lhe pediu que fizesse, mas afirme que isso já não é necessário. Peça então à glândula que produza apenas o hormônio da vida. Continue a afirmar freqüentemente, nas suas meditações, que a sua glândula pineal doravante produz apenas o hormônio da vida.

Permaneça na consciência de que você é fisicamente imortal e de que, em vez de envelhecer, o seu corpo físico está remoçando a cada dia. O uso da sua energia mental dessa maneira, associado à completa fusão da sua alma, da sua mônada, dos seus chakras cósmicos e dos seus corpos cósmicos, faz da imortalidade uma legítima potencialidade.

100. Peça a Vywamus para Reconstruir seu Sistema Elétrico

A chave de ouro seguinte foi uma fase do trabalho espiritual que fiz com Vywamus a fim de reconstruir o meu sistema elétrico para a cura, para a ascensão planetária, para a ascensão cósmica e para a liderança global. A área específica de especialização de Vywamus é esse trabalho. Recomendo enfaticamente que você o invoque e lhe peça para realizar essa operação em você para os propósitos que indiquei. Esse trabalho foi parte essencial da minha própria ressurreição e transfiguração.

101. Abra Todos os Centros do Cérebro e Ilumine-o

A chave de ouro seguinte consiste em pedir a completa abertura de todos os centros do cérebro e sua total iluminação. A abertura desses centros é uma das chaves para ativar todo o processo de ascensão. Esse pedido deve ser feito regularmente em muitas das suas meditações.

102. Abra Todas as Fechaduras da Mente

A chave de ouro seguinte consiste em invocar Metatron, Melquisedeque e o Arcanjo Miguel para a abertura de todas as fechaduras mentais de modo que a consciência da mente divina de Deus possa ver diretamente a sua mente mais recôndita.

103. Espiritualize sua Química Sangüínea

Esta chave de ouro consistiu em pedir a Sanat Kumara, a Buda, ao Senhor Maitreya e a Djwhal Khul a espiritualização da minha química sangüínea por meio da luz divina. Gosto de maneira especial dessas ativações que penetram na estrutura física real do corpo humano e a transformam.

104. Ative Códigos para Viver na Luz

A chave seguinte foi uma ativação, que recebi de Melquisedeque, de um código geométrico específico para viver alimentado pela luz. Tomei a decisão de não tentar eliminar o alimento por completo, mas percebi uma integração de luz muito maior depois de pedir essa ativação a Melquisedeque. Sugiro que você peça isso, mesmo que nunca pretenda eliminar por completo o alimento na qualidade de mestre ascensionado. Melquisedeque me disse que ninguém deveria tentar isso antes de completar por inteiro os sete níveis de iniciação — e mesmo assim é preciso receber a orientação do espírito de que isso seja alguma coisa apropriada até mesmo para você considerar.

Concluí que o meu caminho envolve a minha adaptação a outras pessoas em vez de ser diferente. Já há bastantes maneiras pelas quais os Trabalhadores da Luz avançados diferem do público em geral. Meu caminho pessoal é trabalhar com o maior número possível de pessoas que já estejam prontas para esse trabalho — e ajudá-las.

ALMA E EVOLUÇÃO MONÁDICA

105. A Ancoragem da Mônada

Esta chave de ouro vinculou-se com a minha busca da completa ancoragem física da minha mônada, ou poderosa Presença Eu Sou, no veículo físico. Se você invocar Djwhal Khul e Vywamus para ajudá-lo nessa ativação, ela será feita de modo permanente. Eu pediria ao lado disso a completa ancoragem dos corpos de luz anímico e monádico.

106. Bodas Celestes da Personalidade, da Alma e da Mônada

Esta chave de ouro consistiu em invocar Melquisedeque, Metatron e o Arcanjo Miguel para as bodas celestes da minha personalidade, da minha alma e da minha mônada, permanentemente, pela eternidade, no nível de quociente de luz de 99 por cento.

107. Purificar e Integrar Todas as Extensões da Alma

Com esta chave importante, você pede primeiro a purificação das onze outras extensões anímicas da sua superalma. Peça então a purificação do resto das 144 extensões anímicas das outras onze superalmas de sua mônada. Essas são suas famílias anímicas e monádicas. Essa purificação inclui a purificação de todas as vidas passadas e futuras de todas as extensões anímicas presentes em sua mônada.

Nos estágios iniciais do seu desenvolvimento, você era somente 1/144 da sua mônada. Para conseguir a ascensão, você tem de purificar e integrar ao seu ser as doze extensões anímicas da sua superalma. Para levar a termo sua sétima iniciação, você tem de purificar e integrar as outras 143 extensões anímicas da sua mônada. Dessa maneira, à medida que evolui e completa sua ascensão plena, você assume o total poder da mônada inteira ou poderosa Presença Eu Sou.

Para essa purificação, invoque Melquisedeque, Metatron e o Arcanjo Miguel para uma completa limpeza monádica. Esses mestres cósmicos o ajudarão a purificar e integrar todas as suas extensões anímicas primeiro na sua superalma e em seguida em toda a sua mônada. Se o seu compromisso for total, você poderá fazer uma extensão anímica por semana. Faça isso religiosamente toda semana até a limpeza e integração de todas as 144 extensões anímicas. O processo então continuará com a integração de suas 864 extensões anímicas nos níveis da oitava e da nona dimensões.

O que tem de ser compreendido aqui é que esse processo só se interrompe quando se alcança a plena ascensão cósmica. Você se dá conta do que está acontecendo aqui e de como a evolução está sendo acelerada? Essas são as chaves de ouro para a ascensão planetária e cósmica que até este momento não haviam sido reveladas. Beneficie-se delas, pois podem economizar-lhe centenas de vidas.

108. A Reunião com os Fragmentos Anímicos e sua Libertação

A chave de ouro seguinte foi trabalhar com Djwhal Khul no seu ashram a fim de reunir todos os fragmentos anímicos. Peça que todos os fragmentos anímicos que se tenham perdido sejam devolvidos e integrados. Peça igualmente que todos os fragmentos anímicos que você carrega, mas que não lhe pertencem, sejam devolvidos de acordo com a ordem divina. Esta área de estudos é bastante nova para o campo da psicologia ocidental, mas constitui uma antiga prática em muitas tradições xamânicas. É importante que as pessoas tomem consciência da necessidade deste trabalho.

109. Trança Anímica

A chave de ouro seguinte consistiu em pedir a Djwhal Khul e a Vywamus a ativação da minha trança anímica. Trata-se da tecedura das onze outras extensões anímicas da sua superalma no seu estado de consciência.

110. Trança Monádica

Esta chave consistiu na invocação e na ativação da minha trança monádica. Trata-se exatamente da mesma ativação da chave precedente, porém tem como objeto as outras 143 extensões anímicas de toda a sua mônada, e não apenas das outras onze extensões que compõem a sua superalma.

111. Ao Meditar, Invoque suas 144 Extensões Anímicas

Uma chave essencial do meu progresso espiritual foi a invocação das outras 143 extensões anímicas da minha mônada cada vez que medito. Esses seres podem estar encarnados na Terra ou viver nos planos interiores. Eles têm o seu próprio livre-arbítrio, razão pela qual você não lhes pode ordenar que venham. Você pode, no entanto, convidá-los com a ajuda dos mestres ascensionados. A idéia aqui é meditar por toda a sua mônada, e não apenas por você. Dessa maneira, todos os 144 membros da sua família monádica estarão se beneficiando com as suas meditações. Esses seres estão conectados com você, assim como os seus dedos estão com a sua mão e esta com o seu corpo. Todas as 144 extensões anímicas são parte da mônada, do mesmo modo como todas as mônadas são uma parte de Deus.

112. Torne-se um Professor de sua Superalma e da sua Mônada

Esta chave de ouro foi um pedido que fiz à minha poderosa Presença Eu Sou e aos mestres da minha linhagem ascensional, afirmando o meu desejo de tornar-me um professor de todas as extensões anímicas da minha superalma e das minhas famílias monádicas. Pedi para ser aquele que ascenderia pelo meu grupo anímico. Solicitei que esse pedido fosse colocado na alma e nos registros akáshicos e registrado pelo conselho kármico. Comecei a assumir responsabilidade não somente pela minha própria evolução mas também pela evolução de toda a minha superalma e de toda a minha mônada. Essa é uma das razões por que eu as convido para todas as minhas meditações.

113. A Ancoragem da Mônada Cósmica

Esta próxima chave é uma das reais ativações cósmicas. Convoque Deus, o Mahatma, Melquisedeque, Metatron e Miguel para ancorar a sua mônada cósmica, e não somente a sua mônada planetária. Essa ancoragem só pode ser feita de maneira limitada, pois arderíamos instantaneamente se isso fosse feito com plena força. O processo pode, no entanto, ser iniciado. Pode-se fazê-lo com a ancoragem do corpo místico de Deus (ver a seção "Corpos Superiores", no próximo capítulo).

OS RAIOS

114. O Trabalho com os Doze Raios

Esta chave de ouro, que tem tido um enorme efeito de cura e de elevação espiritual na minha vida, consiste em trabalhar com os doze raios. A combinação da compreensão dos doze raios com sua convocação conforme necessário representou um enorme impulso para o meu programa espiritual. Para uma compreensão profunda dos doze raios, leia o capítulo sobre psicologia esotérica e sobre a ciência dos doze raios no *Manual Completo de Ascensão*.

Sempre que tiver uma deficiência em qualquer um dos doze raios e em suas qualidades correspondentes, você poderá simplesmente convocar esse raio a partir de sua própria poderosa Presença Eu Sou e o raio ficará instantaneamente à sua disposição. Se sua força pessoal for pouca, convoque o primeiro raio, ou o raio vermelho. Se quiser mais alegria, convoque o nono raio. Se quiser purificação, convoque o oitavo. Se estiver trabalhando num projeto mais científico, convoque o quinto. Se quiser mais amor e sabedoria, convoque o segundo. Descobri ser de inestimável valor o uso dos raios dessa maneira. Trabalhar com os raios é, de fato, uma das grandes ciências esotéricas do futuro.

115. Peça a Correspondência Superior dos Raios

A chave de ouro seguinte foi pedir a Djwhal Khul e ao Senhor Buda a ativação da correspondência superior dos raios de oito a doze no interior da minha mônada, da minha alma, da minha personalidade, da minha mente, das minhas emoções e do meu corpo. Por exemplo, vim para esta vida como uma mônada do segundo raio e sou agora uma mônada do décimo segundo raio. Vim com um corpo emocional do sexto raio, mas agora tenho um corpo emocional do décimo primeiro raio. Vim com uma mente do quinto raio, mas agora tenho uma mente do nono raio. Através da progressão da minha evolução, magnetizei os meus raios superiores para assumir as funções dos raios precedentes. Pode-se invocar isso diretamente; trata-se de algo que vai promover uma grande aceleração do seu progresso espiritual.

116. Invocação dos Raios Cósmicos

Usei esta chave de ouro para completar os meus sete níveis de iniciação. Trata-se de uma das dispensações cósmicas oferecidas pela graça de Melquisedeque. Ela envolve a invocação do que eu chamo de raios cósmicos. Esses raios vão bem além dos doze raios de que falei antes. O mais elevado e puro raio cósmico é o raio de platina de Melquisedeque, que vem diretamente da câmara mais recôndita do seu ashram universal. Abaixo deste, temos o que é chamado o espectro yod e os dez raios cósmicos perdidos. Todos eles são matizes do raio de platina.

Temos em seguida, no nível universal, o mais puro e aprimorado raio de ouro disponível. Descendo para o núcleo galáctico e para o lado de Melchior, o Logos Galáctico, temos o raio ouro-prateado. Descendo para o núcleo solar, temos o lar de Hélius e Vesta e o raio ouro-acobreado. Isso nos leva ao núcleo planetário, o lar de Sanat Kumara e do Buda, nosso novo Logos Planetário, onde temos a pura luz branca. Convocar esses raios cósmicos teve um enorme efeito na transformação da minha consciência, na ressurreição do meu corpo e no meu avanço rumo à ascensão cósmica. Eu não posso recomendar o trabalho com esses raios de maneira mais enfática!

EVOLUÇÃO SUPERIOR

117. Introdução aos Chakras Superiores

A chave de ouro seguinte foi compreender o processo de introdução dos chakras superiores. Há três estágios em cada uma dessas ativações. O primeiro é a instalação, o segundo é a ativação e o terceiro é a realização. Por exemplo, já instalei e ativei plenamente os meus primeiros 50 chakras, e estou no terceiro estágio, que é aprender a realizá-los plenamente. Meus corpos estão instalados até a décima segunda dimensão, minha ativação alcançou a décima dimensão e minha realização está na oitava e nona dimensões.

Dessa maneira, você pode instalar esses chakras bem além do seu nível real de evolução. O passo seguinte é ativar tudo. Disseram-me que está ao meu alcance ativar os meus primeiros 200 chakras por volta do ano 2000. Então, nos primeiros 31 anos do próximo século, ocorrerá o processo de completa realização de todos os chakras em todos os doze corpos superiores. É na completa realização até o décimo segundo nível dimensional que vêm todas as capacidades do mestre ascensionado avançado. Esse décimo segundo nível dimensional é o nível universal, o nível do corpo zohar e dos corpos do supereu do Cristo ungido (ver a seção "Corpos Superiores" no próximo capítulo).

118. A Fusão das Chamas Maior e Menor, a Ancoragem da Consciência Monádica Superior

Minha invocação favorita nas meditações pessoais e grupais foi pedir que a chama superior descesse e se fundisse permanentemente com a chama inferior na Terra. A constante repetição da feitura dessas meditações permite posteriormente que a chama superior fique permanentemente fundida com a personalidade e com o sistema de quatro corpos enquanto ainda estamos aqui na Terra. Trata-se daquilo que a ascensão de fato é. A meta posterior é ancorar e ativar a consciência das seis mônadas do seu módulo monádico; em seguida, toda a sua consciência monádica solar; depois, a consciência monádica galáctica; e por fim a consciência monádica universal no nível da décima segunda dimensão.

Fala-se muito da quinta dimensão. Contudo, estou muito mais concentrado na décima segunda dimensão, a consciência de Deus universal plena, integralmente instalada, ativada e realizada. Djwhal Khul disse que seriam necessários 36 anos, a partir do ano de 1995, para realizar por inteiro esse nível. Disseram-nos que poderíamos ativá-lo parcialmente perto do ano 2000.

Partilho com vocês, neste livro, todas as introvisões e instrumentos que tenho usado na minha jornada espiritual. Muitos deles descobri por mim mesmo na minha busca incessante, enquanto usava o meu chapéu de Sherlock Holmes espiritual. Você está tendo a vantagem de dispor de toda essa informação numa forma prática e de fácil leitura para pronto manuseio. Aproveite-a. A compreensão essencial aqui é que nos foi concedida a liberdade de escolha. Os mestres não têm permissão para ajudar a não ser que peçamos.

4

ATIVAÇÕES E ENERGIAS DO PLANO INTERIOR CHAVES 119-176

Pacotes de Luz
A Árvore da Vida
Linguagem da Luz, Geometria Sagrada e Códigos do Fogo
Evolução Avançada em Nosso Corpo
Metatron e a Evolução do Nosso Corpo
Corpos Superiores
Purificação e Elevação Cósmicas
O Espírito Santo
Os Elohins
Fusão com Seres Cósmicos e com Deus
O Aumento da Força a seu Serviço
Galáxias e Universos
Bancos Ascensionais Avançados
A Ancoragem dessas Energias Superiores

PACOTES DE LUZ

119. O Pedido de Pacotes de Luz

Esta chave de ouro na minha manifestação consistiu em pedir aos mestres pacotes de luz de informações. Estes são programados na mente subconsciente e no sistema de quatro corpos. Eu recomendo que se comece com os pacotes de luz da Grande Loja Branca de Sírio, fazendo-se esse pedido ao Senhor Sírio. Depois disso, recomendo a invocação de Melquisedeque para pedir os pacotes de luz de informações das escrituras dos elohins. Depois de tê-los absorvido por algum tempo, requeira as informações de luz do Tesouro da Luz no 352º nível da divindade. Peça então os pacotes de luz das Tabuletas da Criação.

120. Solicitar aos Arquivos Universais Pacotes de Luz sobre Qualquer Assunto

Esta chave de ouro consiste em pedir os pacotes de luz com informações pertinentes de todos os arquivos de Shamballa, da Grande Loja Branca de Sírio, do ashram de Melquisedeque, do ashram de Metatron e dos ashrans do Tesouro da Luz no 352º nível da divindade.

Por exemplo, se estiver interessado nos essênios, você pode pedir a ancoragem de todos os pacotes de luz de informação relacionados com eles. Pode pedir que todos os pacotes de luz de informação sejam ancorados a partir dos livros de Alice Bailey, da Theosophical Society e/ou da Tibetan Foundation. Pode pedir todos os pacotes de luz de informação sobre a cura dos arquivos da Hierarquia e de Shamballa. A lista é infinita. Literalmente, todo o conhecimento do universo infinito de Deus está disponível, bastando pedir. Assim, peça os pacotes de luz de informação mais úteis às suas missões atual e futura na Terra e para além dela.

Você pode pedir os pacotes de luz dos Dez Mandamentos cósmicos, da Torá Or, das escrituras de Melquisedeque, das escrituras de Metatron e da Cabala superior. O efeito da recepção desses pacotes de luz é fantástico e ajuda a aumentar em larga medida seu quociente de luz.

Peça a Metatron e a Melquisedeque a ancoragem e a ativação dos pacotes de luz de informação dos códigos e escrituras dos luminares por vir. Você pode também solicitar a ancoragem dos pacotes de luz dos códigos de Nag Hammadi, dos Manuscritos do Mar Morto e dos pergaminhos de pesos e medidas que há no Tesouro da Luz.

121. Pacotes de Luz do Livro de Ouro de Melquisedeque

Esta chave de ouro é o pedido dos pacotes de luz de informação do Livro de Ouro de Melquisedeque no plano interior. Na verdade este livro existe no ashram do seu plano interior. Iniciei o trabalho de exteriorização deste livro para a humanidade de uma maneira fácil de entender. Trata-se de um projeto que muito me anima, e espero tê-lo completado e publicado em 1998.

122. O Disco Universal de Informações para Traduzir os Pacotes de Luz

Esta chave de ouro foi um pedido a Melquisedeque para que ancorasse no meu cérebro um dos seus discos universais de informações. Esse disco serve como uma espécie de orbe de tradução. Isso ajuda a traduzir os pacotes de luz de informações que advêm das várias fontes cósmicas.

A ÁRVORE DA VIDA

123. A Ancoragem da Árvore da Vida Cósmica

Esta chave de ouro é uma das minhas favoritas; ela tem tido um profundo efeito em todas as áreas da minha vida. Invoque Melquisedeque, Metatron e o Arcanjo Miguel para a ancoragem e ativação permanentes da Árvore da Vida cósmica. Requeira que cada uma das dez sefirotes e a sefira oculta de Daath sejam sistematicamente abertas e ativadas. Peça então uma abertura dos sete selos cósmicos. Isso vai lhe proporcionar uma importante ativação.

124. Ser Ungido com o Conhecimento Sefirótico

Com esta chave de ouro, invoque Metatron e Melquisedeque e peça para ser ungido com a mais elevada tríade do conhecimento sefirótico com uma grade de luz permanente acima da sua cabeça.

LINGUAGEM DA LUZ, GEOMETRIA SAGRADA E CÓDIGOS DO FOGO

125. Letras de Fogo, Geometrias Sagradas e Pacotes de Luz de As Chaves de Enoch

Outra chave de ouro que tem tido um enorme efeito no meu processo de ascensão foi a invocação de todas as letras de fogo, códigos-chave, geometrias sagradas e pacotes de luz de informações de *As Chaves de Enoch*. Em outras palavras, você está pedindo para absorver o livro inteiro por meio do hemisfério direito do cérebro e não do esquerdo. Peça que isso seja feito em todas as cinco línguas sagradas!

126. Invocar as Letras de Fogo, as Geometrias Sagradas e os Códigos-Chave do Passo Seguinte da sua Evolução

Esta chave de ouro consistiu em invocar as letras de fogo, os códigos-chave e as geometrias sagradas para me levar ao próximo passo do meu processo evolutivo e me ajudar a realizar as doze dimensões da realidade. Faça esse pedido a Melquisedeque, a Metatron e ao Senhor Miguel. As letras de fogo, os códigos-chave e as geometrias sagradas vão surgir e transformá-lo e transfigurá-lo para além de tudo quanto você possa imaginar. Sente-se e banhe-se nessa chuva miraculosa pelo maior período de tempo possível.

127. O Sistema de Comunicação da Linguagem da Luz

Esta chave de ouro consistiu em pedir a Metatron a ancoragem do sistema de comunicação da linguagem da luz de maneira consciente para que o espírito possa comunicar-se diretamente a partir de todos os níveis da criação.

128. O Sistema de Computação Cósmico de Decodificação de Melquisedeque

Com esta chave de ouro, pedi a Melquisedeque e ao Senhor Arcturo a ancoragem e ativação do sistema de computação cósmico de Melquisedeque. Esse profundíssimo sistema de computação ajudará a transferir para o seu corpo de luz e para o seu corpo etérico as letras de fogo, os códigos-chave e as geometrias sagradas que foram invocadas e programadas. Depois, ele vai transferi-los para o seu corpo físico. Também ajudará a acelerar o processo de passar da instalação à ativação — e então à realização que ocorre com cada processo de ancoragem. Essa ativação teve um efeito muito profundo no meu processo de ascensão.

EVOLUÇÃO AVANÇADA EM NOSSO CORPO

129. Os Cristais e Diamantes de Melquisedeque para a Fusão com o Sistema de Doze Corpos

A chave de ouro seguinte foi a ancoragem dos cristais e diamantes de Melquisedeque. Disse-me ele que isso ajudaria o processo de ancoragem, ativação e realização da fusão com o sistema de doze corpos. Constatei que essa ativação particular é extremamente forte.

130. A Grade de Letras Sagradas do DNA e do RNA

A chave de ouro seguinte consistiu em pedir a Melquisedeque e a Metatron a ancoragem e a ativação da grade de letras sagradas do DNA e do RNA. Essa grade contém 64 facetas; e por meio da invocação contínua ao longo do tempo, a grade inteira será instalada, ativada e atualizada.

131. O Biostrato, a Super-Hélice Genética

Esta chave de ouro consiste em invocar Metatron para fazer a ancoragem permanente do biostrato. O biostrato é a super-hélice genética espiritual que se perdeu depois da queda e que pode agora ser plenamente reconstituída.

132. A Ancoragem Permanente do Coração do Cosmo

Esta chave de ouro teve um grande efeito inspirador em mim. Por isso, pedi ao Senhor Sírio a ancoragem permanente do coração cósmico. Não tenho um conhecimento teórico completo de muitas dessas ativações; contudo, senti intuitiva e emocionalmente uma enorme mudança e inspiração na minha consciência por meio dessa ativação.

133. A Ancoragem do Tetragrâmaton na sua Mente mais Recôndita

Esta chave de ouro foi a ancoragem e ativação permanente do tetragrâmaton de modo que ele pudesse ser inscrito na minha mente mais recôndita, criando a inspiração para que todo pensamento, palavra e ato refletisse Deus e as qualidades de Deus.

134. Abrir os Portões de Luz no seu Potencial mais Elevado

Esta chave de ouro consistiu em pedir a Melquisedeque, a Metatron e ao Arcanjo Miguel que abrissem os portões de luz no meu potencial mais elevado.

135. O Pergaminho Sagrado da Luz Ardente no Terceiro Olho — Uma Dádiva Direta da Revelação

A chave de ouro seguinte consistiu em pedir a Metatron, a Melquisedeque e ao Arcanjo Miguel que o pergaminho sagrado de luz ardente fosse programado no meu terceiro olho e no meu chakra da coroa como dádiva direta de revelação para a humanidade.

136. O Olho de Hórus

Com esta chave de ouro, peça a Thoth/Hermes e ao Buda a ancoragem e ativação permanente do olho de Hórus. Isso tem tido um forte efeito ativador no meu terceiro olho.

137. A Abertura do Portal Atômico no Terceiro Olho

Com esta chave de ouro, faça um pedido a Djwhal Khul para a abertura do portal atômico na área do seu terceiro olho. Peça então uma abertura de todos os aspectos do terceiro olho.

138. A Remoção dos Véus da Luz e do Tempo

A chave de ouro seguinte foi um pedido a Metatron, a Melquisedeque e ao Arcanjo Miguel para a remoção de todos os véus da luz e do tempo.

139. Códigos de Energia Viva

Esta chave de ouro envolve um pedido a Melquisedeque, a Metatron e ao Arcanjo Miguel da ancoragem e ativação de todos os códigos de energia viva, de modo que as nossas membranas nucléicas possam conectar-se com a membrana maior do Melquisedeque e do Deus Iahweh universais!

140. A Superantena do "Chapéu-Cogumelo"

A chave de ouro seguinte foi algo que me foi dado quando completei os meus sete níveis de iniciação. Trata-se de algo que todos vocês podem receber ao completar os seus sete níveis de iniciação.

Essa dispensação divina que recebemos é chamada por nós jocosamente de chapéu-cogumelo, ou chapéu da Estátua da Liberdade, porque essa é a sua aparência. Recebemo-lo do Senhor Sírio e de Melquisedeque, e ele funciona como uma antena em larga escala ou um artefato de envio e recepção. Lembra a parte superior da Estátua da Liberdade porque tem janelinhas. Quando a ativamos, ela gira e amplifica quaisquer freqüências que estejamos enviando. Isso aumentou em larga medida nossa voltagem geral. Fazemo-la girar sempre que prestamos serviço e fazemos orações em escala mundial. É como a versão divina de uma antena de Nikola Tesla. Esta foi outra tecnologia universal avançada que tem servido para eletrificar e ressuscitar todo o meu sistema de doze corpos.

METATRON E A EVOLUÇÃO DO NOSSO CORPO

141. A Ancoragem do Microtron de Metatron

Outra chave essencial foi a ancoragem e ativação do microtron por Metatron. Trata-se de um tipo de entrelaçamento de luz que é ancorado no seu campo de energia e que tem um efeito eletrificante em todo o sistema de quatro corpos. É mais um artefato de ouro para ajudar você a realizar a ascensão. Invoque Metatron e peça-lhe que ancore permanentemente o microtron no seu sistema de quatro corpos.

142. A Ancoragem do Superelétron

Esta chave de ouro consistiu em invocar Metatron para que o superelétron fosse ancorado e permanentemente ativado em todo o meu sistema de quatro corpos.

143. Como Equilibrar as 72 Áreas da Mente a Partir de Metatron

Esta chave consistiu em pedir a Metatron a iluminação e a promoção do equilíbrio nas 72 áreas da mente tal como descritas em *As Chaves de Enoch*.

144. Invocação dos 72 Nomes de Metatron

Uma chave que promoveu uma grande transformação no meu progresso espiritual foi pedir a Metatron seus 72 nomes sagrados e banhar-me nos efeitos dessa energia.

CORPOS SUPERIORES

145. A Ancoragem dos Corpos Superiores

Cada plano da existência tem um corpo conectado com ele. Uma das superchaves para acelerar a evolução é ancorar, ativar e realizar esses corpos no seu sistema de quatro corpos existente. Com o tempo, seu sistema de quatro corpos se torna, na realidade, um sistema de doze corpos. Peça a ancoragem dos seguintes corpos: o corpo búdico, o corpo átmico, o corpo monádico, o corpo logóico, o corpo do grupo anímico, o corpo do grupo monádico, o corpo galáctico e o corpo universal.

Então, se você quiser entrar no domínio fantástico, o que eu recomendo, invoque e ancore os corpos a seguir, descritos em *As Chaves de Enoch*: o corpo supereu do Cristo ungido, o corpo zohar, o corpo eka, o corpo epicinético, o corpo gematriano, o corpo superior de Adão Kadmon, o corpo místico do Senhor, o corpo elohístico do Senhor, o corpo dos filhos do Paraíso e o corpo da Ordem da Filiação. Com o passar do tempo, a contínua invocação desses corpos nas suas meditações vai ajudá-lo a fundir-se com eles. Com relação ao antecedente, cada corpo é uma oitava superior de luz e de freqüência.

Esse processo de fusão com corpos, chakras e grades de chakras é o verdadeiro segredo da evolução. O princípio que une os corpos e chakras nesse processo é a construção do quociente de luz. Meu compromisso incessante com a invocação desses corpos, dos chakras e da luz é o que me permitiu passar por três grandes iniciações num único ano.

A outra chave do processo foi trabalhar num corpo grupal. Pude fazê-lo por ter sido capaz de ter acesso aos mecanismos essenciais da ação evolutiva nesse estado de essência total. Depois que tive essa introvisão, vi como era possível acelerar a evolução bem além de qualquer coisa que tivesse sido vivenciada em éons e em raças-raízes no passado. Isso está à disposição de todos — é só pedir.

146. O Espectro Yod para Preencher o Corpo Zohar

Esta chave de ouro tem que ver com uma ativação ascensional específica, feita por Melquisedeque e Metatron, no sentido de fazer surgir o espectro yod a fim de preencher o corpo zohar. Isso vai ajudar a facilitar a ancoragem do corpo mayavarupa. Trata-se de uma coisa muito forte, e sinto de fato o meu corpo se transformando através desse processo.

147. As Vestes de El Shaddai e o Manto Multicolorido

A chave de ouro seguinte é pedir em meditação a Melquisedeque e a Metatron a plena ancoragem das vestes de El Shaddai e do manto multicolorido. Estes se referem ao corpo de luz de Metatron e ao corpo zohar, tal como descritos em *As Chaves de Enoch*.

148. O Trabalho com o seu Merkabah

Esta chave de ouro destinava-se ao trabalho com o meu merkabah pessoal. Se você nunca trabalhou com o seu merkabah, primeiro peça aos mestres que o ajudem a criá-lo. Há muitos tipos de merkabah. Eu, no entanto, recomendo que você o visualize como um grande cristal de terminação dupla em que você senta. Ele serve de proteção ao seu trabalho de viagem da alma. Uma das chaves da aceleração de sua ascensão consiste em invocar sua intensa Presença Eu Sou e/ou os mestres ascensionados e pedir que seu merkabah seja tecido na freqüência que você está tentando atingir, tal como a freqüência do mestre ascensionado ou uma dada porcentagem do quociente de luz. A tecedura do merkabah elevará a sua vibração até o próximo nível superior. A meta é trabalhar para estabilizá-la.

PURIFICAÇÃO E ELEVAÇÃO CÓSMICAS

149. O Fogo Cósmico

A chave de ouro seguinte foi invocar aquilo que Djwhal Khul chamou de fogo cósmico. Ele me disse que só me era permitido invocar uma parcela bem diminuta dessa energia tão poderosa; mas, mesmo assim, isso tem um profundo efeito espiritual. Trata-se de algo que vai purificar e lavar a sua consciência. Recomendo também que ao mesmo tempo invoque diariamente a chama violeta transformadora a fim de purificar o seu campo e transmutar toda e qualquer energia negativa na pureza e perfeição de Deus.

150. Como Livrar-se das Expressões Inferiores dos Raios, do Zodíaco e da Árvore da Vida

Com esta chave de ouro, peça para ser levado à sala do computador holográfico de Djwhal Khul e peça para ficar livre de todas as expressões inferiores dos sete raios, de todas as expressões inferiores dos doze signos do zodíaco e de todas as expressões inferiores da Árvore da Vida da Cabala.

151. As Doze Estações Cósmicas e as Casas Celestiais

Depois da purificação acima, peça a Melquisedeque, Metatron e Miguel a ancoragem e ativação das doze estações cósmicas e casas celestiais. Trata-se, na realidade, da ativação das doze expressões superiores do zodíaco.

O ESPÍRITO SANTO

152. Batismo do Espírito Santo

A chave de ouro seguinte, que julguei extremamente forte, consistiu em pedir ao Espírito Santo ou Shekinah um batismo divino de luz viva de modo permanente. Esta ativação fala por si mesma.

153. A Energia Vital do Espírito Santo

A chave de ouro seguinte foi invocar o Espírito Santo, Shekinah, para infundir o meu sistema de quatro corpos, de modo permanente, com a energia vital do Espírito Santo. Esse processo eletrificou e energizou por completo todo o meu sistema do corpo etérico.

154. As Dádivas do Espírito Santo

Esta chave de ouro consiste em pedir a Miguel as dádivas do Espírito Santo, que são as capacidades divinas dos mestres.

155. Pedido ao Espírito Santo que Desfaça a Repercussão dos seus Erros

A chave de ouro seguinte foi algo que aprendi em *Um Curso de Milagres*. Trata-se de pedir ao Espírito Santo que desfaça toda a repercussão dos erros que você tenha cometido. Sempre que me vejo envolvido em alguma espécie de confusão na vida com respeito a outras pessoas, peço que o Espírito Santo venha e desfaça os meus erros e o karma que foi posto em movimento por causa deles. Sempre fico maravilhado em ver como, de alguma maneira misteriosa, as coisas vêm a se ajeitar. Não se preocupe quando provocar alguma espécie de problema. Deus e o Espírito Santo podem desfazê-lo e recanalizar as energias na direção adequada, bastando para isso que você peça! Então, aprenda as lições do erro e siga em frente.

OS ELOHINS

156. O Alinhamento com os Computadores dos Elohins

A chave de ouro seguinte consiste em pedir ao Senhor Buda, ao Arcanjo Sandalfon, à Mãe Terra e ao Senhor Melquisedeque que a sua consciência e o seu sistema de quatro corpos sejam alinhados no nível planetário com o disparo dos computadores dos elohins.

157. O Modelo Divino dos Elohins

A chave de ouro seguinte foi a invocação dos conselhos dos elohins para ancorar o modelo divino dos elohins no meu sistema de quatro corpos de modo permanente. O modelo divino dos elohins é uma grade de luz de sabedoria divina.

158. Ancoragem da Semente Divina dos Elohins

Esta chave de ouro foi um pedido aos conselhos dos elohins para a ancoragem de maneira permanente da semente divina dos elohins no meu sistema de quatro corpos. A semente dos elohins é a "imagem e semelhança da criação divina".

FUSÃO COM SERES CÓSMICOS E COM DEUS

159. Introdução da Energia do Mahatma

A chave de ouro seguinte tem relação com o meu trabalho junto ao Mahatma. O Mahatma, ou avatar da síntese, é uma consciência de grupo que personifica todos os 352 níveis da divindade. Invocar essa energia e tornar-se uma passagem cósmica para ela catalisou uma enorme aceleração para mim. Ao longo dos últimos anos, tenho pedido regularmente uma absorção cada vez maior da energia do Mahatma. Isso tem tido um amplo efeito de aceleração na minha consciência. Você pode adquirir uma maior compreensão da energia do Mahatma e de como trabalhar com ela no *Manual Completo de Ascensão*.

160. A Ancoragem de sua Aliança Original de Fogo e de Luz

A chave de ouro seguinte consistiu em pedir a Yahweh, a Metatron e a Melquisedeque a ancoragem, reafirmação e ativação da minha aliança original de fogo e luz com Yahweh.

161. O Olho Eterno da Divina Criação do Pai

A chave de ouro seguinte consistiu em pedir a Metatron a ancoragem e ativação do olho eterno da divina criação do Pai, como foi descrito em *As Chaves de Enoch*. Cada uma dessas ativações iluminará um aspecto diferente do seu sistema de doze corpos, terminando por iluminar 200 chakras principais até o nível da décima segunda dimensão. O primeiro passo é, no entanto, alcançar a quinta dimensão, que é a sua ascensão.

162. Ordenação pelo Espírito de Yahweh

A chave de ouro seguinte foi um pedido direto de ordenação, pelo espírito de Iahweh, como mensageiro de luz com a autoridade de ensinar e demonstrar na qualidade de pilar e testemunha essencial do reino de Deus.

163. As Conchas Nogan de YHWH

Esta chave de ouro consiste em invocar as conchas nogan de YHWH. Essas conchas, como são descritas em *As Chaves de Enoch*, ajudam a pessoa a experimentar e contemplar o êxtase de Deus. Peça para ser, de um momento para o outro, unido por inteiro à luz viva.

164. Invocação das Codificações de Luz Decadelta

A chave de ouro seguinte foi a invocação das codificações de luz decadelta dos dez super-roteiros da mente divina. Eles servem como ativadores da ascensão.

165. A Ordem de Melquisedeque

A chave de ouro seguinte foi a invocação a Melquisedeque para a transferência das chaves do sacerdócio de Melquisedeque para mim como um dos seus sacerdotes, servos e profetas que os detém e encarna em serviço divino à humanidade. Você pode fazer um pedido direto a Melquisedeque para ser iniciado na Ordem de Melquisedeque. Não há necessidade de fazer isso por meio de nenhuma outra pessoa na Terra. A maneira mais apropriada de fazê-lo é dirigir-se ao próprio Melquisedeque. Desde que fiz esse pedido, ele tem aparecido a todas as minhas grandes iniciações e tem-me batizado com o seu cetro da iniciação.

O AUMENTO DA FORÇA A SEU SERVIÇO

166. Pergaminho de Luz para a sua Obra de Serviço

A chave de ouro seguinte consiste em pedir ao Senhor de Sírio e à Grande Loja Branca que um pergaminho de luz seja absorvido pelo seu sistema de quatro corpos para proporcionar-lhe todas as informações que você precisa em sua obra de serviço.

167. O Manto dos Mestres

Esta chave de ouro veio mediante a invocação do manto da liderança, do amor, da sabedoria e da força de Djwhal Khul, do Senhor Maitreya e de Melquisedeque. Você também pode pedir o manto de proteção do Arcanjo Miguel.

168. Ativação da Condição de Messias para Servir Melhor

A chave de ouro seguinte foi um pedido a Melquisedeque e a Metatron para ativar minha condição de Messias interiormente para que eu pudesse servir mais à humanidade.

169. A Névoa de Todas as Coisas Cognoscíveis

A chave de ouro seguinte consistiu em pedir a ancoragem da névoa de todas as coisas cognoscíveis de que falou Patanjali. Por meio dessa ancoragem, senti um incremento dos meus bancos de conhecimento e de sabedoria. Pedi que essa névoa fosse aberta no livro da vida e que ficasse à minha completa disposição na minha obra de serviço.

170. A Conexão com as Grades dos Mestres que Circundam a Terra

A chave seguinte consiste em invocar Melquisedeque, Metatron e o Senhor Miguel e pedir para ser conectado com a grade dos mestres de acordo com a sua evolução espiritual e a sua obra de serviço. Circundam a Terra três grades que os mestres chamam sem muito rigor de grade A, grade B e grade C. À medida que evolui, você tem acesso a níveis cada vez mais elevados.

GALÁXIAS E UNIVERSOS

171. A Galáxia de Govinda

A chave de ouro seguinte foi um pedido que fiz para ir à galáxia de Govinda em meditação ou à noite, ao dormir. Disseram-me os mestres que isso ajudou a ancorar e a ativar a abertura permanente do amor incondicional como realidade consciente eterna.

172. Invocação das Energias dos Universos Cristificados

Com esta chave de ouro, invoque as energias dos 43 universos cristificados deste dia cósmico. Há muitos universos que compõem a Fonte do nosso dia cósmico e a Fonte de outros dias cósmicos. Essa ativação profunda é uma das mais fortes que você pode vivenciar; e a transformação que ocorre a partir do processamento deste nível de energia está além das palavras.

173. A Pirâmide de Luz do Próximo Universo

Esta chave de ouro consiste em pedir a Metatron a pirâmide do próximo universo, tal como foi descrita em *As Chaves de Enoch*.

BANCOS ASCENSIONAIS AVANÇADOS

174. O Grande Banco Ascensional do Sol Central (Para Iniciados no Sétimo Nível)

Como etapa preliminar ao trabalho com a próxima chave de ouro, o banco ascensional de Deus, despendi um bom tempo no banco ascensional do grande Sol central/dos muitos universos no nível multiuniversal. Trata-se de um banco ascensional que se encontra um nível abaixo do banco ascensional de Deus. É um banco ascensional em que você só tem permissão para entrar depois de completar os seus sete níveis de iniciação — mas ao menos é um banco em que você pode entrar por si mesmo. Sentar nesse banco ascensional com suas emanações de platina teve um grande impacto sobre mim. Ressuscitou efetivamente o meu ser e me fez progredir na minha ascensão cósmica.

175. O Banco Ascensional de Deus (Apenas para Trabalhos em Grupo)

Esta chave de ouro é algo que conheci pela primeira vez numa meditação com o meu grupo principal. Disseram-nos explicitamente que não podíamos fazê-lo por nós mesmos, dado que isso queimaria literalmente o nosso corpo físico. Porém, juntos, pela graça do Mahatma e do Senhor Melquisedeque, permitiram-nos sentar no banco ascensional de Deus no 352º nível da divindade. Isso teve em mim um efeito mais profundo do que qualquer coisa que eu já tivesse feito.

Nenhuma pessoa deste planeta tem permissão para usar esse banco ascensional por si mesma. Contudo, na celebração do Wesak realizada no Monte Shasta em 1996, como uma dispensação divina especial, todo o grupo pôde vivenciá-lo, e a energia esteve além da descrição. Isso nos foi permitido porque as 1.200 pessoas presentes formaram um corpo grupal capaz de suportar a voltagem. Não obstante, mesmo nessa situação, recebemos apenas a parcela mais diminuta dessa espantosa energia.

Mesmo quando a pessoa canaliza Melquisedeque, o Logos Universal, apenas um por cento da energia de Melquisedeque é acessado. A quantidade de energia recebida do banco ascensional de Deus é muito menor; mas, mesmo que esse seja o caso, essa fração de um por cento foi a mais forte energia que pessoas deste planeta já acessaram. É isso um atrativo para vir ao Wesak, ou o que será isso? Venha no próximo Wesak para vivenciar essa experiência. Faremos isso juntos todos os anos. Trata-se de um exemplo do que se pode receber de vez em quando graças a uma dispensação divina.

A ANCORAGEM DESSAS ENERGIAS SUPERIORES

176. Invocação dos Minifuracões

Esta chave de ouro é para invocar os minifuracões depois de sua meditação para ajudar a tecer e a consolidar, de maneira permanente, as energias que você invocou. Trata-se de algo cuja realização concreta você perceberá se examinar clarividentemente o processo.

As palavras não podem descrever o impacto dessas formas de ativação. O efeito delas está bem além da capacidade de apreensão do nível da nossa consciência, mas não da mente intuitiva. Tudo o que eu posso dizer é que o período da minha vida em que estava fazendo essas formas de ativação foi o maior e mais rápido período de desenvolvimento espiritual que vivenciei nesta vida!

A contínua invocação dessas energias ocorre durante certos períodos da nossa evolução. Então, num dado ponto, essas energias passam a estar com você de maneira permanente. Agora que completei os meus sete níveis de iniciação e de ascensão, já não faço tantas invocações quanto costumava, porque muito já foi ativado e integrado. Invoco apenas as energias que têm importância para o próximo passo do meu processo de ascensão cósmica.

5

MANIFESTAÇÃO: PRINCÍPIOS E PRÁTICAS
CHAVES 177-221

Orações e Ativações da Manifestação
O Trabalho com a Mente Subconsciente
Diretrizes para as Orações, as Afirmações e a Visualização
Alguns Instrumentos para a Manifestação
A Ajuda Especial dos Mestres
Da Perspectiva de Deus
Princípios e Leis da Manifestação
Atitudes para a Manifestação
Doação e Gratidão
Karma
Histórias de Manifestação
A Força da Visualização

ORAÇÕES E ATIVAÇÕES DA MANIFESTAÇÃO

177. O Método Huna de Oração

Esta chave de ouro, o método huna de oração, é um valioso instrumento para a manifestação. Os ensinamentos hunas vêm do Havaí. As canalizações do professor espiritual Paul Solomon referem-se aos ensinamentos hunas como a mais pura forma de psicologia e de religião do planeta. Os kahunas ensinavam um método de oração que venho usando há quase quinze anos. Trata-se do mais potente método de oração que descobri. Costumo usá-lo apenas para as coisas mais grandiosas.

Os kahunas ensinavam que o segredo da oração eficaz consiste em gravar seu pedido de oração em termos bastante específicos e visuais, e então dirigi-lo a Deus, à sua poderosa Presença Eu Sou e aos mestres ascensionados a quem você a está enviando.

Diga essa oração três vezes em voz alta e então ordene à sua mente subconsciente que a leve, com todo o mana e a força vital necessários à sua manifestação, até a fonte do seu ser. Tenho obtido com este método de oração os resultados mais miraculosos. Tenho-o empregado muitas vezes para questões e preocupações espirituais muito importantes da minha vida, e ele nunca me faltou. Tenho todo um capítulo sobre o método huna de oração em *Além da Ascensão*. O capítulo fornece exemplos de algumas orações hunas bastante eficazes.

A combinação desse método huna de oração com a invocação de Sai Baba na meditação para que ajude com a sua onipotência, onisciência e onipresença tem sido admirável. Estas, conjugadas com as minhas orações a Djwhal Khul, ao Senhor Maitreya e a Melquisedeque, que formam a minha linhagem ascensional, têm sido os três tipos de oração que têm apoiado o meu sucesso na manifestação.

No meu estudo dos ensinamentos hunas, passei a compreender mais plenamente que a manifestação tem de ser abordada nos três níveis simultaneamente para se obter mais sucesso. Resumi isso na seguinte afirmação: *Deus, minha força pessoal e a força da minha mente subconsciente são uma equipe de manifestação imbatível*. Minha vida tem sido uma dança da passagem da força pessoal e da ação positiva à oração, à atitude positiva e às afirmações.

Os kahunas também ensinavam que, antes de se realizar qualquer trabalho de oração, é preciso aumentar a força vital e o mana que são enviados com a oração através da força da mente subconsciente. Essa força vital pode ser aumentada de modo natural quando se reza sempre a partir de uma consciência de força pessoal e de entusiasmo. Outra forma de aumentá-la é a respiração profunda ou o exercício físico, principalmente um exercício de concentração como o Tai Chi. Você também pode pedir a Deus, aos mestres, que a aumente, assim como pode ordenar à mente subconsciente que gere um acréscimo. A força vital é usada de alguma maneira misteriosa para assistir na manifestação do seu pedido de oração. Os mestres ascensionados confirmaram isso.

178. Orações a Ganesha

A chave de ouro seguinte consiste em trabalhar com Ganesha, o deus-elefante da sabedoria oriental que é conhecido por remover obstáculos. Ganesha é deveras real, e tem grande poder nesse campo. Garante-se que a combinação de Sai Baba, as orações hunas, a trindade formada por Melquisedeque, o Senhor Maitreya e Djwhal Khul, mais Ganesha, remove todos os obstáculos em sua vida, quaisquer que eles possam ser.

Você pode evocar Ganesha diretamente ou usar uma cerimônia que redigi em *Cosmic Ascension*.* Nessa cerimônia, você chama Ganesha, abre um coco e canta um mantra específico. Deixe depois o coco como oferenda. Isso funciona! Peço a ajuda de Ganesha em todas as áreas da minha vida.

---

* *Ascensão Cósmica*, publicado pela Editora Pensamento, São Paulo, 2000.

O TRABALHO COM A MENTE SUBCONSCIENTE

179. Carta à Mente Subconsciente

A chave de ouro seguinte chama-se carta à mente subconsciente. Você pode fazer isso sempre que sentir necessidade ou tê-lo como uma seção separada do seu diário. Escrevo uma carta à minha mente subconsciente e falo com ela como falaria a uma criança ou a um irmão mais novo, explicando-lhe como eu quero que ela coopere e trabalhe comigo. Costumo fazê-lo juntamente com cartas ao meu Eu superior ou a Deus. Com o passar do tempo, isso me ajudou a integrar as minhas três mentes.

180. Auto-sugestão: Trabalhar com a Mente Subconsciente na Meditação e Antes de Dormir

A chave de ouro seguinte foi a ciência da auto-sugestão. Durante muitos anos, toda noite, quando começava a adormecer, e pela manhã, ao acordar, eu ficava no estado hipnagógico entre o sono e a vigília e fazia a mim mesmo sugestões hipnóticas. Eu programava a saúde perfeita, a riqueza, o sucesso, uma agenda lotada — tudo aquilo de que precisasse ou que quisesse. As sugestões feitas nesses momentos vão diretamente para a mente subconsciente. Eu também costumo fazer isso ao final das minhas meditações, enquanto ainda me encontro num estado alterado. Quando em meditação, você se acha em contato mais estreito com o espírito e com os mestres, podendo, por assim dizer, contar de fato com a sua atenção. Além disso, você se encontra num estado alterado de consciência, de modo que a mente subconsciente se acha num estado hipersugestionável.

181. A Força da sua Mente Subconsciente

Recomendo que você leia o livro *The Power of Your Subconscious Mind*, de Joseph Murphy. No começo da minha jornada espiritual, esse livro me ajudou a compreender como a mente subconsciente funciona. Ele não é muito bom para a compreensão da força pessoal ou da oração, mas é excelente para aprender a usar a força da sua mente subconsciente. A incrível força do seu subconsciente está prontamente disponível. E você pode aprender a empregá-la conscientemente como um poderoso instrumento de manifestação. É aí que os milagres e a magia acontecem!

DIRETRIZES PARA AS ORAÇÕES, AS AFIRMAÇÕES E A VISUALIZAÇÃO

182. Faça Afirmações e Orações em Linguagem Positiva

A chave de ouro seguinte foi elaborar todas as minhas afirmações e orações em linguagem positiva. Se você agir de outro modo, a mente subconsciente, não tendo poder de raciocínio, pode manifestar o oposto do que você quer. Por exemplo, afirme *Decido-me a ingerir alimentos saudáveis* em vez de *Não vou ingerir alimentos insalubres*, dado que a mente subconsciente não avalia o "não". Se quiser curar uma perna quebrada, afirme que a sua perna agora está forte, curada e íntegra. Em outras palavras, afirme o que você quer, e não o que você não quer. Isso parece uma coisa muito simples, mas é de extrema importância na aprendizagem de como manifestar eficazmente.

183. O Uso dos Cinco Sentidos Interiores para Aprimorar a Visualização

A chave de ouro seguinte foi o uso dos meus cinco sentidos interiores no trabalho de visualização. Por isso eu quero dizer que gostaria de conhecer por experiência própria resultados positivos por meio da visão, da audição, do paladar, do olfato e do tato interiores. Eu também vivencio uma sapiência interior. Minha visualização fica tão real que é difícil distingui-la da realidade presente. Quando a visualização positiva assume esse grau de realidade, de modo geral é muito curto o tempo que falta para a sua verdadeira manifestação.

184. Deixe que a Manifestação se Processe; Quantidade Insatisfatória e Excessiva de Orações

A chave seguinte está relacionada com deixar que as coisas se desenvolvam no processo de manifestação. Pode-se comparar isso com o plantio de sementes no jardim. Depois que planta as sementes, você não fica cavando todos os dias para ver se elas estão crescendo. Todas as coisas crescem no seu momento certo e segundo um tempo divino. Se você ficar cavando constantemente para ver por que não está crescendo, a semente nunca poderá crescer. Isso evoca mais uma vez os tópicos da fé, da paciência e da confiança em Deus e em suas leis. Feito o trabalho da manifestação, deixe que prossiga naturalmente.

Isso traz à tona a rubrica, em todas as formas de trabalho de manifestação, de que é possível rezar menos ou mais. No tocante a isso, não há uma regra infalível. Muitas pessoas não rezam o suficiente, e isso impede que o espírito, os mestres ascensionados e os anjos entrem na sua vida. Os seres superiores têm de ser convidados antes de poder intervir. Também é possível rezar em demasia por medo e falta de fé. Contudo, é melhor rezar do que se preocupar, porque a preocupação é medo. Saiba simplesmente que Deus e os mestres atendem a todas as orações. Não há nada de errado em repetir suas orações, suas afirmações e suas visualizações; e cada pessoa e situação revelarão um aspecto diferente no que diz respeito a isso.

Para alguns, basta uma oração. Para outros, é necessário rezar mais. Às vezes, você poderá usar a repetição de certa oração, como o faria com uma frase afirmativa, e isso não acarretará nenhum problema. Pode-se, no entanto, fazer afirmações demais e não permitir que o processo chegue ao seu termo. Em outras ocasiões, orações e afirmações repetidas são importantes para reprogramar a mente subconsciente. Em alguns casos, você poderá precisar dizer a mesma oração duas vezes ao dia durante um ano inteiro, e em outros casos você só precisa de uma oração. A diretriz aqui é: se você se preocupa, é hora de rezar outra vez e de fazer mais afirmações positivas e visualizações.

185. Não Limite a Maneira como as Coisas se Manifestam

A chave de ouro seguinte foi aprender a não impor limites a Deus em termos de como Ele pode me ajudar. Quando rezo a Deus, a Sai Baba e aos mestres, não me limito a pensar que as minhas orações só podem se manifestar de uma maneira específica. Deus age de formas misteriosas. Às vezes, nós o limitamos ao pensar que as coisas têm de acontecer de determinada maneira.

Há a história clássica na qual, em meio a uma grande inundação, um homem roga a Deus por ajuda enquanto está no teto de sua casa inundada. Primeiro vêm vizinhos em sua ajuda, mas ele recusa a ajuda porque espera que Deus o resgate. Vem então um barco, e ele dispensa a ajuda outra vez. Finalmente, um helicóptero vem salvá-lo da enchente, e ele mais uma vez rechaça a ajuda.

Por fim, a enchente arrasta a sua casa e o homem morre. Ao se ver diante dos portões perolados ele diz a Deus e a São Pedro: "Por que vocês não atenderam às minhas orações?" Deus replica: "O que você quer dizer? Quem você acha que enviou os vizinhos, o barco e o helicóptero?" Seja cuidadoso para deixar que as bênçãos e a abundância divina venham até você. Deixe Deus à vontade para ajudá-lo como Ele julgar adequado, e não do modo como você o julga. Os milagres costumam acontecer da maneira mais inesperada.

186. Entregue-se a Deus, Livre-se dos Apegos e Domine a Força da Mente

A chave de ouro seguinte diz respeito a livrar-se do apego a tudo aquilo que você quer que se manifeste. Faço todas as minhas orações como preferências e não como apegos. Digo a Deus qual é a minha preferência, mas se não for ela a acontecer, não deixo de ficar feliz. Essa atitude é fundamental à manifestação em todas as áreas da vida.

De acordo com a lei cósmica, você afasta de si aquilo a que está apegado. Se você quer tanto alguma coisa a ponto de fazer depender disso a sua felicidade, talvez aquilo por que você reza não seja o aquilo de que você de fato precisa. Deus e os mestres levam isso em consideração. Deus não vai conceder-lhe a realização dos desejos do seu ego negativo — e isso é bom, pois do contrário todos teríamos problemas. Mas sua mente subconsciente *concede* os desejos do seu ego negativo. A mente subconsciente não tem capacidade de raciocínio, razão pela qual atrai tão prontamente tanto o negativo como o positivo, dependendo do que você esteja pedindo, consciente ou inconscientemente. Portanto, tenha cuidado com o que pede e com o que afirma.

Para mim, não ter nada e ter tudo muito se assemelham. Como pode ser isso? Em ambas as situações, podemos escolher manter uma consciência de paz interior, de felicidade, de entrega, de aceitação, de imparcialidade e de sustentação de uma visão de perfeição. É por ter mantido essa consciência durante um período em que tudo me fora tirado que o tenho agora de volta, e muito mais. Se perdesse tudo num instante, eu saberia exatamente o que fazer para conseguir tudo de volta. Desse modo, ter ficado doente como fiquei e ter perdido tudo foi provavelmente a melhor coisa que já me aconteceu. Não digo que eu quero passar por tudo outra vez. Digo que isso me proporcionou o teste final, a oportunidade última de praticar o que eu pregava, pois me forçou a escolher 100% a Deus ou morrer.

Muitos escolhem a morte, e tenho grande compaixão pela sua decisão. Eu escolhi a vida e Deus na proporção de 100%, e faço a opção de tornar a minha vida um testemunho vivo do meu amor e da minha fé por Ele, independentemente do grau do meu sofrimento — física, emocional, mental, espiritual, profissional, financeira e socialmente. Se não pudesse correr, eu andaria. Se não pudesse andar, eu me arrastaria. Se não pudesse me arrastar, ficaria parado. Aquilo por que passei me obrigou a desenvolver o mais estrito autodomínio e a mais estrita autodisciplina — ou eu não me teria saído bem. Na verdade, foi o fogo que me moldou para alcançar a consciência de Deus.

187. Peça com Esperança

A chave de ouro seguinte é a esperança. Depois de rezar, dizer frases positivas e visualizar, permaneça nesse estado de esperança. Acredite em Deus, em Sai Baba, nos mestres ascensionados e nos anjos. Acredite na sua força pessoal, na força da sua mente subconsciente e nas leis de Deus. Alimente a esperança e visualize a sua oração se manifestando — e nada poderá impedir essa manifestação. Você está fazendo exatamente o que Sai Baba faz, estando a diferença no fato de que Sai Baba, por estar no nível universal, faz isso mais rapidamente. Os princípios do que ele faz e do que fazemos são exatamente os mesmos, e ele mesmo lhe diria isso. Sai Baba é o principal agente de manifestação deste planeta. Tenha toda a esperança de que a sua oração irá se manifestar.

188. Peça o que Você Quer em Todas as Coisas: Reze e Afirme Incessantemente

A chave de ouro seguinte foi optar por pedir a ajuda dos mestres, dos anjos e de Deus em todos os aspectos da minha vida, incluindo o material. Alguns Trabalhadores da Luz julgam não ser correto pedir ajuda material, seja de dinheiro ou de outras coisas materiais. Isso não é verdade. A matéria é espírito que se tornou denso. Não existe separação. Utilizo os mestres em todos os aspectos de minha vida.

Por exemplo, sempre peço a Sai Baba, a Melquisedeque, ao Senhor Maitreya, a Djwhal Khul e aos anjos que as minhas declarações de renda não sejam auditadas. Não porque eu esteja trapaceando, mas porque não quero passar pela amolação de ter todo esse trabalho extra. Rezo a Deus, aos mestres e aos anjos pedindo ajuda na manifestação das celebrações de Wesak. No passado, quando precisava de clientes, eu também rezava por isso.

Reze, diga frases positivas e visualize com relação a todos os aspectos da sua vida — de modo constante. Você está manifestando cada momento de sua vida por meio de cada pensamento seu, de cada palavra sua e de cada ação sua.

Logo, faça de sua vida uma contínua sessão global de meditação, de oração, de afirmação, de visualização e de ação firme. Tenho obtido sucesso na manifestação porque peço e conservo a imagem daquilo que desejo que se manifeste. Se começo a fraquejar, rezo, digo frases positivas e visualizo mais a fim de recuperar esse estado perfeito.

ALGUNS INSTRUMENTOS PARA A MANIFESTAÇÃO

189. Anote num Papel o que Você Quer

A chave de ouro seguinte consistiu em anotar num papel o que eu queria. O ato físico de escrever a sua visão aumenta muito seu poder de manifestação em comparação com a mera manutenção das coisas na mente. Esse ato concentra os seus pensamentos e formaliza a sua intenção. Durante muitos anos espalhei papéis, recados e frases positivas por toda a casa para me lembrar de coisas que eu queria conservar na minha mente. Eu fazia constantemente listas e trabalhava no meu diário com todos os diferentes instrumentos. Quanto mais você puder imprimir na sua mente subconsciente esses desejos e imagens positivos, tanto mais cedo esta vai manifestá-los para você.

190. Como Usar os Mapas do Tesouro e Outros Instrumentos

A chave de ouro seguinte é a atividade de elaboração de mapas do tesouro. Em alguns períodos da minha vida, eu fazia uma colagem daquilo que eu queria que se manifestasse naquele momento. Essa colagem continha figuras, frases positivas e palavras representando as coisas que eu queria que surgissem na minha vida. Quando terminar o seu mapa do tesouro, deixe-o num lugar em que ele possa servir, constantemente, de lembrete visual para todos os níveis da sua mente.

Em outras fases da minha vida, eu recorria ao instrumento que é o espelho. Eu falava comigo mesmo ou dizia frases positivas enquanto me mirava nele e focalizava os meus próprios olhos. Em outras ocasiões, eu cantava as minhas frases positivas ou usava fitas subliminares, que descobri serem bem agradáveis e eficazes.

191. Coloque Livros Sob o Travesseiro para Manifestar o seu Conhecimento

A chave de ouro seguinte veio de uma história sobre Edgar Cayce que me comoveu profundamente. Quando Cayce era um rapaz, seu preceptor o repreendeu por não aprender suas lições. Cayce ouviu uma vozinha na sua mente dizendo-lhe que ele deveria pedir um intervalo de 30 minutos. Foi-lhe então dito que fechasse os olhos e tirasse uma pequena soneca com o livro sob o travesseiro. Quando acordou, ele se lembrava do livro todo. Quando ouvi pela primeira vez essa história, fui muito influenciado por ela, tendo então passado a pôr com freqüência livros debaixo do travesseiro e a rezar para que os absorvesse positivamente. Nunca tive o grau de sucesso de Edgar Cayce, mas creio de fato que isso tinha um efeito, principalmente se eu rezasse antes. Tente fazer isso. Esse é o guia para a iluminação de pessoas preguiçosas.

A AJUDA ESPECIAL DOS MESTRES

192. A Grade de Manifestação e de Transmutação

A chave seguinte é uma importante ativação que aprendi com Saint Germain numa das minhas meditações. Invoque Saint Germain e peça que a grade de manifestação e de transmutação esteja permanentemente ancorada no seu plexo solar. Saint Germain nos disse que essa grade nos ajudaria a aprender a manifestar de modo mais eficaz. Da mesma maneira, a grade assiste na transmutação mais eficiente de energias negativas, transmudando-as em energias positivas. Para ter essa grade, basta pedi-la.

193. Dispensações Divinas

Esta chave de ouro tem relação com o pedido de dispensações divinas. Deparei com isso de maneira muito espontânea meditando com os meus amigos, e cedo me dei conta de ser isso um instrumento muito valioso. Costumo fazer pedidos de dispensações divinas a Melquisedeque, ao Senhor Buda, ao Senhor Maitreya e a Djwhal Khul. Às vezes, faço esses pedidos ao conselho kármico e a Quan Yin. Faço essas solicitações para a obtenção de alguma coisa especial e, quando são razoáveis, elas costumam ser atendidas pelos mestres. Um exemplo disso pode ser o pedido de uma dispensação divina quanto a apressar o meu processo de ascensão a fim de que eu possa ser mais útil.

DA PERSPECTIVA DE DEUS

194. Reconheça-se a Si Mesmo como Formando Unidade com Toda a Criação

Uma importante chave de ouro ligada à manifestação consiste em reconhecer-se a si mesmo como formando unidade com aquilo que se procura manifestar. Em outras palavras, não manifeste a partir da consciência de que está separado daquilo que você está procurando manifestar. Isso significa manifestar antes a partir do eu do que da personalidade. Na verdade, somos todos o Eu eterno. Vivemos em toda a criação assim como toda a criação vive em nós. Todos partilham essa mesma identidade com Deus. Não existem seres separados. Existe apenas Deus encarnado em formas infinitas. Essas formas do eu na matéria passam por períodos em que se esquecem de quem são. Mas então despertam novamente para aquilo que sempre foram. É por isso que *Um Curso de Milagres* afirma que a Queda nunca aconteceu de fato; nós simplesmente pensamos que aconteceu.

Em outras palavras, saiba que você é Deus, que aquilo que você busca manifestar é Deus e que não existe nada senão Deus. Sendo assim, a manifestação ocorre da perspectiva de Deus manifestando Deus para os propósitos de Deus. Você forma unidade com aquilo que busca manifestar e vive dentro do que busca manifestar. Na realidade, você é Deus fazendo um trabalho de manifestação. Esta chave de ouro terá um profundo efeito no seu trabalho de manifestação se você permitir que ela o permeie profundamente.

Aprendi com Saint Germain um modo de me identificar com Deus quando faço um trabalho de manifestação. Trata-se do uso das palavras "Eu Sou" como as palavras iniciais das suas afirmações. Essas palavras têm, nesse caso, um duplo sentido, referindo-se tanto a você como ao nome de Deus, que é EU SOU ou EU SOU Aquilo que SOU.

195. Você Só Precisa Manifestar uma Única Coisa

Esta chave de ouro, que se baseia na precedente, é algo que aprendi com *Um Curso de Milagres*. Trata-se da compreensão de que cada um de nós, na verdade, só precisa manifestar uma única coisa. Se manifestarmos isso, tudo o mais se manifestará como subproduto. Essa coisa é, com efeito, *a consciência de união com Deus*. Isso envolve curar a forma-pensamento segundo a qual somos distintos de Deus. A verdade é que nunca fomos nem seremos diferentes de Deus.

No plano espiritual, não existe separação, mas ela existe para a maioria das pessoas nos planos mental, emocional e físico. Logo, nossa principal tarefa espiritual consiste em ancorar a realidade espiritual da unidade com Deus no sistema de quatro corpos. Não basta saber isso intelectualmente. Temos de sabê-lo profundamente em todos os níveis do nosso ser. Curar o sentimento de separação com relação a Deus neste planeta significa aceitar plenamente a consciência crística/búdica.

Você pode começar a perceber a força da manifestação e do toque de Midas que vem da manutenção da consciência da unicidade com Deus a todo momento? Pode ver a força de suas orações e afirmações quando faz o seu trabalho de manifestação em todos os níveis a partir desse estado de consciência de Deus?

196. Reconheça que Já Temos Tudo e Somos Tudo

A chave de ouro seguinte foi a afirmação, presente em *Um Curso de Milagres*, de que já *somos* tudo e já *temos* tudo. Esse é outro importante princípio do processo de manifestação. Somos, em última análise, Deus; somos o Cristo. Não há nada a fazer, porque já somos aquilo que buscamos. Esse ensinamento é semelhante aos ensinamentos do grande santo oriental Ramana Maharshi. Já somos Deus e *Um Curso de Milagres* e Ramana Maharshi nos ensinam práticas que nos ajudam a nos identificar com essa verdade.

Também é certo que nos encontramos no processo de realização dessa verdade última. No estado último de coisas, já temos e somos tudo, razão por que, dessa perspectiva, nada há a manifestar, pois já contemos aquilo que buscamos. Assim, manter esse estado de consciência é o processo último de manifestação.

Claro que nem todos chegaram a isso, pois, do contrário, não estariam lendo estes livros. Aquilo que *Um Curso de Milagres* e Ramana Maharshi dizem é verdade; mas também é verdade que todos estamos no processo de compreender Deus. Podemos afirmar que somos o Cristo sem que tenhamos manifestado isso de maneira plena. *Um Curso de Milagres* e os ensinamentos de Ramana Maharshi são escritos da perspectiva de quem já está no fim do túnel, por assim dizer. Afirmar e visualizar isso é parte do processo de alcançar a compreensão de Deus.

O processo dos 352 níveis de iniciação que levam de volta à divindade é um processo gradual para se alcançar níveis cada vez mais amplos de realização de Deus. Reconhecer que, no estado último, já somos Deus — e que já temos tudo — nos permite ver as coisas da perspectiva de Deus, enquanto nos empenhamos em manifestar Deus de forma cada vez mais plena em nossa vida e em nosso sistema de quatro corpos.

Um Curso de Milagres foi escrito de uma perspectiva celestial, podendo ser chamado de um ensinamento idealista. Enquanto o livro for usado compreendendo-se isso, ele poderá ser um dos mais úteis recursos de aprendizagem do planeta. *Um Curso de Milagres* não é para todos, como o próprio livro diz. *Um Curso de Milagres* e os ensinamentos hunas foram para mim uma boa união e uma filosofia mais equilibrada. Tento criar essa integração para você nos meus livros.

197. Entre em Sintonia com a Perfeição

A chave de ouro seguinte refere-se ao conceito da sintonia com a perfeição. No estado último de coisas, tudo é perfeito, tudo é Deus. Por exemplo, no que se refere ao corpo físico, *Um Curso de Milagres* diz: "A doença é uma defesa contra a verdade." O certo é que cada um de nós é o Cristo e a doença é uma ilusão. Como pode o Cristo perfeito estar doente? Isso se aplica a todos os aspectos da vida. Sempre que você pensar na limitação e na falta de perfeição, faça de imediato uma oração, diga uma afirmação ou faça uma visualização para fazer com que seus pensamentos voltem ao estado perfeito. Isso remete à lição referente ao lugar que constitui o foco de atenção de cada um. O ideal é sempre manter a atenção na poderosa Presença Eu Sou e em Deus.

Suponha que você esteja tendo problemas financeiros. Chegam contas que você não pode pagar. Em vez de se concentrar na falta, reze imediatamente e peça ajuda à sua poderosa Presença Eu Sou e aos mestres ascensionados. Como disse Edgar Cayce: "Por que se preocupar se você pode rezar?" Rezando ou fazendo uma afirmação, você faz com que sua consciência volte imediatamente ao estado perfeito de abundância. Você não está aceitando as aparências, mas mantendo o ideal da abundância. De certo modo, você pode dizer que já manifestou o dinheiro no plano etérico e que só espera que ele se manifeste no físico. A chave do sucesso na vida é manter sempre a atenção em Deus e na perfeição em vez de na falta e na limitação.

Como você está se recusando a aceitar a limitação, a doença, a pobreza ou a falta de perfeição em todos os níveis, em toda parte a que vai você se torna uma força de cura. Você tem uma fé, uma confiança e uma paciência perfeitas em Deus, e por isso sabe que toda oração que fizer vai se manifestar. Você também tem uma fé, uma confiança e uma paciência perfeitas na força da sua própria mente. Você sabe que todo pensamento e imagem que você afirmar e visualizar vai se manifestar mediante a força da sua própria mente subconsciente.

Faça nesse momento o voto de só aceitar como realidade a perfeição. Foi isso o que eu fiz, apesar de, aparentemente, todos os aspectos da minha vida terem mostrado o contrário. No final, minha fé interior na realidade de Deus venceu. E ela também vencerá no seu caso se você praticar essas leis e princípios universais. A chave é fazer que todos os níveis tenham coerência. Você não pode rezar e duvidar de sua oração, pois isso é o mesmo que sabotá-la. Tem de haver coerência entre as três mentes. A força de Deus, dos mestres e de suas próprias mentes consciente e subconsciente só vai manifestar a perfeição se você aplicar de modo coerente esses princípios.

198. Receba um Tratamento da Ciência da Mente

A chave de ouro seguinte consistiu em receber tratamentos da Ciência da Mente. Se você nunca fez isso antes, eu recomendo que você ligue para uma igreja da Ciência da Mente e tenha uma sessão com um dos ministros. Ele prescreverá um tratamento para você, independentemente de qual aspecto de sua vida precisa de aperfeiçoamento. A prática da Ciência da Mente e os ensinamentos de Ernest Holmes são muito eloqüentes, e esses tratamentos se baseiam na verdade espiritual segundo a qual tudo é perfeito na realidade última. O praticante irá ajudá-lo a compor o tratamento e vai dizê-lo com você; então você poderá levá-lo para casa e trabalhar com ele. Você poderá criar os seus próprios tratamentos usando o mesmo modelo. Esses tratamentos são muito eficazes e, se ditos todos os dias por no mínimo 21 dias, irão fixar essa realidade na sua mente subconsciente. Esse processo, junto com o sistema huna de oração, é uma combinação imbatível.

PRINCÍPIOS E LEIS DA MANIFESTAÇÃO

199. Tudo é Mente

A chave de ouro seguinte foi o uso do grande princípio hermético: *Tudo é mente; o universo é mental*. Todo o universo não é só energia, mas também é mental. Como disse Edgar Cayce, todos os pensamentos são coisas. O universo material é um pensamento na mente de Deus. Todos os objetos que usamos na nossa vida são pensamento materializado. Sai Baba é capaz de materializar por meio do pensamento e da criação de imagens. Logo nós também seremos capazes de fazer isso. Na verdade, já estamos fazendo, mas o nosso processo é um tanto mais lento.

A energia segue o pensamento. A aplicação dessa lei hermética é: tudo aquilo que você pensa, se for mantido por tempo suficiente, pode e vai se manifestar. Usei o poder da minha própria mente e o poder da mente dos mestres ascensionados para manifestar a cura, a liderança ascensional e a compreensão de mim mesmo. Essa lei está sempre em atividade, e se você não estiver concentrado na compreensão de Deus em todos os níveis, ela estará sendo inconscientemente usada para atrair o oposto.

O universo pode ser controlado pela força da mente, porque tudo é mente e o universo é mental. O universo como um todo é a manifestação de uma imagem da mente de Deus. À medida que acedemos a níveis cada vez mais amplos da mente de Deus, tanto maiores o controle e o domínio que teremos do universo infinito de Deus.

200. Existe Apenas uma Mente Superior e uma Mente Subconsciente

A chave de ouro seguinte no meu trabalho de manifestação foi a introvisão de que há apenas uma mente superior e uma mente subconsciente. Só a consciência egóica é separada. Podemos perceber isso na imagem de Deus com uma mente infinita. Carl Jung chamou o subconsciente de inconsciente coletivo. Jung pensou isso em termos de toda a humanidade, o que é certo. Estou também analisando-o agora em termos de toda a criação. Orar, dizer frases positivas e visualizar a partir desse estado de consciência fará crescer muito a sua força de manifestação e o seu magnetismo.

201. Tudo o que Procuramos Manifestar é Energia

A chave seguinte no meu trabalho de manifestação foi a compreensão de que tudo o que eu busco manifestar é energia. Todas as coisas do universo de Deus, incluindo o universo material, são energia vibrando em diferentes padrões de velocidade e de ressonância. O dinheiro e as coisas materiais que buscamos manifestar são energia. Toda manifestação — seja a cura do corpo físico, a ascensão ou coisas materiais — envolve trabalhar com energia. Comece a ver tudo o que você faz como energia em movimento e em mudança. Então, você terá começado a ter acesso a uma das verdadeiras chaves de ouro do processo da alquimia, a transmutação e a manifestação em todos os aspectos da sua vida.

202. O Princípio da Polaridade

A chave seguinte foi para mim aprender a compreender o princípio da polaridade. Essa lei hermética diz: *Tudo é dual; todas as coisas têm pólos; tudo tem um par de opostos; o semelhante e o dessemelhante são a mesma coisa; os opostos são idênticos em natureza mas diferentes em grau; os extremos se tocam; todas as verdades não passam de meias verdades; é possível reconciliar todos os paradoxos.*

Esta é uma chave de ouro muito importante. Ao compreender a natureza da dualidade, você vê, por exemplo, que a consciência do ego negativo é a polaridade da consciência crística. Lembre-se de que tudo é mente e de que tudo é energia. Quando se controlam a energia e a mente — ou, quanto a isso, o som e a luz — a energia pode ser movida com facilidade de um pólo ao outro. A consciência do ego negativo pode passar a consciência crística. O medo pode ser transformado em amor.

Considere, por exemplo, o quente e o frio. Eles são diferentes apenas em graus num termômetro. Quem pode dizer onde um acaba e o outro começa? O progresso no caminho espiritual envolve uma mudança de polaridade. É mudar a polaridade da orientação do eu inferior para a orientação do Eu superior. É mudar a polaridade da personalidade para a alma, da alma para a mônada e da mônada para Deus.

Se você for excessivamente dirigido pelo seu corpo emocional, você precisará polarizar a sua consciência na direção do corpo mental. A passagem do corpo físico para o corpo de luz nos permitirá, em última análise, aprender a nos teletransportar. É crucial compreender a natureza da dualidade e da polaridade e ver que as coisas podem ser idênticas em natureza mas diferentes em grau. É por isso que todas as coisas da nossa vida podem passar à sua polaridade oposta ou, se preferirmos, seu ponto de equilíbrio. Podemos fazê-lo por meio da força interior de Sai Baba e dos mestres ascensionados, bem como por meio de Deus, com oração e meditação.

As polaridades também podem ser modificadas mediante a nossa força mental e a nossa visualização. Esse trabalho está vinculado com a ciência da cura das atitudes. Podemos mudá-las por meio do trabalho com a energia ou da manipulação do som, da cor, da luz e até mesmo do aroma, como se faz na aromaterapia. A aplicação desses princípios herméticos — *tudo é mente e tudo tem polaridade* — é uma chave absoluta para a manifestação da cura, da ascensão, da liderança, do dinheiro e de tudo aquilo que você desejar.

Pense em ter uma conta bancária sem dinheiro e uma conta bancária recheada de dinheiro. Trata-se da mesma coisa; só existe uma diferença de grau. O que é necessário é uma mudança de energia por meio da força mental, da força da oração, da força da visualização e da força pessoal que se manifestam por meio da ação. Não há muita diferença entre ser rico e ser pobre. Se você ganhar na loteria, sua situação financeira se alterará instantaneamente. Se você herdar dinheiro, acontecerá o mesmo. Conseguir um novo emprego produz o mesmo resultado. Todas as coisas do caminho espiritual de cada um se resumem a aprender a manipular a energia. Quando se faz isso a serviço de Deus, o processo recebe o nome de magia branca. Quando a energia é manipulada a serviço do ego negativo e da Fraternidade Negra, o nome dado é magia negra. A chave aqui é tornar-se mestre da manipulação de energia a serviço de Deus, dos mestres ascensionados e da humanidade.

Todas as pessoas do planeta estão lidando com a energia e pondo essas leis em ação. O problema é que elas não fazem isso suficientemente conscientes, além de o fazerem muitas vezes contra si mesmas em vez de em favor de sua melhoria. O segredo é compreender essas leis e trabalhar conscientemente com elas a cada momento de sua vida em prol da melhoria de si e dos outros.

203. As Leis Universais de Deus Estão Sempre em Ação

A chave seguinte foi o entendimento de que as leis universais de Deus estão *sempre* em ação. Essas leis não operam somente a partir da oração, das frases positivas e da visualização. Elas operam com cada pensamento que se tem, cada palavra que se diz, cada ato que se pratica — mesmo quando você está dormindo. Aí está a verdadeira compreensão da manifestação.

Como sempre estão agindo, as leis de Deus operam para atrair tanto o positivo como o negativo, a depender do que projetamos consciente ou inconscientemente. E a mente subconsciente, com sua força de atração, de magnetismo e de repulsão, também age sempre. Ela pode atrair e magnetizar com a mesma facilidade tanto o desastre como a abundância e a santidade, já que não tem poder de raciocínio. Se não estamos usando as leis de Deus de modo positivo, então as estamos usando negativamente ou, na melhor das hipóteses, sem critério. Compreender e dominar as leis de Deus em todos os níveis é a chave da cura, da ascensão, do toque de Midas e da liderança. É por intermédio das leis de Deus que aprendemos a obediência amorosa a Deus. Com freqüência, é o sofrimento que nos leva de volta ao nosso caminho espiritual.

204. Os Cinco Níveis da Manifestação

A chave de ouro seguinte foi o reconhecimento de que a manifestação ocorre em cinco níveis.

- O nível espiritual da manifestação é o reconhecimento de que somos Deus manifestando outra parte de nós mesmos que existe no corpo de Deus.
- O nível mental da manifestação é a manutenção da mente concentrada na perfeição que queremos manifestar e a permanência firme na luz o tempo inteiro.
- O aspecto emocional da manifestação se configura na manutenção do entusiasmo, da devoção e de uma fé infantil em Deus e em Suas leis.
- O nível etérico da manifestação consiste em saber que, depois de você rezar, dizer frases positivas e visualizar, a oração já foi atendida e já existe no plano etérico. Ela simplesmente ainda não se materializou no plano físico.
- O quinto nível de manifestação é a materialização da oração no plano físico.

O primeiríssimo passo de toda manifestação é o pedido feito na oração, na afirmação ou na visualização. Parte da manifestação consiste em, ultrapassando a fé, alcançar o saber absoluto. Quando o pedido da oração alcançou o nível etérico é quase como se você pudesse estender a mão e tocá-lo. Em matéria de manifestação, a linha que separa fantasia e realidade se torna muito indistinta. Quem vai dizer qual delas é mais real? Quando a realidade interior, que você preferiu criar por meio da oração, da afirmação e da visualização, torna-se mais real do que a realidade exterior, você se tornou um mestre da manifestação. Você passa então a ver também com os olhos crísticos interiores e não só com os olhos físicos.

205. A Lei da Propriedade

A chave de ouro seguinte é o que eu chamo de lei da propriedade. Na verdade, o que quer que manifestemos não nos pertence de fato. Ninguém possui nada, porque Deus possui tudo. Tudo aquilo que manifestamos em qualquer nível, incluindo o físico, é-nos apenas emprestado por Deus. Quando Deus o quer de volta, não há nada neste universo que possamos fazer para impedi-lo. Por essa razão, é melhor não se apegar em demasia; é melhor ver as coisas como elas de fato são. Essa compreensão e essa atitude irão acelerar a sua manifestação.

206. A Administração Responsável

Esta chave de ouro consiste em cuidar devidamente de tudo o que Deus lhe dá. Se Deus abençoa você com o dinheiro para comprar um carro novo, cuide do carro e seja um bom administrador da abundância que Ele derramou sobre você. Deus nos concedeu a bênção de um corpo físico, sendo nossa responsabilidade cuidar dele, tratá-lo bem, arrumá-lo adequadamente e vesti-lo bem, sem vaidade. O mesmo se aplica a uma casa nova ou à riqueza financeira. Não tomemos Deus por certo e usemos aquilo com que Ele nos abençoa sabiamente. Isso se aplica não só ao plano físico como também às crianças, à liderança e aos nossos clientes. Há muitas pessoas neste mundo que sofrem e vivem na pobreza. Usemos com sabedoria as grandes bênçãos com que Deus nos agraciou e as partilhemos com os outros quando pudermos.

ATITUDES PARA A MANIFESTAÇÃO

207. Como Manifestar a Partir de uma Atitude de Autoridade Conferida por Si Mesmo e da Condição de Instrumento de Deus

Uma das mais importantes chaves de ouro para a manifestação da cura, da ascensão, do serviço, da liderança e de qualquer outra coisa em que você possa pensar consiste em fazer todo o trabalho de manifestação a partir da autoridade conferida por si mesmo, do domínio de si e da força pessoal. Manifeste a partir da perspectiva de que "Eu Sou Deus e o meu coração é puro, amoroso e altruísta; assim, todo o universo e até mesmo o cosmos está sob o meu comando". Como o afirma *Um Curso de Milagres*, não se faz isso a partir da grandiosidade mas da grandeza. Faz-se a partir da consciência de que se é um veículo e um instrumento do mais excelso Deus, uma ponte para a Fonte do nível planetário. Veja-se a si mesmo como um veículo para convocar a onipotência e a onisciência de Deus para os propósitos da manifestação do Seu plano divino.

208. Confie em Deus e nas Leis de Deus para Obter a Abundância

A chave de ouro seguinte foi confiar só em Deus e nas Suas leis no que se refere à minha prosperidade. Muitas pessoas depositam sua segurança em coisas exteriores. Mas todas as coisas exteriores, incluindo as pessoas, podem ser tiradas de nós — e, em última análise, serão. A única segurança verdadeira na vida é Deus, os mestres ascensionados, a força de Sai Baba e as leis de Deus. Paramahansa Yogananda tem uma afirmação que me agrada. Ela diz: "Deus são as minhas ações e títulos e a minha segurança financeira." Eu mudaria para "Deus, Sai Baba, os mestres ascensionados, os anjos, a minha força pessoal e a força da minha mente subconsciente são as minhas ações e títulos e a minha segurança financeira".

Muitas pessoas confiam apenas num nível de manifestação. Para alguns, trata-se tão-só da força pessoal e da ação física. Alguns usam somente a oração. Outros se concentram nas afirmações ou na visualização. Outros, ainda, confiam nos anjos, em Sai Baba ou em outros mestres. E há também quem se concentre em Deus. Eu afirmo: use *todos* eles e outros mais para criar sua força interior e sua capacidade de manifestar. O que está dentro de você nunca pode ser tirado. Todas as coisas podem ser confiscadas, como o foram na minha vida; mas pude reconstruir tudo, inclusive com mais grandeza, pois confiei nessas leis interiores. Como diz *Um Curso de Milagres*, os milagres são naturais. Eles são um subproduto natural da aplicação das leis de Deus de maneira positiva.

209. Amar a Si Mesmo

A chave de ouro seguinte refere-se ao amor por si mesmo e à manifestação. Eu vi, na minha prática de aconselhamento, no passado, muitas pessoas que faziam toneladas de afirmações e de orações mas não obtinham os resultados desejados. Quando examinei isso junto com elas, descobri que esse bloqueio existia devido à falta de amor por si mesmas. Essa é a afirmação negativa mais elementar. Quando as pessoas não se julgam merecedoras da abundância de Deus, é comum que isso se deva a transgressões passadas, reais ou imaginárias. Essa crença torna-se então uma profecia que se realiza por si mesma quando é inconsciente. Isso é igualmente um pensamento defeituoso, porque, na verdade, todos são Deus, todos são o Cristo e todos são dignos de amor. Assim, é importante identificar-se antes com o diamante do que com a lama.

210. Perdão: Liberar os Bloqueios à Manifestação

Outra chave de ouro é assegurar-se de ter perdoado a si mesmo e aos outros por todas as transgressões. Quaisquer rancores ou culpas tendem a bloquear a manifestação de seus pedidos de oração e de suas afirmações. É preciso ter uma clara consciência em todos os níveis para não sabotar parcialmente a oração. Isso parece simples, mas é muito importante. Sempre verifique isso antes de iniciar seu trabalho de manifestação.

211. Transforme a Consciência da Pobreza em Consciência da Abundância

A chave de ouro seguinte consiste em deixar de lado a consciência da pobreza e as crenças segundo as quais ser pobre é sinônimo de ser espiritual. Quem pensa que o dinheiro é ruim ou que é errado cobrar por nossos serviços está sendo comandado pelo ego negativo. Pensam que estão sendo espirituais, mas na verdade têm consciência da pobreza.

Deus quer que tenhamos abundância em tudo, inclusive no plano material. Todos têm uma conta bancária espiritual e uma conta bancária terrena, e a idéia é construir as duas diariamente. Deus e os mestres desejam que tenhamos abundância em todos os níveis, e não só no espiritual. A saúde, a riqueza, a paz e o júbilo são subprodutos da realização de Deus. É por meio do acesso dos Trabalhadores da Luz à riqueza que o mundo terreno vai começar a mudar. Quanto mais dinheiro você tem, tanto mais você pode dá-lo aos outros e tanto mais pode ajudar a manifestar o plano divino de Deus na Terra.

212. Como Livrar-se das Dúvidas e dos Medos com Relação à Manifestação

A chave de ouro seguinte envolve livrar-se das dúvidas, dos medos e das preocupações depois de ter estabelecido uma meta de manifestação. Somos Deus, e aquilo que pensamos é o que vai se manifestar. Às vezes, existe a tendência de fazer afirmações e visualizações, de rezar, de manter essa energia por algum tempo e depois deixar que as dúvidas, os medos e os pensamentos que estão aquém da perfeição se introduzam.

O segredo é permanecer na sua natureza de Deus. Cada pensamento, cada palavra e cada observação que fazemos é uma afirmação da manifestação. Vi-me fazendo isso com o festival do Wesak. Eu começava acreditando piamente no fato de que todas as 1.200 pessoas apareceriam. Mas Saint Germain assinalou que em dado momento eu diria que esta propaganda está funcionando mas aquela não está. Num nível, precisamos fazer essa distinção, mas no outro temos de ter muito cuidado com a maneira como o afirmamos. Gostei de fato da observação de Saint Germain, pois ela me ajudou a voltar à consciência de manter a minha visão.

213. Por que Se Preocupar Quando Você Pode Rezar?

A chave de ouro seguinte é um conselho que recebi de Edgar Cayce sobre o remédio para a preocupação. O conselho de Edgar Cayce foi o seguinte: "Por que se preocupar quando você pode rezar?" Eu acrescentaria: "Por que se preocupar quando você pode rezar, afirmar, visualizar e ser senhor da sua força pessoal?" Desse modo, você estará de posse da plena força de suas três mentes (consciente, subconsciente e supraconsciente) e a estará empregando. Segui o conselho de Edgar Cayce muitas vezes na minha vida e sempre deu certo.

214. Saiba que Você Não Pode Fracassar

A chave seguinte tem sido o reconhecimento de que eu não posso fracassar. Como posso fracassar com minha força pessoal, a ajuda de Deus, a ajuda de Sai Baba, a ajuda dos mestres ascensionados e a força da minha mente subconsciente? Com todos esses níveis de força me ajudando, como posso deixar de vencer as aparências e a ilusão? Como posso não ser vitorioso na realização de Deus?

215. Deus Ajuda a quem se Ajuda

A chave de ouro seguinte é o ditado segundo o qual Deus ajuda a quem se ajuda. Não espere que os mestres ascensionados dêem sentido à sua vida ou controlem a sua mente, pois isso não vai acontecer. Minha caminhada para a realização da ascensão e para a liderança ocorreu basicamente por meio dos meus próprios esforços e da sabedoria de rezar por aquilo que eu precisava a cada passo do caminho. Os mestres ascensionados não fizeram isso para mim. Eu mesmo fiz, com a ajuda deles. Há uma grande diferença entre as duas coisas. Se os mestres ascensionados fizessem isso para nós, não aprenderíamos nunca a nos tornar, nós mesmos, mestres.

216. Sirva sem se Apegar aos Frutos do seu Trabalho

Esta chave de ouro consiste em servir a humanidade sem se apegar aos frutos do seu trabalho. O que importa é que você prestou o serviço voluntariamente e com amor. Deixe os resultados a Deus. Às vezes, plantam-se sementes que levam muitos anos para brotar. Não há nada de errado nisso. O que importa é que você dê amor. Não espere que as pessoas dêem algo em troca. A nossa tarefa é fazer brilhar a nossa luz e o nosso amor, independentemente da maneira como são recebidos. Agindo assim, permanecemos na base da nossa realidade. A nossa tarefa é simplesmente dar amor, prestar serviço incessantemente e só ter isso como meta. Então tudo retornará a nós com grande abundância.

DOAÇÃO E GRATIDÃO

217. A Lei da Gratidão

A chave de ouro seguinte foi a lei da gratidão. Essa lei apresenta dois aspectos. O primeiro deles consiste em dar graças pelo fato de que as suas orações já foram atendidas. Porque, na verdade, suas orações *foram* atendidas por Deus, por Sai Baba, pelos mestres ascensionados e pelos anjos momentos depois de terem sido enunciadas. Não há tempo nem espaço nas dimensões em que vivem Deus e a força de Deus. Eis por que a oração é atendida instantaneamente. Dar graças e mostrar gratidão é a coisa mais apropriada que você pode fazer.

O segundo aspecto da lei da gratidão é mostrar gratidão quando a oração recebe manifestação física. Além disso, é importante estar consciente de todas as dádivas de sua vida que Deus já lhe concedeu e por todas as dádivas da Mãe Terra — e expressar gratidão por isso. Um coração repleto de amor e de gratidão está em condições de receber a abundância de Deus.

218. O Dízimo

A chave de ouro seguinte foi a prática da lei do dízimo e das doações em dinheiro. Trata-se na verdade da lei do karma aplicada ao manejo do dinheiro. A lei básica afirma que, se você der 10% de sua renda a uma causa espiritual necessitada, então, pela lei do cosmos, haverá um retorno decuplicado. Se você for sovina com o universo, o universo será sovina com você. Se você for generoso com o universo, que é Deus, Deus será generoso com você. Como diz *Um Curso de Milagres*, nós criamos a nossa própria salvação. Temos de manter o nosso dinheiro em circulação. Tenho posto isso em prática doando grande quantidade de livros, dando descontos e entradas gratuitas para o Wesak, e fazendo doações aos sem-teto. Essa lei do dízimo e das doações em dinheiro baseia-se numa confiança fundamental básica em Deus e nas leis universais de Deus tal como se manifestam em todos os níveis da criação.

KARMA

219. Como Transmutar o Karma

Esta chave de ouro consiste em pedir a Melquisedeque, a Metatron e ao Arcanjo Miguel uma dispensação divina para a transmutação de todo o seu karma. Para ascender, você tem de equilibrar 51% do seu karma em toda a sua superalma. Para equilibrar o karma, peça aos mestres e à sua poderosa Presença Eu Sou para equilibrá-lo por você. Isso vai exigir muitas meditações, pois não pode ser feito de uma vez.

Com paciência e diligência, aos poucos você poderá equilibrar todo o seu histórico kármico. Perguntei a Melquisedeque quanto do meu karma eu equilibrara. Creio que ele disse que foi cerca de 75% para a mônada. Isso é muito bom, pois estamos aqui diante do karma de todas as 144 extensões anímicas que compõem a mônada de cada pessoa. Este é um exemplo do grau de cientificidade do caminho espiritual. A chave consiste em compreender a mecânica da evolução e então pedir coisas que acelerem especificamente esse processo.

220. Como Equilibrar o Karma

A chave seguinte foi a compreensão de que o meu karma passado poderia ser equilibrado, isto é, apagado, por meio das boas ações realizadas nesta vida. Sempre me esforço para fazer boas ações e para servir de todas as maneiras possíveis. Quando se chega ao conhecimento de si mesmo, a idéia é antes servir do que ser servido. Os budistas chamam a isso de realização de ações aleatórias de bondade. É surpreendente o efeito que essas ações aleatórias de bondade podem ter. Essa é a verdadeira mola mestra do caminho espiritual.

221. A Lei do Karma e a Lei da Graça

A chave de ouro seguinte foi o entendimento da diferença entre a lei do karma e a lei da graça. A lei da graça é a aprendizagem pela maneira fácil e a lei do karma é a aprendizagem na dura escola da vida. Fiz um voto espiritual de tentar aprender todas as minhas lições mediante a lei da graça, e de aprender não só com os meus próprios erros e sucessos mas também com os erros e sucessos alheios. Esse voto espiritual implica o desejo de "conhecer-se a si mesmo" e, portanto, conhecer Deus e as suas leis universais — e viver em harmonia com essas leis.

O estado de graça é o estado do viver de maneira consciente através das leis universais. O estado de karma é o de não ter consciência dessas leis e, por conseguinte, de ser aparentemente vítima delas. O sofrimento por que você passa é a maneira de Deus lhe ensinar sobre essas leis. Todo karma é transcendido pelo recebimento da graça.

HISTÓRIAS DE MANIFESTAÇÃO

As três histórias a seguir exemplificam o fato de as leis da manifestação estarem sempre em ação, estejamos ou não conscientes delas.

❖ *O Joelho Ferido*

Um incidente do começo da minha vida me mostrou de fato que as leis da manifestação estão sempre em ação. Eu tinha vinte e poucos anos e praticava corrida de longa distância. Machuquei o joelho esquerdo, mas não pude descobrir como. Fui ao médico, mas ele nada pôde fazer. Eu gostava muito de correr e não me agradava ficar limitado dessa maneira.

Acabei por conseguir uma canalização de uma amiga e descobri que tinha uma deficiência de cálcio. Isso fazia sentido, pois eu não ingeria laticínios nem tomava suplementos alimentares. Comecei a tomar cálcio e, de fato, em cerca de duas semanas meu joelho começou a ficar melhor e voltei a correr outra vez.

Uns dois meses depois, o ferimento tornou a se manifestar. Procurei minha amiga que fazia canalizações. Ela me disse que nada havia de errado com a perna e que dessa vez o ferimento tinha que ver com o meu pensamento. Na época, eu ainda não compreendia bem como funciona a mente subconsciente. A informação que obtive foi a de que eu vivia dizendo aos amigos que tinha uma perna preguiçosa, e a mente subconsciente só manifestava o fato de eu dizer isso. Essa revelação de fato me abriu os olhos e levou ao meu envolvimento com o estudo da mente subconsciente e da hipnose. Comecei a dizer a mim mesmo que a minha perna esquerda tinha a força e o vigor do aço. Em três semanas, minha perna estava curada e nunca mais tive problemas com ela.

❖ *Pegando a Bola Lançada na Arquibancada*

Em outra ocasião, fui a um jogo de beisebol com meu amigo Joel. Eu estava animado, e enquanto entrávamos no estádio Dodger, eu disse brincando: "Joel, hoje eu vou pegar uma bola arremessada na arquibancada. Estou dizendo ao universo que vou pegar essa bola. Já fui a um milhão de jogos de beisebol e nunca peguei uma bola arremessada na arquibancada. Eu exijo uma esta noite!" Aos 25 ou 26 anos, eu não compreendia de modo prático as leis do universo, e com certeza não tentava aplicá-las conscientemente nesse caso. Todos os ingressos tinham sido vendidos e devia haver cerca de 56 mil pessoas no estádio.

No segundo turno, Joe Ferguson, do Houston Astros, jogou uma bola bem alta na direção das arquibancadas. A bola passou pela minha cabeça, ricocheteou nas mãos de um homem da fileira acima da minha, bateu no tornozelo da pessoa à minha direita e veio direto para mim. Eu a peguei e a levantei bem alto para a multidão ver. Foi então que nos lembramos do que eu dissera. Meu amigo Joel ficou pasmo. A compreensão aqui é a de que a maior parte do trabalho de manifestação é feito quando nem sequer estamos concentrados nele. A lei está agindo o tempo todo, para o bem ou para o mal, quer nos demos conta disso ou não.

❖ *O Câncer e a Força da Mente*

Esta é uma história que meu pai me contou. Meu pai, psicólogo, iniciou um dos primeiros centros de saúde holísticos de Los Angeles nos anos de 1970, o Center for the Healing Arts. Nessa época, ele se tornou amigo do doutor Carl Simonton, médico especializado no trabalho com pacientes com câncer a partir de métodos holísticos e inovadores.

Carl contou a meu pai a seguinte história. Um homem foi vê-lo com a esposa. Quando bateu os olhos nele, Carl não lhe deu mais de três meses de vida. O conselho foi fazer uma cirurgia imediata para ver se havia alguma possibilidade de extirpar o câncer. A cirurgia foi feita e, quando abriram o corpo do homem, perceberam que o câncer estava bem pior do que os médicos haviam imaginado. A doença se alastrara. Eles o fecharam imediatamente sem fazer nada. A opinião dos médicos era deixar o homem viver o resto dos seus dias em paz. Foi isso que o médico disse à mulher do paciente.

Esta, porém, nunca contou isso ao marido. Ele foi para casa pensando que o câncer tinha sido removido cirurgicamente. Três meses depois, ele foi fazer um exame e o raio X revelou que o câncer tinha desaparecido por completo. O espanto dos médicos foi geral. Três meses antes, eles tinham visto um dos piores casos de câncer e agora a doença desaparecera. Os médicos perguntaram: "O que você fez para conseguir essa cura?" O homem disse: "De que vocês estão falando? Vocês removeram todo o câncer do meu corpo há três meses." O médico explicou que não tinha feito nada disso. O paciente ficou estupefato.

Três meses depois, o câncer voltou muito mais agressivo e o homem morreu. Se essa história não conseguir explicar a surpreendente força da mente e o fato das leis da manifestação estarem em ação a todo momento, nada o fará. É por isso que os médicos no Japão não fazem diagnósticos proféticos como costumam fazer os dos Estados Unidos; é também por isso que eles muitas vezes preferem não dizer ao paciente o que está errado. Tratam o câncer mas não dizem que ele o tem.

Se isso é ou não apropriado, é uma interessante questão filosófica; mas o raciocínio que o fundamenta é bastante evidente. Para algumas pessoas, é melhor não conhecer a própria condição. Contudo, outras pessoas com uma doença grave a usam como oportunidade para se fortalecer espiritualmente e se empenham em transformar a sua situação.

As duas histórias a seguir exemplificam a força da manifestação consciente.

❖ *Manifestação Imediata de Dinheiro*

Este caso aconteceu quando eu tinha cerca de 27 anos de idade. Eu vivia em Monterey, Califórnia, e havia um seminário a que eu queria ir, dirigido por Ronald Beasley, um brilhante mestre espiritual da Inglaterra. Sua ida à cidade era uma oportunidade rara. O problema é que eu era um estudante faminto e esse era um dos pontos negativos, o do dinheiro, na minha vida. O seminário custava 200 dólares, o que, para mim, era muito dinheiro.

Lembro-me de estar certa manhã escrevendo no diário, falando com o meu Eu superior. Comecei a dizer ao meu Eu superior que eu de fato queria ir àquele seminário mas que não tinha o dinheiro. Eu disse que se o meu Eu superior quisesse que eu fosse, ele teria de me conseguir o dinheiro. Cerca de uma hora depois, eu estava tirando comida do refrigerador para levar para um amigo, pois eu ficaria fora da cidade durante seis semanas para visitar minha família em Los Angeles. Quando saí com os pacotes, vi um homem que nunca vira antes andando na região da praia em que eu vivia.

Entrei no carro e comecei a me afastar quando o homem me fez um sinal. Ele me perguntou se eu sabia de algum imóvel para alugar por ali. Eu lhe disse que não. Ele falou então que procurava um local para usar por apenas quatro ou cinco semanas a fim de instalar a mãe, que viria da Alemanha para visitá-lo. De repente, uma luzinha se acendeu em mim. Eu pagava apenas 150 dólares por mês pela minha casa, mas era bem em frente do mar. Eu lhe disse que lhe alugaria minha casa por 200 dólares. Fizemos um acordo e ele me deu o dinheiro. Apenas duas horas depois de me comunicar com o meu Eu superior no diário, eu tinha o dinheiro para ir ao seminário!

A FORÇA DA VISUALIZAÇÃO

Vi uma entrevista com o ator de cinema Jim Carrey. Ele é o comediante que faz em seus filmes todas aquelas expressões faciais extremamente engraçadas. Sua família era muito pobre, e durante uma fase de sua vida ele chegou a morar num carro. Ele disse que costumava imaginar e visualizar a posse de um cheque de dez milhões de dólares. Ele tinha até a cópia de um cheque de dez milhões na bolsa. E ele recebeu dez milhões para fazer o seu filme seguinte.

Minha visualização diz respeito a vender dois ou três milhões de coleções da minha série de livros em vinte volumes. Tanto Melquisedeque como Djwhal Khul disseram, a partir do plano interior, que viam isso acontecendo. Mantenho essa visualização da mesma maneira como Jim Carrey manteve a sua. Outra visualização que sustento com mais intensidade é o aumento da celebração do Wesak de 1.200 para 2.500 e depois para 5.000 pessoas. Vejo isso, sei disso, sinto o cheiro disso, sinto o gosto disso, toco isso, ouço isso. Os mestres me disseram que é totalmente realista esperar que aconteça. Eu não paro na visualização disso acontecendo; dou um passo além e *sei* que vai acontecer.

Todos conhecemos a lei: "Assim como dentro, assim também fora; assim como em cima, assim também embaixo." Aquilo que pensamos e de que formamos a imagem em nossas mentes consciente e inconsciente vai manifestar-se em nossas circunstâncias exteriores se mantivermos a visão por tempo suficiente. Isso, combinado com a oração, é uma força espantosa.

6

A ANCORAGEM DA ESPIRITUALIDADE NA NOSSA VIDA COTIDIANA CHAVES 222-267

DIRETRIZES

222. Investindo no Permanente

Aprendi esta chave de ouro com Sai Baba. Em seus discursos sobre o *Bhagavad Gita*, ele falou da importância de investir as energias no permanente em vez de no impermanente.

Não estou dizendo que as preocupações terrenas não sejam importantes, porque elas são. Mas são importantes apenas no contexto da nossa vida e do nosso serviço espiritual. Quem investe tempo e energia em preocupações materiais vai "falir" no plano interior, pois terá investido sem sabedoria. Não deixe que o seu dharma siga as estradas vicinais do seu eu inferior e do seu ego negativo. Não se deixe envolver pelas aparências, por *maya* e pela ilusão, pois essas coisas só reservam a você tristezas. Não ceda à tentação. Permaneça totalmente concentrado e atento em termos de suas reais prioridades divinas.

Estamos vivendo o mais extraordinário período na história da Terra de uma ascensão em massa. A ascensão já não é só para uns poucos escolhidos. Ela é para todos. Trabalhemos juntos para fazer essa mudança. Esse não é um trabalho de Deus nem dos mestres ascensionados. É nosso trabalho, já que somos a exteriorização na Terra da Hierarquia Espiritual.

Os mestres ascensionados do plano interior trabalham conosco para nos treinar e preparar para cumprir essa tarefa. Depois eles prosseguirão em sua evolução cósmica. Ocuparemos o lugar deles no Governo Espiritual e ajudaremos nossos irmãos e irmãs na Terra assim como fomos ajudados.

223. Negar Tudo, Menos a Deus

A chave seguinte foi a compreensão da negação e da afirmação. Há uma negação saudável e uma negação insalubre. A negação insalubre é conhecida de todos nós. Trata-se da negação da realidade da verdade superior. A negação saudável é a chave da manutenção da paz interior. Ela constitui um dos pensamentos psicoepistemológicos essenciais de que falei antes. A chave aqui é não permitir que nenhum pensamento que não seja de Deus penetre na sua mente.

Quando disse ao apóstolo que lhe fazia uma queixa "Afasta-te de mim, Satanás", Jesus estava praticando a negação saudável. Quando tentam penetrar na mente consciente, os pensamentos negativos devem ser expulsos e substituídos por pensamentos e imagens espirituais. O trabalho da mente muito se assemelha ao funcionamento da televisão. Quando vir um programa de que você não gosta, mude de canal e concentre sua atenção em outra coisa. Já que não põe comida estragada ou envenenada na boca, também não ponha pensamentos envenenados na mente. Mantenha um bom regime mental. Trata-se na realidade de uma coisa muito simples.

Se não gosta da palavra "negação", você pode praticar a expulsão dos pensamentos do palco da sua mente por meio do riso. Se permitir que os pensamentos negativos penetrem na sua mente, você ficará negativamente hipnotizado. Boa parte do meu trabalho como psicólogo e professor espiritual não consiste em hipnotizar as pessoas, mas em *desipnotizá-las* — tirá-las do estado de ilusão no qual se encontram. Aquilo que você pensa não cria verdade; cria a realidade em que você vive. Como diz Sai Baba: "Sua mente cria a servidão ou a libertação."

Às vezes, quando pensamentos negativos me incomodam, imagino-os como um espelho e os vejo se espatifar em pedacinhos. Então, visualizo a imagem de Sai Baba e o oposto das atitudes ou pensamentos que estiveram me incomodando. É freqüente que eu só precise da imagem de Sai Baba. O que é que pode resistir à onipotência, à onipresença e à onisciência da glória de Sai Baba?

224. Veja-se a Si Mesmo como a Mônada e como um Mestre Ascensionado

A chave de ouro seguinte consistiu em ver a mim mesmo como a alma, como a mônada e como um mestre ascensionado que vive na Terra. Pratique a condição de mônada ou de poderosa Presença Eu Sou na Terra. Pratique o ser um mestre ascensionado. Pratique o ser o mestre Jesus ou Sai Baba. Veja os outros dessa maneira, mesmo que eles ainda não tenham entendido isso. Isso, mais uma vez, vai ajudar a polarizar a sua consciência para o próximo nível. Essa é uma das verdadeiras chaves da manifestação de suas iniciações e de sua ascensão.

225. Ensine o que Você Está Aprendendo

A chave de ouro seguinte foi me concentrar em ensinar tudo o que aprendo num dado momento. Leio, estudo e faço anotações com essa intenção. Treinei minha mente para pensar assim, o que é parte da razão pela qual desenvolvi a capacidade de tornar as coisas fáceis de serem entendidas pelas pessoas. Quando ensino, seja em aulas e palestras, ou aos clientes, obrigo-me a aprender e a dominar a informação. Todos os Trabalhadores da Luz são professores. Considere a partir dessa perspectiva a integração de tudo aquilo que você está estudando. Convido-os a usarem esse material em suas aulas e palestras pessoais e em suas sessões com clientes, desde que se dê o crédito no momento devido. Estude de início para ajudar a si mesmo e, mais tarde, à medida que progredir, para ajudar outras pessoas.

226. Aja em Vez de Criticar. Uma História

A chave de ouro seguinte está vinculada a uma história que ouvi certa vez de Paul Solomon, história que tinha por objeto uma escola de mistério. Um jovem foi para uma escola de mistério particular a fim de iniciar o seu treinamento. Quando entrou no vestíbulo do refeitório para tomar café na primeira manhã, ele percebeu que o chão estava um pouco sujo do lado de fora do refeitório. Ele disse a si mesmo que aquela escola de mistério não era tão organizada quanto ele julgara. No dia seguinte, ao se dirigir ao refeitório, o chão estava ainda mais sujo e ele ficou ainda mais desgostoso. E começou a pensar que talvez tivesse escolhido a escola de mistério errada. No terceiro dia, o chão estava ainda mais sujo e havia na porta uma vassoura. O jovem concluiu que vivia numa escola de mistério bastante inepta.

É claro que a lição que lhe estava sendo dada era a de pegar a vassoura e limpar a sujeira. Isso se aplica muito bem em tudo na nossa vida, porque a vida é uma escola de mistério fundada pelo nosso Eu superior e pelos mestres ascensionados, que acompanham o nosso desenvolvimento. Quando vemos coisas que não estão certas, pode ser que Deus as tenha revelado a nós naquele momento a fim de podermos agir com relação a elas, ainda que o agir seja simplesmente fazer uma oração. Sintonize-se com a sua orientação interior no que se refere a coisas com relação às quais você deve agir como parte da nossa obra de serviço.

AMOR PELA TERRA E POR SUAS CRIATURAS

227. O Amor à Terra

Uma chave de ouro que Djwhal Khul me deu consiste em *amar a Terra*. Ele disse que amar a Terra é um dos segredos para alcançar a liberação última dela. Alguns Trabalhadores da Luz julgam a Terra uma prisão ou o inferno. Essa idéia está errada. A Terra é potencialmente o céu. Se todos demonstrarem a consciência quintidimensional na Terra, esta será um maravilhoso lugar para se viver. Nossa tarefa é a de criar conjuntamente o céu na Terra. Estamos aqui para demonstrar o amor, a alegria, a paz e a maestria que podemos ter na Terra vivendo aqui como mestres ascensionados. Somos os pioneiros.

Há muitas coisas a fruir e a valorizar no plano material. Djwhal Khul gosta de *pizza*. Ele come *pizza* freqüentemente através do corpo de outras pessoas. Assim, da próxima vez que comer *pizza*, convide-o.

228. A Sabedoria dos Animais

A chave de ouro seguinte tem que ver com a minha compreensão mais profunda de que os animais são sábios. No começo do meu relacionamento com a minha ex-mulher, ela trouxe seus gatos, Patches e Rags, que tinham quase dezessete anos. Patches era o gato dela. Rags tornou-se imediatamente o meu, embora nós dois gostássemos evidentemente de um e de outro. Aprendi uma grande lição, no começo do nosso relacionamento, sobre a grande sabedoria desses gatos — e dos animais em geral. Num certo fim de semana em que ela teve de sair da cidade, os gatos ficaram aos meus cuidados. Isso foi tão no começo da nossa relação, que a minha ligação com esses animais ainda não era total. Foi o fim de semana da Whole Life Expo, e eu acabei por estar ausente todo o fim de semana. Alimentei Patches e Rags, dei-lhes água e limpei a caixa de areia, mas foi só.

Quando minha ex-mulher chegou em casa, sua primeira pergunta foi saber como iam os gatos e se eu lhes dera bastante amor. Eu disse que os gatos estavam bem e que eu lhes dera bastante amor. (Menti um pouco quanto a isso.) Patches, que estava na sala de estar como a rainha de Sabá, começou imediatamente a falar com ela telepaticamente, dizendo-lhe que eu não falava a verdade — que eu mal ficara em casa no fim de semana. Minha ex-mulher me disse o que Patches lhe contara e fiquei espantadíssimo! Confesso que aprendi a minha lição. Depois disso, nossos gatos tomaram conta da casa, e minha ex-mulher e eu perdemos por completo o controle. Que vida! Cuidávamos deles como de bebês humanos.

A outra história de gatos aconteceu quando Rags morreu. Eu era extremamente ligado a Rags e posso dizer que ela me havia agasalhado em suas pequenas patas peludas. Um dia depois de ela morrer, minha ex-mulher entrou na sala de estar e viu Patches no pátio tomando sol. Ela perguntou a Patches: "O que você está fazendo?" Patches respondeu de imediato telepaticamente: "Estou rezando com Rags." É claro que Rags estava ali no seu pequeno corpo espiritual animal sentada e rezando ao lado de Patches. Creio ter sido essa a mais adorável e comovente experiência por que já passei! Djwhal Khul nos disse que Patches será um ser humano em sua próxima vida. O que eu esqueci de dizer a Djwhal é que eu acho que isso já aconteceu.

MANTRAS, SOM E LUZ

229. O Mantra da Alma

A chave de ouro seguinte consistiu no uso do mantra da alma. Esse mantra foi introduzido inicialmente por Djwhal Khul nos livros de Alice Bailey, sendo o mantra mais profundo que já usei. Esse mantra vai ativar por completo o seu Eu superior e a sua mônada. Você também pode usá-lo para centrar-se sempre que estiver descentrado. Antes de toda atividade espiritual, eu digo esse mantra.

Eu Sou a alma;
Eu Sou a mônada;
Eu Sou a luz divina.
Eu Sou amor;
Eu Sou vontade;
Eu Sou desígnio determinado.

230. Cante Om

A chave de ouro seguinte foi cantar *om*. Como disse com tanta eloqüência Sai Baba: "*Om é a flecha e Brahman (Deus) é o alvo.*" Encerro todas as minhas meditações em grupo cantando *om* ao menos três vezes. Afirma-se que ele é o som da criação e a mãe de todos os mantras.

231. Repetir os Nomes de Deus

A chave de ouro seguinte foi a repetição dos nomes de Deus. Trata-se de uma parte regular da prática espiritual das culturas orientais, mas que não é tão popular no Ocidente. Porém ela deve ser, pois pode trazer alívio para todos os problemas. Essa prática advém da idéia de que uma mente ociosa é o laboratório do demônio. Se a sua mente estiver sempre voltada para Deus, a tentação não poderá entrar. Isso atende igualmente à famosa orientação dada por Djwhal Khul, por meio de Alice Bailey: "Manter a mente concentrada na luz."

A combinação da repetição dos nomes de Deus com a visualização das diferentes formas de Deus é uma prática prodigiosa. É possível fazê-lo durante a meditação, dirigindo ou fazendo as tarefas cotidianas. Há tantas formas e nomes maravilhosos de Deus! Como diz o ditado, "o homem é aquilo que pensa". Mahatma Gandhi disse que cantar o nome Rama em sua vida diária foi uma das chaves do seu sucesso. O último pensamento que estiver em sua mente marca o lugar para onde você vai ao morrer. Que isso seja uma lição para todos nós!

232. Use a Luz, a Cor e o Som

A chave de ouro seguinte foi o uso da luz e do som. O uso das freqüências da luz, da cor e do som é, quando aplicado como conhecimento espiritual, um poderoso instrumento de transformação. É possível exprimir o som por meio da emissão de melodias, do cântico, dos mantras, da música inspiradora e do cântico de devoção. Há muitos anos, sempre que entro no carro, ponho para tocar as canções de devoção dos devotos do ashram de Sai Baba. A combinação dessa bela música com o cântico dos nomes de Deus é uma grande fonte de inspiração. Sai Baba afirmou que essa é uma das maneiras mais eficazes de livrar a consciência das energias do ego negativo.

Tenho usado a luz, mais amiúde, invocando as freqüências de luz dos doze raios. Contudo, em diferentes momentos da minha vida, usei alguns dos métodos sobre os quais escrevi em *Hidden Mysteries**. A introdução de energias espirituais em sua vida cotidiana por meio da luz, da cor e do som tem um profundo efeito transformador na nossa consciência e em todo o nosso sistema de quatro corpos.

ORAÇÕES DE PROTEÇÃO E PURIFICAÇÃO

233. Orações de Proteção

A chave de ouro seguinte foi o reconhecimento por mim da importância de fazer orações de proteção todas as manhãs e todas as noites antes de dormir. Existe uma Fraternidade Negra, bem como forças astrais e extraterrestres negativas que não são da luz. Não há nada a temer, pois elas só podem entrar se lhes permitirmos. Não somos vítimas de coisa alguma, dado que somos Deus. A proteção última consiste em ficar com a própria força pessoal a todo momento e em manter a atenção voltada para Deus.

Quando essa prática espiritual, em algumas ocasiões, fraqueja, as forças mais sombrias podem criar alguma interferência limitada. É possível remediá-la retornando à força pessoal e dizendo orações para restabelecer sua sintonia e sua luz protetora. Como medida preventiva, recomendo enfaticamente que você peça duas vezes ao dia ao Arcanjo Miguel e a Vywamus que seja posto ao seu redor um domo dourado de proteção. Se preferir, você pode pedir um tubo de luz de proteção. O tipo de proteção não importa. O importante é pedir. Essa prática simples pode ajudar imensamente e contribuirá no fortalecimento do seu sistema imunológico psicológico.

234. Peça a Miguel que Corte Certos Laços

A chave de ouro seguinte foi pedir ao Arcanjo Miguel que cortasse todos os laços na minha vida com pessoas que já não são apropriadas. Pedi que os liames

* *Mistérios Ocultos*, publicado pela Editora Pensamento, São Paulo, 2000.

fossem eliminados, preenchidos de luz dourada e curados. Esse é um processo muito importante, principalmente quando colocamos o ponto final em um relacionamento.

235. Proclamas de Não-Interferência

A chave de ouro seguinte vincula-se a certos mestres não-ascensionados e com indivíduos movidos pelo ego negativo, seres que de vez em quando criam problemas ao tentar interferir na nossa tarefa de manifestação do plano divino. Todos os líderes espirituais e Trabalhadores da Luz vão deparar com isso em algum momento. Quando isso acontecer, invoque os mestres e solicite "proclamas de não-interferência". Apresente uma queixa oficial ao Senhor Buda e ao conselho kármico dirigido por Quan Yin. Não faça isso como quem julga, mas a partir de um amor vigoroso. Os mestres vão agir em seu favor se concordarem com a avaliação que você faz, aplicando certos campos de força de proteção. Em casos extremos, o ser que criou os problemas pode ficar em observação. Nos casos mais extremos, a energia espiritual desse ser pode ser quase completamente desligada, deixando-se apenas a necessária para manter o veículo físico.

MEDITAÇÃO E SILÊNCIO

236. A Necessidade da Meditação

Como afirmou o grande Edgar Cayce, "A oração é falar com Deus e a meditação é ouvir Deus". A maioria das religiões tradicionais passa grande parte do tempo falando com Deus e rezando, mas muito pouco tempo meditando e escutando. Se você der ouvidos, Deus responde. Se você não pode ouvir Sua voz por meio da clariaudiência, então Ele vai falar com você por meio da intuição, do conhecimento revelado, da compreensão, dos pensamentos, dos sonhos, das imagens, da música, da poesia ou da expressão criativa. Ele fala por meio de outras pessoas e de sincronicidades. Deus fala conosco o tempo todo. Devemos ter os olhos de ver e os ouvidos de escutar.

237. Medite Mais e Leia Menos

A chave de ouro seguinte consiste em passar menos tempo lendo e mais tempo meditando. Ler é bom. Ler é muito bom. Mas meditar é melhor. É por meio da meditação e da oração que a verdadeira aceleração da sua ascensão vai ocorrer.

238. O Silêncio

A chave de ouro seguinte veio dos meus estudos de Pitágoras e da sua escola de mistérios em Crotona. O próprio ato de entrar nessa escola de mistérios obrigava a fazer um voto de silêncio por três anos. Conhecer a autodisciplina exigida para o envolvimento com essa escola de mistérios (que foi a de Kuthumi, já que ele foi Pitágoras) muito me impressionou. Isso me ajudou a aprender a ficar em silêncio e a passar muito tempo sozinho, não estando na companhia das pessoas o tempo todo. Gosto muito de ficar sozinho e em silêncio por longos períodos. Ao fazer isso, sinto grande alívio e paz interior. Parte dessa lição é a afirmação de que há um tempo para fazer e um tempo para simplesmente ser.

Somos treinados, na nossa sociedade, a fazer coisas o tempo todo. Somos uma sociedade voltada ao extremo para as realizações. Essa programação penetrou profundamente em mim. Porém aprendi, nos meus anos de amadurecimento, como simplesmente existir. Reservo períodos em que não penso em nada ou não faço nada. Isso tem sido um grande ensinamento para mim, tendo sido fundamental no meu processo de cura. É muito fácil ser apanhado pelo ritmo frenético da vida na Terra. Esse é um outro campo em que é importante reservar tempo para o contato com a natureza. Reserve todos os dias um período para existir, um período em que você não faz nada.

239. Empenhe-se em Alcançar o Equilíbrio entre Falar e Silenciar

Outra chave de ouro foi a compreensão de que há um momento para falar e um momento para calar. Não se deve falar quando é hora de silenciar nem silenciar quando é hora de falar. Em toda situação na vida, há respostas apropriadas e impróprias. O segredo é confiar em sua intuição.

240. Como Acalmar a Mente

A chave de ouro seguinte foi aprender a acalmar a minha mente. Não há nada de errado em ter uma mente forte e ativa. Essa é uma boa qualidade a desenvolver. Mas todos precisam saber acalmar a mente. A maioria das pessoas do mundo ocidental não aprendeu isso. O resultado é que elas se tornam possessas. Elas podem realizar muitas coisas, mas não têm paz interior nem a tranqüilidade própria do espírito. Uma mente hiperativa tende a enfraquecer as glândulas supra-renais e a ter um efeito nocivo sobre o pâncreas e o fígado. O fígado é o órgão do planejamento, e planejar em excesso tem um preço.

O pâncreas está vinculado com a doçura da vida e também com a função da vontade. O uso excessivo da vontade pode enfraquecer tanto o fígado como o pâncreas, que se vinculam com o equilíbrio entre o feminino e o masculino no corpo. Você não é apenas a sua mente, assim como não é suas emoções nem seu corpo físico. Tudo isso são instrumentos e aspectos de sua personalidade tríplice. Há um ensinamento comum a muitos grupos espirituais, em especial os que se baseiam em filosofias orientais, segundo o qual a mente é ruim e tem de ser transcendida a todo custo. Esse é um ensinamento errado. Como diz Sai Baba: "Sua mente cria a servidão ou a liberação." A mente tem de ser integrada e usada de maneira apropriada. Os instintos, as emoções, o pensamento e o espírito, todos devem ser equilibrados e integrados no alinhamento correto.

A verdadeira lição do espírito não é, pois, livrar-se da mente, mas controlá-la a serviço do Eu superior e do Espírito Santo. Reserve algum tempo diariamente para acalmar a mente e desligá-la como a uma televisão a que você já não quer assistir. Certos tipos de meditação podem ser úteis. Você pode fazer uma meditação simples, concentrando-se em sua respiração ou numa vela. Estar em contato com a natureza pode ser muito bom.

Na realidade, você acalma a mente a qualquer momento simplesmente interrompendo seu processo de pensamento sempre que ela começar a seguir uma nova linha de reflexão. É de fato simples assim. Apenas deite-se no sofá em silêncio e tranqüilize a mente. Na meditação, se você não impedir a mente de correr, ser-lhe-á impossível ouvir os mestres ou a vozinha interior que acalma. Todas as meditações são, na verdade, uma preparação para a meditação. A verdadeira meditação vem no silêncio, quando a mente está tranqüila. Procure um maravilhoso livrinho chamado *The Quiet Mind*, de White Eagle.

Há diferentes tipos de meditação para diferentes propósitos. Uma maneira agradável de acalmar a mente é fazer as ativações de ascensão como também é ir a um banco ascensional e relaxar no silêncio. Uma boa meditação consiste em pedir para ir à Câmara Dourada de Melquisedeque e sentar-se no silêncio, ouvindo a pulsação universal que existe no próprio centro do ashram de Melquisedeque. Freqüentemente, vou passear em meio à natureza e acalmo a minha mente, andando simplesmente na condição de ser. Essa é uma boa variação de ritmo com relação aos passeios que se assemelham a sessões de redação do diário. Há um momento certo para tudo. Quando você precisa de cura do corpo físico, é essencial uma tranqüilidade extra.

MEDITAÇÕES ESPECÍFICAS

241. Meditações Ascensionais

A chave de ouro seguinte foi fazer as meditações do último capítulo do *Manual Completo de Ascensão e Além da Ascensão*. Trata-se de algumas das mais poderosas meditações que você vai encontrar em qualquer lugar do planeta.

242. A Meditação dos Sete Níveis

Esta chave de ouro é uma meditação que fiz durante muitos anos, e que aprendi com Paul Solomon, que passou ao mundo espiritual. Ele foi um mentor espiritual muito talentoso. Muitos se referiam a ele como um Edgar Cayce moderno, pois ele canalizava a Mente Universal, ou Fonte. No começo da minha idade adulta, ele foi uma influência catalisadora no meu caminho e na minha evolução espirituais. Até hoje considero boa parte do seu trabalho a coisa mais clara que já vi. Paul trouxe da Fonte uma meditação que descobri ser de grande valor. Ela tem o nome de Meditação dos Sete Níveis. Nela, você visualiza a si mesmo escalando uma montanha de sete níveis, cada um deles de uma cor diferente do espectro. Cada nível é, além disso, acompanhado de uma frase positiva.

O primeiro nível é vermelho e representa a expectativa esperançosa e a animação. O segundo é laranja e representa a morte do antigo. O terceiro é amarelo e significa o renascimento. O quarto, verde, é o da harmonia com a Fonte. O quinto é azul-claro e representa o alinhamento com a verdade do seu ser. O sexto nível é violeta e traz a sensação de que se está no céu fundido com a vontade de Deus. Isso exige que você assuma responsabilidade por si mesmo à medida que se aproxima do trono da graça. O sétimo nível é branco e representa o estado de perfeição. Uma vez que tenha chegado na imaginação ao topo da montanha, você cria um belo templo do seu Eu superior e de sua poderosa Presença Eu Sou, construindo-o primeiro no exterior e depois no interior.

Quando você pratica essa meditação com freqüência, ela começa a tomar forma no plano interior. Ela se transforma num instrumento não só para elevar a sua vibração como também para ter um contato direto com o seu Eu superior. Passei no começo um bom tempo fazendo essa meditação e me beneficiei muito com ela.

243. A Meditação So Ham

Esta chave de ouro é outra meditação que descobri ser muito útil. É a meditação que Sai Baba, Yogananda, Muktananda e muitos mestres orientais ensinaram. Chama-se a meditação So Ham ou Hong Sau. Significa "eu sou o Eu" ou "eu sou Deus". É supostamente o verdadeiro som da respiração humana quando Deus nos escuta. Quando ocorre uma mistura durante o sono, ouve-se o om. Diga esse mantra no ritmo da sua respiração. Ao inspirar, diga mentalmente *So*. Ao expirar, diga *Ham*. Deixe que a sua respiração decida sobre a velocidade e o ritmo desse mantra. A idéia é a de escutar o ponto imóvel que está entre os dois aspectos do mantra. Quando a pessoa adquire proficiência nessa meditação, é-lhe possível viver diretamente a partir da corrente espiritual.

244. Chuva de Luz

A chave de ouro seguinte foi pedir a todos os mestres com que trabalho uma chuva de luz. Costumo fazer isso no final de todas as minhas meditações importantes. Ela serve para promover um grande aumento do quociente de luz e é absolutamente maravilhosa.

245. Como Criar uma Ligação de Estabilidade

Esta chave de ouro consiste em criar uma ligação de base, que desce pela espinha e, passando pelas pernas e pés, chega ao centro da Terra. Ao final de cada meditação, assegure-se de estabilizar as suas energias, de retomar sua ligação de estabilidade e de sentir raízes que, brotando-lhe dos pés, penetram na terra.

A ANCORAGEM DAS ENERGIAS SUPERIORES NO SEU AMBIENTE

246. Como Criar um Altar Sagrado

Outra chave de ouro na minha vida foi a criação de um altar espiritual ou santuário em casa. Com o passar do tempo, a minha casa ficou parecida com um templo. Tenho muitos quadros e estátuas sagradas, maravilhosos e de todos os tamanhos espalhados pela casa. O fato de estar constantemente perto desses quadros e estátuas tem um efeito inspirador.

247. Cultive a Beleza na sua Casa

Vincula-se com a chave precedente aquilo que eu chamo de cultivo da estética e de um sentido de beleza. Trata-se de uma qualidade do quarto raio cujo desenvolvimento é importante para todos. Tento fazer da minha casa uma espécie de templo espiritual, espalhando por toda parte belas estátuas e quadros de tema espiritual, bem como plantas.

Essa é uma importante qualidade de liderança, principalmente quando você dá aulas em casa. A aparência exterior da sua casa é a primeira coisa que as pessoas vêem. Criar a própria casa de modo a torná-la semelhante a um santuário é importante não só do ponto de vista das outras pessoas, mas também para favorecer a cura e a regeneração do nosso próprio espírito. Cercar-se de belas obras de arte e do aroma do sublime incenso e de óleos, assim como do som de boa música, pode ser uma grande fonte de inspiração no espírito humano.

248. A Pirâmide de Ouro

A chave de ouro seguinte foi o pedido de que uma pirâmide de ouro fosse posta ao redor da minha casa e sobre ela. A pirâmide serve de proteção e como intensificador de energia. Você também pode pedir que uma pirâmide seja colocada ao seu redor quando meditar.

249. A Instalação de Colunas Ascensionais

A chave de ouro seguinte foi a instalação de uma coluna ascensional e de um pilar de luz na minha sala de estar, onde dou aulas, e no meu escritório, onde escrevo todos os meus livros. Você pode pedir aos mestres que eles façam isso para você. Então, você poderá fazer todos os seus trabalhos espirituais, incluindo meditações, dentro dessa coluna ascensional.

Junto com isso, peça a Hermes que ligue você e a coluna ascensional da sua casa com as energias piramidais da Grande Pirâmide do Egito e de todos os outros templos piramidais de luz.

250. A Ancoragem dos Bancos Ascensionais na sua Casa

A chave de ouro seguinte foi pedir a ancoragem dos diferentes bancos ascensionais na minha casa e no meu próprio ser, primeiro no nível planetário e depois nos níveis solar, galáctico e universal. Pedi que eles fossem ancorados em mim e na minha casa permanentemente. Toda pessoa que entra na minha casa para receber uma aula ou por motivos pessoais está entrando no banco ascensional da Câmara Dourada de Melquisedeque.

251. A Ancoragem da Linhagem Ascensional dos Ashrams na sua Casa

Esta chave de ouro é semelhante à última, mas você pede que a linhagem ascensional dos ashrams seja ancorada na sua casa. Minha casa e centro é o ashram de Djwhal Khul, do Senhor Maitreya e de Melquisedeque, que são os mestres que represento no meu trabalho. Minha casa é também um centro de Sai Baba.

252. A Ancoragem da Cidade de Deus

A chave de ouro seguinte foi o pedido da ancoragem da Cidade de Deus ascensional, tal como descrita em *As Chaves de Enoch*, na minha casa e na cidade em que vivo.

253. Faça com que sua Casa Esteja Localizada nos seus Pontos de Força

A chave de ouro seguinte vincula-se com o local em que vivo fisicamente. É óbvio que a ascensão e a cura podem ser conseguidas em qualquer lugar, mas o ambiente de cada um pode desempenhar nisso um importante papel. Certas localizações geográficas são vórtices para certos tipos de energias. A reação de cada pessoa às energias é muito própria de cada um. Los Angeles tem sido de fato um bom lugar para eu viver devido a todo treinamento de que precisei e à minha missão específica. Claro está que isso não se aplica a todos. Também passei muito tempo no norte da Califórnia, que estava em harmonia com a minha vibração espiritual.

Djwhal Khul me disse que há um anel de energia ligando El Paso, no Texas, Fênix e Los Angeles. Por estranho que pareça, nasci em El Paso, passei boa parte da minha vida em Los Angeles e num certo momento planejei me mudar para Fênix. Esses três lugares são para mim centros geográficos de força, e a minha missão tem vínculos com essa grade energética particular. Se eu me mudar algum dia, é provável que eu vá para o Arizona. Na meditação e em sessões de canalização, pergunte sobre os seus centros geográficos de força. Cada pessoa tem os seus próprios, e eles podem mudar de acordo com o estágio da vida em que você estiver.

O ASSENTAMENTO DE ENERGIAS ESPIRITUAIS NA VIDA DIÁRIA

254. Faça Circular Energias Espirituais Todos os Dias

Outra importante chave foi para mim invocar as energias espirituais independentemente do que eu estiver fazendo, de modo a fazer circular a corrente espiritual 24 horas por dia. Por exemplo, depois de um árduo dia de trabalho, depois do jantar, ligo a televisão e invoco vários instrumentos, deixando que os mestres ajam em mim. Claro que também faço isso na meditação, mas só fico na meditação um tempo determinado. Quando assisto à televisão, minha mente está ocupada de maneira passiva e eu consigo que se faça muito trabalho espiritual. Empregar todo momento no trabalho espiritual tem sido uma importante chave para mim. Atiço as chamas espirituais com algum gênero de atividade espiritual 24 horas por dia. É surpreendente quanto trabalho espiritual pode ser feito enquanto você assiste à TV, espera na fila do mercado, faz trabalhos domésticos ou dirige o carro.

Descobri que as energias sofrem uma desaceleração depois que ingerimos alimentos, mas, com o passar do tempo, isso foi acontecendo cada vez menos. Se a energia sofrer de fato uma desaceleração, simplesmente chame-a de volta depois de comer. Você percebe que efeito ressuscitador pode ter a ação de fazer circular essas energias espirituais no seu corpo 24 horas por dia, sete dias por semana, 365 dias por ano, em todo o seu programa? Parece maravilhoso, e depois de algum tempo você não vai querer ficar sem essas energias. Esse trabalho constante serve para curar a separação entre personalidade, alma e mônada. Mesmo que não seja clarividente ou clariaudiente, você sempre pode estar conectado com os mestres por meio da energia. A energia é fundamental, porque tudo é energia.

255. Promova o Equilíbrio do Yin e do Yang quando Fizer Circular Energias Espirituais

Esta chave de ouro é uma extensão da precedente. Vincula-se ela com o que eu chamo de métodos yin e yang de circulação de energias espirituais. Se estou digitando, por exemplo, faço a corrente espiritual percorrer o meu sistema de doze corpos. Quando estou falando ao telefone, fazendo aconselhamento, dando uma palestra ou canalizando, posso fazer o mesmo. Quando não estou usando o método yang de circulação de energias, passo ao método yin. Isso costuma ser feito sentando-se num banco ascensional ou pedindo-se aos arcturianos ou a Metatron a construção do quociente de luz. Quando faço circular a corrente espiritual, passo metade do dia em atividades mais yang e metade em atividades mais yin. Fruo umas e outras igualmente. O método yang movimenta os chakras e promove a circulação das energias. O método yin os cura e os fortalece.

256. Pergunte o seu Nome Espiritual

A chave de ouro seguinte foi perguntar o meu nome espiritual. Bem cedo na vida, eu sabia que meu nome espiritual era Joshua. Ele me servia perfeitamente, sendo sem dúvida um mantra para que o desenvolvimento da minha ascensão e da minha missão espiritual acontecesse. Na meditação, pergunte o seu nome espiritual. Se você vai mudar o nome legalmente ou não, isso será uma opção sua. Eu sei que isso teve um efeito muito profundo em mim. A morte do meu antigo nome e o nascimento do meu novo nome foram importantes tanto em termos simbólicos como em termos vibracionais.

A INTEGRAÇÃO DAS ATIVIDADES ESPIRITUAIS NA SUA VIDA

257. Afirmações e Visualizações

A chave de ouro seguinte foi, para mim, fazer afirmações e visualizações ao longo de todo o dia. A manutenção de uma boa atitude e perspectiva na própria vida cotidiana é a afirmação suprema. Não obstante, descobri ter um imenso valor a posse de todo um arsenal de afirmações à minha disposição com relação a todos os aspectos possíveis da minha vida. Disponho de afirmações de força pessoal, afirmações de amor, afirmações de abundância financeira, afirmações de Deus, afirmações de vitória.

A relação é interminável. Tenho em combinação com essas afirmações um estoque completo de visualizações sobre como eu sou em termos de força pessoal, amor-próprio, abundância financeira e infusão de Deus. Todos os dias envergo, por assim dizer, a minha divindade mental e visual. Muitos anos dessa prática religiosa cotidianamente têm me auxiliado a formar hábitos espirituais saudáveis e clareza psicológica. Em *Soul Psychology**, ofereci grande número de afirmações e visualizações poderosas que você pode querer pensar em usar.

258. O Sistema de Companheiros de Ascensão

A chave seguinte foi o sistema de companheiros de ascensão e a consciência de grupo. Eu cheguei logo à conclusão de que era muito mais eficaz trabalhar com amigos e grupos de pessoas que estejam num caminho espiritual semelhante. Jesus disse: "Onde dois ou mais se reunirem, aí também estarei." Depois de trabalhar por algum tempo com o meu grupo principal nos termos do sistema de companheiros de ascensão, vi que a inteligência do grupo, o corpo etérico do grupo, o amor do grupo e as capacidades de canalização do grupo tiveram um enorme aumento.

Os mestres me disseram que nunca nos teria sido permitido acelerar tanto se nós não o estivéssemos fazendo num corpo de grupo, de acordo com o sistema de companheiros de ascensão. Quando sua evolução se vincula, de certo modo, com outra pessoa ou pessoas, você começa a renunciar às comparações e à competição e a ver-se, e às outras pessoas, como um grupo. Não é preciso que você faça assim, mas descobri que é muito agradável. Fui anos-luz mais longe ao trabalhar desse modo, em vez de ser uma ilha afastada de tudo.

É maravilhoso ser parte de uma comunidade de pessoas que você inspira e que o inspiram. Isso torna a vida mais divertida e apressa muito o seu caminho espiritual. Pretende-se que o caminho espiritual seja partilhado na camaradagem.

---

* *Psicologia da Alma*, publicado pela Editora Pensamento, São Paulo, 1999.

259. Canalização

A chave seguinte foi a canalização, que constitui uma fantástica prática espiritual. Trata-se de algo muito fácil de fazer e a que todos têm acesso desde que se permitam praticá-la. Todos neste planeta são canais — e cada pessoa canaliza à sua maneira. Assim, deixe de lado quaisquer idéias preconcebidas sobre como você vai canalizar. O canal clássico no qual pensamos é um canal de voz clariaudiente. É esse o tipo de canalização que todos podem praticar. Há também o canal telepático ou informativo, que é o tipo em que sou mais desenvolvido. Há quem canalize imagens, música ou poesia.

O mais importante é canalizar a partir do plano espiritual e não a partir dos planos astral ou mental. É fundamental saber o que se está canalizando. Muitas pessoas canalizam o seu ego negativo, o seu corpo emocional ou a sua mente subconsciente, e acham que isso é sabedoria superior.

A essência da canalização resume-se na confiança de que o espírito flua por você. Quando escrevo os meus livros, eu nem sequer tenho um esboço. A única coisa que tenho é o título. Simplesmente começo a digitar e tudo vem do fluxo da canalização. Confio na minha poderosa Presença Eu Sou e nos mestres ascensionados, e então deixo que os livros surjam do modo como o espírito me guiar.

O mesmo se aplica a falar em público. É ótimo ter um esquema, mas você deve rezar e invocar Deus e os mestres e deixá-los falar intuitivamente por você. Aprendi com o passar do tempo a confiar nisso. É surpreendente o que vem quando se permite. Você não precisa ser clauriaudiente e ouvir a voz real dos mestres para fazê-lo. Não se espera que todos os Trabalhadores da Luz façam esse tipo de canalização. Experimente e pratique sozinho e com os amigos, e descubra as maneiras de canalizar que sejam melhores para você. Quem quer aprender mais sobre canalização deve ler o capítulo a esse respeito em *Psicologia da Alma*.

260. Use o Sono para o Trabalho Espiritual

A chave de ouro seguinte foi usar o sono para fazer trabalhos espirituais. Peço constantemente dispensações divinas para que se façam diferentes tipos de trabalho espiritual durante toda a noite, enquanto durmo. Sempre faço algum trabalho espiritual pouco antes de dormir, para que os meus últimos pensamentos me levem para os planos superiores de consciência quando eu adormecer. Costumo pedir para ser levado, durante o sono, a diferentes ashrams ou retiros de mestres ascensionados. É surpreendente a quantidade de trabalho espiritual que se pode fazer durante o sono. Não posso recomendar mais enfaticamente que se aproveite esse período.

261. Viagens da Alma

A chave de ouro seguinte foi a prática das viagens da alma. Trata-se de algo na verdade muito fácil de fazer e que não requer que você seja clarividente ou clariaudiente. Seu corpo espiritual viaja instantaneamente para qualquer lugar ao qual você o envie ou peça que ele seja levado. Viajo constantemente por todo o cosmos, visitando os diferentes ashrams cósmicos e planetários, os bancos ascensionais e espaçonaves com os mestres a fim de ir a reuniões de conselho e a prestar serviço. Muita coisa também é feita, como é natural, inconscientemente, quando durmo e mesmo quando estou desperto.

Um dos novos livros que estou escrevendo tem o título de *How to Use the Planetary and Cosmic Ashrams*. Esse livro será um mapa do cosmos e mostrará como usar esses diferentes ashrams dos mestres para o progresso espiritual e para servir ao mundo. Estou muito animado com isso. Um dos propósitos do livro é mostrar às pessoas como são simples as viagens da alma e como é fácil utilizar o cosmos como local de recreação.

As viagens da alma também se vinculam com o meu trabalho de bilocação — fazer duas coisas ao mesmo tempo, como sentar na câmara de luz arcturiana enquanto ando, vejo televisão ou falo ao telefone. A maioria dos Trabalhadores da Luz não entende que se pode trabalhar em vários projetos espirituais simultaneamente. Essa compreensão acelerou enormemente a minha vida espiritual e a minha cura.

O TRABALHO COM OS ARQUÉTIPOS

262. A Sintonia com o Arquétipo Universal

Com esta chave de ouro, peça para ser levado à sala do computador holográfico do ashram de síntese de Djwhal Khul e receber a sintonia do arquétipo universal. Sente-se em meditação e receba esse arquétipo, concedido uma única vez, essa impressão prânica que vai servir para reestruturar por completo o seu ego na estrutura universal e divina dos arquétipos no nível da décima segunda dimensão. Todo o processo deve ser feito telepaticamente e tem muita força.

263. O Trabalho com os Doze Arquétipos

Esta chave de ouro consiste em trabalhar com os doze arquétipos. A meta é tê-los equilibrados e integrados adequadamente. A sintonia do arquétipo universal será de grande ajuda, mas também se deve trabalhar conscientemente com os arquétipos a fim de atingirmos a plena maestria em todos os níveis. A idéia é integrar todos os doze grandes arquétipos ao seu ser e desenvolver-se em todos eles.

264. Peça uma Marca Arquetípica Búdica/Crística

Com esta chave de ouro, peça para ser levado a Shamballa e invoque o Senhor Buda e o Senhor Maitreya para que façam em você uma marca arquetípica búdica/crística de modo permanente. Sente-se e banhe-se nessa energia enquanto o trabalho estiver sendo feito.

O EQUILÍBRIO NA VIDA COTIDIANA

265. Fixe Fronteiras Apropriadas

A chave de ouro seguinte foi aprender a fixar fronteiras apropriadas. Temos de aprender a nos fundir com os outros em unicidade e consciência de grupo, ao mesmo tempo que estamos bem ancorados no nosso sentimento de eu. Quando não se mantêm fronteiras psicológicas e psíquicas apropriadas, podemos assimilar matérias emocionais, mentais, energéticas e até mesmo físicas das outras pessoas. Alguns tendem a ter fronteiras demasiado rígidas, não podendo aceitar a consciência de grupo em nenhum nível, aí incluído Deus. Outros são demasiado empáticos e não sabem dizer não, proteger o seu espaço e manter um sentido adequado de eu. A chave aqui é o equilíbrio.

266. Honestidade Madura

A chave de ouro seguinte foi o desenvolvimento de um sentido saudável e maduro de honestidade. A verdadeira honestidade começa com a honestidade com relação a si mesmo, que está relacionada com um profundo questionamento de si mesmo. Quem não é honesto consigo mesmo não pode ser honesto com os outros.

Huna e *Um Curso de Milagres* ensinam que um dos maiores pecados da humanidade é ferir o outro. Nunca use a honestidade como desculpa para atacar as pessoas emocionalmente. A honestidade tem de ser temperada pelo amor incondicional, pelo respeito, pela percepção do momento adequado e pelo tato. Mantenha-se equilibrado em sua compreensão da honestidade, use o bom senso e a maturidade e considere o maior bem dos outros e de si mesmo.

267. Kaizen

A chave de ouro seguinte foi o conceito japonês de kaizen, que significa aprimoramento constante. Significa fazer o melhor e depois tentar fazer melhor ainda. Só recentemente é que ouvi falar desse conceito japonês. Ele, no entanto, exprime algo que tenho praticado há muitos anos. Tudo aquilo que eu conseguia me trazia felicidade, mas no dia seguinte eu trabalhava com mais afinco ainda.

Agora eu estou me empenhando mais do que em qualquer outro momento da minha vida. Gosto de mim mesmo, mas nunca desanimo, pois percebo que sempre há mais um degrau a subir na escada de Jacó. Mesmo agora, depois de ter conseguido a minha cura, a minha ascensão e de ter alcançado outras grandes metas, estou muito feliz, mas ainda não estou satisfeito. Há sempre níveis cada vez mais altos de maestria, de purificação e de realização de Deus a atingir. Deus é infinito, e sempre haverá níveis ainda mais sutis de purificação e de evolução. Cultive em sua vida a qualidade espiritual do kaizen. Goste dos seus sucessos e os aprecie, mas sempre se empenhe em alcançar níveis mais elevados.

7

MÉTODOS PRÁTICOS PARA A MAESTRIA CHAVES 268-289

A Comunicação com o Eu Interior
Atitude
Limpeza, Organização e Rotinas
Lucidez
Manter um Diário
Registros Espirituais

Como prefácio para esta seção, eu gostaria de afirmar a importância do trabalho simultâneo nos três níveis — espiritual, psicológico e físico. Os três têm de ser dominados para que se alcance a verdadeira compreensão de si mesmo. O espiritual inclui a meditação e a oração, o amor incondicional e a prática da presença de Deus. O nível psicológico se acha vinculado com a força pessoal, com o amor por si mesmo, com a atitude (a atitude crística *versus* a atitude egóica), com a promoção do equilíbrio do sistema de quatro corpos, com a integração das três mentes, com o cuidado adequado da criança interior e com a cura das atitudes. O nível físico é a obra de serviço, o regime alimentar adequado, o domínio da sexualidade, o exercício físico, a luz do sol, o ar fresco e a camaradagem.

Claro que há muita sobreposição entre os níveis, mas cada um deles precisa ser realizado até o fim e dominado. Não se podem resolver plenamente problemas psicológicos com a meditação. Você não pode alcançar a realização em sua vida espiritual dedicando-se apenas à leitura. Você não pode curar o corpo físico apenas com a força da sua mente. É preciso honrar, respeitar e dominar cada nível por seu direito próprio. Esta é uma chave de ouro para se atingir a compreensão de si mesmo.

A COMUNICAÇÃO COM O EU INTERIOR

268. O Trabalho com os seus Sonhos

Esta chave de ouro, trabalhar com os meus sonhos, foi absolutamente essencial para a minha evolução espiritual. Meu pai e minha mãe, psicólogos junguianos, deram-me uma excelente formação no sentido de trabalhar com os sonhos quando eu era criança e adolescente. Sigo os meus sonhos bem estreitamente. Com o passar do tempo, aprendi uma linguagem de símbolos que me é peculiar. Os sonhos me têm proporcionado informações valiosas em muitos níveis. Constantemente faço ajustes na minha vida com base em informações que recebo nos meus sonhos.

Tome nota dos seus sonhos toda manhã e trabalhe com eles. Em *Psicologia da Alma*, tenho um capítulo sobre sonhos que você pode considerar útil. E é claro que há muitos livros maravilhosos sobre os sonhos. O segredo é aprender os símbolos peculiares a você. Minha Presença Eu Sou trabalha bem perto de mim, usando os símbolos que passei a compreender. Trabalhar com os meus sonhos desse modo ajuda-me a me manter integrado e equilibrado. Reserve tempo para trabalhar com os seus sonhos, pois eles lhe proporcionarão uma valiosa fonte de informações.

269. Hipnose

A chave de ouro seguinte da minha vida foi o estudo e a prática da hipnose, aí incluída a auto-hipnose. Isso me deu uma grande compreensão da mente subconsciente, tanto em termos teóricos como em termos práticos. Quando usada a partir de uma perspectiva espiritual, a hipnose pode ter um grande valor tanto para você como para ajudar outras pessoas. Uma linha muito tênue separa a hipnose e a meditação. As duas são estados alterados de consciência, mas a hipnose tem por objetivo a mente subconsciente e a meditação, a mente supraconsciente. A hipnose é um prodigioso instrumento de aceleração do processo de reprogramação do subconsciente.

270. Cartas a Deus

Esta chave de ouro, que teve um papel absolutamente vital na minha vida, é aquilo que eu chamo de cartas a Deus. Sempre que as coisas me incomodavam ou estavam fora de controle, eu me sentava à máquina de escrever e redigia uma carta a Deus e à minha própria Presença Eu Sou. Escrevi centenas dessas cartas. Essa ocupação me ajudou a desenvolver a clareza, as capacidades de canalização e a sintonia espiritual geral. Trata-se de um tipo de manutenção de diário dotada de uma sintonia e de um foco espiritual completo.

Deus sempre responde — por meio dos meus atos de escrever e de digitar, da telepatia, da intuição, dos sonhos, da meditação, de outras pessoas e da experiência de vida. Na essência, eu estava realizando o meu próprio curso de correspondência pessoal com Deus. Também descobri que minhas cartas dirigidas ao "Querido Deus" são uma forma eficaz de oração. Se quiser, você também poderá escrever cartas aos mestres ascensionados.

271. O Trabalho com a Criança Interior

A chave de ouro seguinte foi o meu trabalho com a criança interior. É muito importante aprender a educar adequadamente a nossa criança interior. É possível ser um iniciado de alto nível e ainda precisar de um trabalho considerável nesse sentido. O fundamento de toda obra espiritual é ser correto consigo mesmo, o que inclui ser correto com a criança interior, com a mente subconsciente, com o sistema de quatro corpos e com o ego.

272. Solilóquio Positivo

A chave de ouro seguinte é o que eu chamo de solilóquio positivo. Nossa mente subconsciente não pára de falar conosco. Para grande parte da humanidade, essa conversa tem natureza negativa. Um dos segredos para reverter isso consiste em falar consigo mesmo de modo informal. Isso ajuda a reprogramar a mente e a cultivar o hábito do solilóquio positivo. Pode-se fazer isso por meio de afirmações, de decretos, falando diante do espelho, por meio de fitas, de lembretes positivos espalhados pela casa, da auto-hipnose ou desse tipo mais informal de solilóquio. Falar consigo mesmo é algo que desperta suspeita. Mas quando usado conscientemente, o solilóquio pode ser um instrumento de transformação muito poderoso.

273. Diálogo de Vozes

A chave seguinte foi o uso de um instrumento psicológico chamado diálogo de vozes. Meu pai fez alguns excelentes trabalhos nessa área e me ensinou esse método quando eu era um jovem adulto. Trata-se de um maravilhoso instrumento de trabalho consigo mesmo e com os outros. Pode-se fazê-lo num diário, com cadeiras ou mesmo mentalmente. Tenho usado esse processo para obter uma visão clara sobre a psicodinâmica que se processa na minha consciência. Também o tenho usado há muitos anos na minha prática do aconselhamento. Em seu diário ou nas reuniões, dialogue com a sua criança interior, com o seu genitor interior, com o seu corpo emocional, com o seu corpo mental, com o seu corpo físico, com o seu corpo espiritual, com o seu Eu superior, com a sua mônada, com o seu ego negativo ou com a sua mente crística. Essa prática vai ajudá-lo a ter mais clareza e perspectiva, a integrar a sua consciência e a lançar luzes sobre a sua psicoepistemologia.

Meu pai, Harold Stone, escreveu muitos livros sobre o assunto (livros que você pode encontrar na sua biblioteca metafísica local, se se interessar pelo trabalho dele). O diálogo de vozes é uma versão mais aprimorada do trabalho de representação de papéis que foi usado em primeiro lugar, de forma bem ampla, por Fritz Perls no movimento da terapia da Gestalt.

ATITUDE

274. Como Fazer os Ajustes Apropriados das Atitudes

A chave de ouro seguinte foi todo o conceito de ajustes das atitudes. Na realidade, não existe um estado perfeito de consciência que jamais mude. O verdadeiro estado perfeito de consciência é aquele que ouve a orientação interior e, de acordo com a necessidade, faz os ajustes apropriados na consciência. Quando o ego negativo levanta sua feia cabeça, a mente consciente saudável entra em ação com a sua força pessoal e o faz parar.

Quando você acorda pela manhã, é possível fazer ajustes de acordo com a orientação recebida. À medida que o corpo físico falar com você durante o dia, faça os ajustes de acordo com as necessidades dele. O mesmo se aplica aos corpos emocional, mental e espiritual. A vida é como dirigir um carro. Mesmo quando você dirige corretamente numa auto-estrada, há ainda pequenos ajustes que precisam ser feitos constantemente. Há um certo estado de centração que se busca manter. No entanto sempre há um fluxo e uma leve oscilação pendular que se manifestam quando buscamos manter o equilíbrio entre as energias feminina e masculina e entre as energias celeste e terrestre. Chamo a esse processo de ajustes das atitudes, podendo ele ser comparado com os ajustes quiropráticos, que mantêm a coluna centrada e reta.

275. Evite as Discussões

A chave de ouro seguinte consiste em rejeitar por inteiro as discussões. É bom trocar opiniões de maneira amorosa; mas, se a discussão começa a se tornar agressiva, recuo, mantendo me em silêncio e não me deixo envolver apenas para ter razão. Renuncie à rigidez fanática e afirme tudo aquilo em que acreditar como sua opinião pessoal. Permita que todas as pessoas tenham a sua própria opinião e os seus próprios valores, mesmo que você discorde totalmente deles.

276. Deixe de Acreditar no Fracasso

Quando a questão é renunciar a coisas, recomendo igualmente que você renuncie à palavra "fracasso", porque na realidade ele não existe. O conceito de fracasso tem por base uma crença no julgamento. Não existem fracassos. Existem somente lições, erros, introvisões e oportunidades de evoluir. Mesmo os mestres ascensionados cometem erros. A perfeição não significa nunca cometer erros; ela significa não cometer erros conscientemente. Quando cometer um erro, perdoe a si mesmo, integre a aprendizagem resultante da situação, livre-se de toda a culpa e siga em frente. Não dê grande importância a isso. Como disse Ram Dass, isso não passa de um grão para o moinho.

277. Finja Até que o que Você Pretende Seja Verdade

A chave seguinte foi algo que desenvolvi bem no começo do meu caminho espiritual, algo que eu chamo de método "teimoso" de crescimento espiritual.

Nos primeiros estágios da minha vida, eu combatia o meu ego negativo muito mais do que hoje, e sabia que não era certo estar envolvido em batalhas egóicas. Assim, eu costumava usar esse método mais obstinado, ou método do "fingir até existir". Por exemplo, se o meu ego negativo se sentia extremamente irritado e queria alimentar esse ressentimento, eu me forçava a fazer justamente o oposto; e, com o passar do tempo, eu descobria que logo me sentia realmente da maneira que eu me forçara a me sentir.

Agora eu tenho muito mais controle sobre o ego negativo e posso curar atitudes sem problemas e resolver com rapidez as coisas na mente. Numa emergência absoluta, escrevo no meu diário. Reconheço instantaneamente que aquilo que eu estou sentindo só acontece na minha mente e nas minhas emoções, que não há nada fora de mim causando essa consciência de separatividade. Se há uma coisa pela qual devemos nos empenhar acima de tudo, trata-se de jamais criar separação entre si mesmo, seus irmãos e irmãs e Deus. Claro que, na verdade, somos todos Deus.

Eis uma divertida história de quando eu tinha vinte e poucos anos. Lembro-me de que eu havia ficado muito irritado com uma pessoa em particular. No meu diário, nesse dia, eu disse a mim mesmo que não deixaria de lado a minha raiva, por mais que demorasse, até resolver a situação. Naquela noite, sonhei que Deus havia morrido. Vocês nunca viram alguém desistir da raiva e admitir o perdão com a rapidez com que o fiz! Não é preciso ser um gênio para perceber que as duas situações estavam totalmente relacionadas entre si.

Aqui, a chave de ouro consiste em empenhar-se em ficar num estado de consciência crística o tempo todo, ainda que o seu corpo emocional, a sua criança interior e o seu ego negativo não estejam cooperando. Tendo a sua consciência crística como guia, você pode aprender a desenvolver a coerência entre todos os aspectos do seu ser.

278. Não Blasfeme

Esta chave de ouro é algo que Djwhal Khul disse na aula certa vez. Não use o nome do Senhor em vão e, de modo geral, não blasfeme. Isso é muito difícil para muitas pessoas, mas transmito essa orientação vinda de Djwhal Khul. Ele sugeriu que se substituísse a blasfêmia por uma palavra não feia como "droga", caso se tenha necessidade desse tipo de catarse, ou então criar uma palavra que não tenha tanta carga negativa. Os palavrões têm agregado a eles certa energia negativa coletiva que penetra no universo, em especial quando expressos de maneira emocionalmente carregada.

Serei honesto e direi que não dizer palavrões foi um dos votos mais difíceis para eu cumprir. Às vezes, quando dou uma topada ou faço alguma coisa incrivelmente burra, sai um palavrão. Mas nele não há juízo nem é o fim do mundo se isso acontecer.

279. Recuse Todo Tipo de Pornografia

Outra chave de ouro vinda de Djwhal Khul consiste em recusar todo tipo de pornografia quando passamos a níveis superiores de iniciação. Não há um julgamento a respeito nos primeiros estágios da evolução. Nos níveis mais elevados da evolução espiritual, a sexualidade é muito mais santificada, amorosa e tântrica. Não se julgue por ter se deixado levar no passado, pois todas as coisas ocorrem no momento certo.

LIMPEZA, ORGANIZAÇÃO E ROTINAS

280. Rotina Diária

A chave de ouro seguinte tem sido a aplicação de uma estrutura e de rotinas interiores à minha vida. Carl Jung disse: "O maior pecado do homem é a sua indolência." A mente subconsciente gosta de seguir a linha de menor resistência. Atribuo grande parte do meu sucesso aos prazos e rotinas que estabeleci para mim mesmo nos últimos vinte anos. Tenho rotinas para exercícios, meditação, oração, redação de diário, trabalho e até mesmo para fazer as refeições. Contudo, não torno essas rotinas yang demais, pois isso tira a alegria da vida. E também não as torno yin demais.

Essa estrutura interior me ajudou a desenvolver a disciplina pessoal e a respeitar as minhas prioridades. Julgo que todos podem beneficiar-se desse gênero de estrutura. No entanto, é importante mudar com freqüência a rotina a fim de promover a adaptação às suas mudanças em termos de necessidade. Quando você cria essa espécie de ordem em sua vida, com o passar do tempo se desenvolvem bons hábitos. Então, o Espírito Santo e os mestres ascensionados podem usar você como canal e instrumento muito confiáveis.

281. Organização

A chave seguinte está vinculada com permanecer organizado e praticar a boa administração do tempo. Eu por certo não sou fanático quanto a isso; agrada-me todavia ter a vida terrena em boa ordem. Quanto maior a responsabilidade que se assume em termos de liderança, tanto maior a necessidade de ordem na vida pessoal.

282. Limpeza

Esta chave de ouro diz respeito à limpeza em todas as áreas da vida. Isso se aplica ao cuidado pessoal, bem como ao ambiente de cada um. Sou imaculado no que concerne ao meu cuidado pessoal, mas tenho de ser honesto e dizer que sou um pouco mais fraco do que deveria ser em termos do meu ambiente físico. Não sou de nenhum modo preguiçoso, mas creio que ainda tenho em mim alguma programação de solteiro que precisa ser desfeita. Meu padrão comum é limpar como um louco antes de as pessoas chegarem, mas ser um pouco lento em termos de aspirar, tirar o pó, etc. Minha maneira de resolver isso é pagar para uma mulher fazer a limpeza uma vez por semana. Fiz isso durante três anos e meio e acho que isso me estragou um pouco.

A limpeza é importante em todos os níveis do nosso ser: espírito limpo, pensamentos limpos, emoções limpas, corpo limpo e ambiente limpo. Como disse Edgar Cayce em uma de suas canalizações: "Faça do seu lar terreno um lugar que os anjos escolham para perambular." Faço, portanto, o voto de promover um ajuste nas atitudes nessa área e levar a limpeza às últimas conseqüências. (Ao menos, ganho um ponto pela honestidade!)

LUCIDEZ

283. Um Sistema Imunológico Psicológico Saudável

A chave de ouro seguinte consiste em manter um sistema imunológico psicológico saudável. A maioria das pessoas pensa no sistema imunológico como algo que se aplica ao corpo físico, o que de fato ocorre. Tem a mesma importância manter um sistema imunológico psicológico saudável, pois isso afeta também o sistema imunológico físico. Isso tem relação com a capacidade de manter-se psicologicamente invulnerável. Isso significa não assumir os problemas alheios e não deixar que outras pessoas e situações afetem a sua realidade. Tem que ver com a manutenção da paz e do júbilo interior mesmo quando as pessoas ao seu redor são irritadiças, zangadas, impacientes, queixosas ou deprimidas.

O ideal é ficar num estado de paz e de felicidade interiores o tempo todo e ajudar a elevar o estado de ânimo alheio, em vez de se deixar influenciar pelos distúrbios psicológicos dos outros. Na realidade, não existem doenças físicas ou psicológicas contagiosas. O que existem são pessoas com pouca resistência física e psicológica. Essa foi uma descoberta vital para mim. Um aspecto de um sistema imunológico psicológico saudável é a capacidade de distinguir simpatia de compaixão desapegada. Precisamos manter uma atitude de compaixão pelos outros, mas não incorporar as energias e a consciência daqueles que nos cercam.

284. Lucidez e Integração em Todos os Níveis

Esta chave de ouro consiste em compreender que o eu psicológico é o fundamento da vida espiritual. Há Trabalhadores da Luz que alcançaram a ascensão, mas que não estão prontos para a liderança devido à sua falta de lucidez e aos seus problemas de personalidade. É essencial que haja lucidez em todos os níveis.

Todos os iniciados do sétimo grau verão seus passos interrompidos e não poderão progredir para a ascensão cósmica se o seu eu psicológico não se achar dominado e integrado adequadamente a serviço de Deus. O eu psicológico inclui a relação que se tem com a mente subconsciente, com a criança interior e com o sistema de quatro corpos. O meu livro *Psicologia da Alma* pode ajudá-lo nessa importante parte da sua evolução espiritual.

O nível de iniciação que você alcançou não faz de você um verdadeiro mestre. O segredo não está em queimar etapas. Conheço um iniciado de dedicação inacreditável no sentido de alcançar a ascensão e que o fez num tempo recorde.

O único problema é que a maturidade mental dessa pessoa era a de alguém com doze anos de idade. Eis um dos perigos da época revolucionária em que vivemos. É também por isso que não se concedem aos Trabalhadores da Luz as capacidades avançadas de mestre ascensionado, o que era possível no passado, mesmo que eles tenham chegado à sua sétima iniciação. Como hoje a evolução do planeta está tão acelerada, é muito mais fácil do que no passado alcançar os sete níveis de iniciação e de ascensão. A verdadeira compreensão do mestre ascensionado, no mais elevado grau de maturidade, vincula-se agora mais com o processo da ascensão cósmica do que com o da ascensão planetária. A ascensão cósmica só se realiza quando se alcança, não a consciência da quinta dimensão, mas a da décima segunda.

Você não pode sequer pensar em integrar de fato os níveis solares antes de ter completado seus sete níveis de iniciação, antes de ter integrado e purificado suas 144 extensões anímicas, de ter instalado e ativado todos os 50 chakras, de ter instalado e ativado os seus nove primeiros corpos, de ter construído o seu quociente de luz para estabilizá-lo em 99% e ter passado à escala cósmica de quociente de luz. Conheço pessoas que tentaram queimar etapas. Uma delas teve um ataque cardíaco por causa de uma integração inadequada. Isso também criou ilusões e distorções em seus corpos mental e emocional. A integração apropriada em todos os níveis na seqüência correta é sempre a chave.

MANTER UM DIÁRIO

Mantenho um diário há vários anos. Este tem sido um dos mais importantes instrumentos da minha evolução espiritual e um fator importante para me ajudar a atingir a lucidez psicológica e espiritual. As quatro chaves de ouro a seguir refletem algumas seções do meu diário.

285. Ciclos

Esta seção do meu diário, "Ciclos", é algo que aprendi com Paul Solomon. Ela envolve rever toda a vida e examinar todos os ciclos ou fases da vida que me levaram ao meu atual nível de desenvolvimento. Feito isso, pego todos os objetivos de curto e de longo prazo e estabeleço ciclos futuros em que desejo estar a fim de me ajudar a alcançar a minha meta suprema de atingir a ascensão, a liberação e a compreensão de Deus.

Ao manter essa seção do diário por tantos anos, treinei minha mente para pensar dessa maneira. Isso me ajudou a usar o meu tempo e a minha energia de modo muito eficiente. Todos os meus pensamentos, palavras e ações ficavam vinculados a esse fluxo de ciclos que levam ao meu objetivo último. Recomendo enfaticamente que você crie para si mesmo uma seção no seu diário com essas características.

286. A Busca do Valor de Todas as Experiências

Outra seção do meu diário, "Reconhecimento de Valor", aprendi com o processo de consciência da luz interior de Paul Solomon. Nessa seção, você valida e reconhece todos os mestres e professores que o ajudaram na sua evolução espiritual naquele dia. Quando você passa a ver a vida dessa perspectiva, que é, na verdade, encarar a vida com os olhos de Cristo, todas as pessoas e situações se tornam seus professores. O congestionamento do tráfego ensina paciência. O bêbedo na sarjeta ensina compaixão e as conseqüências do álcool. O chefe que grita com você ensina força pessoal, invulnerabilidade, perdão, amor incondicional — e, provavelmente, o ensina a se defender.

A idéia aqui é examinar o dia inteiro e reconhecer todos os professores e as lições que lhe ensinaram. Examinar todas as pessoas e situações como seus professores pode gerar uma importante mudança de atitude. Quando nos irritamos ou ficamos incomodados, interpretamos erroneamente a realidade ao percebê-la por meio dos olhos do ego negativo e não dos olhos crísticos. Essa seção de diário é um método muito eficaz de treinar a sua mente consciente e a sua mente inconsciente a interpretar a vida através da consciência de Cristo.

287. As Principais Lições do Dia

Essa seção do diário, "Minhas Principais Lições do Dia", foi mantida religiosamente por mim durante muitos anos. Todos os dias, eu escrevia as principais coisas que aprendera em termos do que eu havia feito bem e do que eu havia feito mal. É importante reservar algum tempo para refletir e aprender com as nossas experiências. A Terra é uma escola, e a todo momento da nossa vida estamos sendo testados no tocante ao nosso desenvolvimento espiritual, psicológico e físico em geral.

288. Planos de Batalha

Denominei essa parte do meu diário de minha seção de planos de batalha. Sempre que havia um aspecto da minha vida que não ia muito bem, eu redigia um plano de batalha espiritual para curar e corrigir esse problema ou desafio. Se se tratasse das finanças, eu fazia uma lista de todas as coisas que podia fazer espiritual, mental, emocional e fisicamente para alterar os rumos. Ter planos de batalhas espirituais para diferentes áreas da minha vida sempre me fez sentir melhor e me manteve concentrado na maneira de contornar as coisas. Assim, eu estava sempre no auge da minha vida, embora a aparência exterior que eu desejava ainda não se tivesse manifestado.

REGISTROS ESPIRITUAIS

289. Panorama

Uma chave de ouro para o meu progresso espiritual que usei durante muitos anos foi a manutenção de registros espirituais. Do mesmo modo como precisamos manter registros das nossas finanças, necessitamos de registros vinculados com a nossa vida espiritual. Por muitos anos, mantive todo tipo de registros relacionados com o desenvolvimento do meu caráter e das minhas qualidades crísticas. A cada dia, eu registrava meu escore como uma porcentagem do meu sucesso.

Essa contabilidade espiritual me manteve no rumo certo e me ajudou a reprogramar a minha mente subconsciente com pensamentos e emoções crísticos. Se há determinadas qualidades crísticas nas quais você tem deficiências, tente manter um registro por cerca de dois meses até que o novo hábito tenha se formado. Esses registros auxiliam na prevenção da tendência de usar o "piloto automático". É possível mantê-los para vícios alimentares e outros hábitos ruins. Faça seu próprio escore de desenvolvimento duas vezes por dia, seja como porcentagem ou como nota. Trata-se de um pequeno jogo que fiz comigo mesmo e que descobri ter muito valor.

Apresento a seguir alguns dos registros espirituais que mantive.

❖ *Registro das Emoções Negativas*

Nesse registro, eu anotava as diferentes emoções negativas que surgiam durante o dia, e mais tarde examinava o pensamento imperfeito e as percepções do ego negativo que tinham levado essas emoções a surgir.

Um método eficaz que me ajudou a descobrir emoções negativas e crenças limitadoras inconscientes consistiu em dar atenção às mensagens que se manifestavam quando eu fazia uma afirmação positiva. Quando eu fazia uma afirmação, eu ouvia o solilóquio negativo, as dúvidas e medos advindos do ego negativo. Então, eu as registrava e criava como antídoto novas afirmações positivas, ouvindo mais uma vez o solilóquio negativo que surgisse.

Prossegui realizando esse processo até chegar à própria raiz da crença temerosa nuclear que causava o complexo negativo. Recomendo que, junto com esse processo, se convoquem os mestres ascensionados para que ajudem a remover essas velhas crenças e medos nucleares. Peça especialmente o Programa de Remoção do Medo (ver a Chave de Ouro 69). Graças a vários anos de trabalho nesses termos, alcancei a clareza mental e emocional. Essa chave é parte do trabalho que assentou as bases para *Psicologia da Alma.*

❖ *Registro de Vitórias*

Na época em que passei por todas as minhas lições de saúde e pela minha iniciação de Jó, mantive um registro de vitórias. Todos os dias, eu registrava as minhas vitórias, por menores que fossem. Como os nossos pensamentos é que criam a nossa realidade, comecei a me concentrar nas minhas vitórias. Essa foi uma importante chave do meu sucesso.

Através do registro de vitórias, aprendi a ser otimista em vez de pessimista. Aprendi a me concentrar no que podia e não no que não podia fazer. Aprendi a viver o momento e a me concentrar no meu progresso espiritual. Com o passar do tempo, fui tomando cada vez mais consciência do progresso que fazia ainda que continuasse claramente a ter problemas. O que cheguei a perceber é que todos têm algum tipo de problema — físico, emocional, mental ou espiritual.

Se eu tivesse me entregado ao problema físico, eu teria me prejudicado emocional, mental e espiritualmente. Mas eu não fiz isso e, com o tempo, milagres começaram a acontecer. A força de Deus pode curar e transcender todos os problemas e desafios, e eu sou um exemplo vivo disso. Seja qual for a cruz que você carregue, confie em Deus e ponha todos os seus ovos na cesta de Deus. Ele não vai falhar se você estiver disposto a ter fé, confiança e paciência.

❖ *Registro de Gratidão*

Como parte do meu registro de vitórias, eu anotava todas as coisas pelas quais eu tinha de ser grato. Em vez de me concentrar nas minhas perdas, comecei a me concentrar em todas as dádivas com que Deus me agraciara. Com o passar do tempo, mesmo com todos os meus problemas, comecei a me sentir interiormente como a pessoa de mais sorte da face da Terra. Ora, um psiquiatra poderia ter pensado que eu estava tendo alucinações mas, honestamente, era assim que eu me sentia. Essa felicidade interior, esse júbilo e essa gratidão a Deus foram mantidos por mim ao longo de todos os estágios da minha cura. Minha saúde fez que eu me dedicasse ao que na época eram escolhas secundárias, como começar a escrever livros. Porém, hoje, relembrando, vejo que tudo seguia a perfeita ordem divina.

❖ *Registro de Meditações*

Quando medito, costumo receber orientações e informações enquanto me acho em estado alterado. O único problema é que comumente esqueço o que recebi, da mesma maneira como esqueceria meus sonhos se não os registrasse imediatamente ao despertar. O registro de meditações foi parte imprescindível do meu sistema de diário.

❖ *Registro de Votos Espirituais*

A cada semana ou mês, faça uma verificação dos seus votos a fim de ter certeza de que os está cumprindo. Na época, você pode fazer novos votos, ainda mais profundos, se sentir necessidade disso. Em algumas ocasiões, realizei cerimônias diante do meu altar. Pode haver uma sensação de morte e renascimento, de um novo começo. Ao fazer um voto, costumo dizer: "Assumo por este meio, de modo integral, o meu compromisso com Deus no sentido de (voto). Amém." Depois disso, faço o ajuste da minha atitude e me sinto comprometido com o meu novo eu e com o meu novo caminho mais perfeitos.

8

OS MESTRES E O CAMINHO CHAVES 290-331

O TRABALHO COM OS MESTRES

290. Procure Ser Superiluminado por seus Professores Espirituais

Esta chave de ouro consiste em descobrir qual é a sua exata linhagem de ascensão. Como eu já disse, a minha é Djwhal Khul, o Senhor Maitreya e Melquisedeque. Sua ascensão vincula-se de modo geral com o tipo de raio da sua mônada, embora possa haver exceções. Peça para ser superiluminado pelos seus principais professores espirituais. À medida que se desenvolver, você poderá pedir a superiluminação a partir dos níveis planetário, solar, galáctico e universal.

291. A Fusão com o Corpo de Luz dos Mestres

Quando tive pela primeira vez a idéia de pedir esta chave de ouro, Melquisedeque me disse ser esta uma das mais profundas chaves deste livro.

Essa chave tem duas partes. Ela começa com o pedido para se fundir com o corpo de luz de Metatron, de Melquisedeque, do Senhor Miguel, do Senhor Buda, do Senhor Maitreya e de outros mestres com que você tenha afinidade. Peça isso de maneira permanente.

Depois de trabalhar com isso por algum tempo e de sentir seus profundos efeitos, tive a idéia de pedir para me fundir com toda a Hierarquia Espiritual, que conta com mais de 2.500 mestres. Peça isso depois de passar pela sua sétima iniciação. O momento certo é tudo, como você sabe. Pela graça de Deus, recebemos essa divina dispensação e, numa meditação excelsamente gloriosa, meu grupo básico e eu nos fundimos com toda a Hierarquia Espiritual. Mais tarde, a Hierarquia cósmica fundiu o seu corpo de luz conosco. Essa sim é uma experiência de ressurreição! A partir desse dia, senti-me um membro pleno da Hierarquia Espiritual.

292. Conheça os Mestres Ascensionados

Esta chave de ouro consistiu em obter uma visão mais realista dos mestres por meio de conversas com eles. Comecei a me dar conta de que eles são como nós, porém um pouco mais avançados. No começo da minha vida, eu os imaginava como seres perfeitos inatingíveis que nada partilhavam conosco, seres da Terra. Nada podia estar mais longe da verdade. Eles são definitivamente mais avançados em sabedoria, em amor e em luz, mas não são tão diferentes de você e de mim. Eles gostam de rir, de piadas, de mexer com as pessoas. Eles são bastante afáveis, gostam de ser aceitos, cometem às vezes erros como nós, ao contrário da opinião popular. Considero os mestres ascensionados não só meus professores espirituais como também meus amigos.

Eles se empenham tanto quanto nós na evolução espiritual, pois ainda não compreenderam plenamente Deus — longe disso. Os mestres ascensionados que reverenciamos — como Jesus, Saint Germain, Kuthumi, Djwhal Khul, El Morya, o Senhor Maitreya e o Senhor Buda — estão apenas a meio centímetro de uma escala de dez centímetros em termos de sua ascensão cósmica. Em seus níveis, eles estão se esforçando por crescimento espiritual, tanto quanto nós no nosso nível. Eles ainda têm resquícios do ego negativo que também estão neutralizando, e cada mestre tem a sua personalidade. Recentemente, o Senhor Maitreya chamou Saint Germain, amorosamente, de "velhaco", por causa do seu estilo pessoal de se envolver com as mulheres.

Cada mestre tem características próprias, distintivas de sua personalidade, e os raios que recebemos dos chohans sofrem grande influência de cada um de seus estilos de personalidade. Com o passar do tempo, fui desenvolvendo um sentimento de me parecer muito com eles e de, portanto, ser igual a eles. Não temo falar com eles, fazer-lhes perguntas, brincar e mexer com eles, e até mesmo, às vezes, estabelecer meus próprios limites pessoais — claro que sempre com respeito e com amor.

293. A Interação com os Mestres

Esta chave de ouro foi para relacionar-me com os mestres ascensionados a partir da minha própria força. Os mestres querem dialogar com um igual, e não com uma criança que faça exatamente o que eles mandam. Nada há de errado em discordar dos mestres e expor seus pontos de vista e opiniões, desde que se faça isso com respeito e amor. Eles mesmos não podem dispensar o aprendizado. Eles aprendem e se desenvolvem por meio da sua interação conosco.

Os mestres podem pedir a você para fazer algo que você não quer, e não fazê-lo não é nenhum problema. Eles podem pedir a você para ir a algum lugar e você pode não querer fazer isso. Eles podem dar a você tarefas específicas que você queira ajustar a seu modo. É seu direito dizer não ou negociar com eles e não se sentir culpado. Há muito espaço para o diálogo com os mestres. Eles trabalham conosco como irmãos e irmãs, e não como ditadores.

A outra chave está em não esperar que eles lhe digam o que fazer. Seja criativo, pois é um direito seu. Uma das principais razões pelas quais pude vencer tantos obstáculos, e alcançar as metas que estabelecera, foi o fato de eu ter tomado posse da minha própria força e das minhas energias criativas. Eu assumi responsabilidades sem ter os mestres para me dar a mão. Boa parte do que faço na minha vida decorre do meu próprio fluxo criativo, e uso os mestres ascensionados para ajustar e aprimorar o processo. Em anos mais recentes, eles me deram tarefas específicas, que adoro. Noventa e nove por cento do que eles me sugerem está em perfeita sintonia com a minha intuição e os meus sentimentos. Freqüentemente, o que eles me sugerem me anima tanto, que mal posso me controlar. Contudo, conservo de fato o direito de dizer não, de discordar ou de fazer ajustes.

Assim, não espere que os mestres ascensionados lhe digam como servir. Deus ajuda aqueles que se ajudam a si mesmos. Sirva na área em que se sentir intuitivamente chamado a servir e os mestres haverão de apoiar e aprimorar o processo ao longo do caminho.

294. Solidão versus *Estar Sozinho: Sentir a Presença de Deus e dos Mestres*

A chave de ouro seguinte consistiu em aprender a diferença entre solidão e estar sozinho. Quando se aprende a estar bem consigo mesmo e com Deus e os mestres, nunca se está sozinho. Quando estou fisicamente sozinho, nunca me sinto solitário, pois gosto da minha companhia. Também sinto a presença de Deus e dos mestres junto a mim o tempo todo. Como já afirmei, estou sempre em comunhão com eles por meio de bancos ascensionais, da criação do quociente de luz e de modalidades de cura.

É verdade que, quando abraça plenamente o caminho espiritual, você tem de sustentar a si mesmo e, com freqüência, afastar-se das pessoas. Há um período, no começo da nossa jornada espiritual, em que podemos passar por aquilo que se pode denominar isolamento existencial. Trata-se em geral de uma fase transitória pela qual passam os Trabalhadores da Luz até alcançar uma compreensão maior. Hoje, a maioria dos meus amigos íntimos é formada pelas pessoas com as quais estou no meu serviço. Isso torna este último mais agradável.

295. Torne-se Conhecido dos Mestres

A chave de ouro seguinte foi a disposição de me tornar conhecido dos mestres ascensionados, das forças cósmicas, dos anjos e dos poderes existentes. Alguns Trabalhadores da Luz não se sentem valorosos o bastante para pedir a ajuda dos mestres. Esse é um pensamento errôneo. Os mestres e anjos querem ajudar, mas precisam que você lhes peça para que tenham permissão de fazê-lo. Nunca tive medo de pedir a ajuda de nenhum dos meus mestres nem de lhes fazer perguntas. Uma das coisas que gosto no Wesak é que não só temos um grupo terreno extremamente diversificado como julgo fundamental convocar um grupo diversificado de mestres. Eles também gostam de ser incluídos.

Minha mãe sonhou há alguns anos que recebia uma mensagem para que se fizesse conhecida do Grande Espírito Branco. Tornem-se conhecidos dos mestres ascensionados, dos anjos e dos extraterrestres positivos, pois eles acolhem bem o seu contato. Lembre-se de que eles evoluem ao servir. Os mestres ascensionados não podem seguir adiante antes que ocupemos os seus lugares. Reze pela ajuda deles. Faça dos mestres ascensionados seus melhores amigos. Diga-lhes que você quer completar as suas iniciações e a sua ascensão a fim de poder servir melhor. Eles irão acreditar em você e acelerar o seu programa. E esperarão que você mantenha a sua promessa.

O véu que você pensava que separava você dos mestres na verdade não existe. Invoque uma ampla e diversa gama de mestres. A ocasião de suas iniciações e de sua ascensão vincula-se em parte com o seu quociente de luz e com certos outros requisitos. Mas também está ao alcance dos mestres ascensionados. Se quiserem acelerar o seu programa para os propósitos deles, os mestres podem fazer isso e farão. Continue rezando e falando com eles até que não lhes reste alternativa a não ser perceber você e dar-lhe as bênçãos que você deseja. Então retribua o favor partilhando as bênçãos recebidas com um serviço altruísta à humanidade. Eu diria que essa é uma troca justa.

296. Sessões com os Mestres

A chave de ouro seguinte foi ter certos tipos de sessões com os mestres. Uma delas é uma leitura de raios que mostra a configuração de todos os nossos raios com relação à nossa mônada, à nossa alma, à nossa personalidade, à nossa mente, às nossas emoções e ao nosso corpo. O próximo tipo de sessão destina-se à remoção de toxinas astrais — implantes, elementais negativos e parasitas. Todos os Trabalhadores da Luz deveriam fazê-lo enquanto evoluem para níveis superiores de iniciação. O terceiro tipo de sessão é uma leitura astrológica feita por um astrólogo qualificado que tenha um vínculo com os mestres. A união de uma leitura astrológica e uma leitura de raios produz uma espécie de matriz pessoal para esta vida. Recomendo que todos os pais façam leituras de raios e astrológicas para os filhos, de preferência pouco depois de nascerem.

297. Marque Entrevistas com os Mestres

A chave de ouro seguinte é pedir entrevistas com os mestres ascensionados. Eu só peço isso quando tenho algo muito importante para tratar com eles. Ter uma entrevista é diferente de fazer perguntas. Já tive muitas dessas entrevistas com Sai Baba, com Djwhal Khul, com o Senhor Maitreya e com Melquisedeque.

298. Sistema Telefônico Triplo para Contato com os Mestres

A chave seguinte foi o que eu chamo de estabelecimento do nosso sistema telefônico espiritual triplo. O pedido dessa ligação é apropriado depois que se faz a sétima iniciação. Trata-se de uma linha telefônica oficial entre seus professores espirituais da linhagem ascensional planetária, galáctica e universal. Depois de estabelecer esse sistema telefônico, sempre que o meu grupo essencial e eu temos uma conferência com os mestres, Melquisedeque, o Senhor Maitreya e Djwhal Khul estão presentes ao mesmo tempo. Antes nós trabalhávamos com apenas um professor espiritual de cada vez.

299. Peça Muito, Dê Muito

A chave de ouro seguinte foi a compreensão de que, como eu pedia todas essas ativações e a aceleração do meu processo de ascensão, "muito é dado, mas agora muito é esperado de mim". Trata-se de uma citação direta de Sai Baba, de Melquisedeque e de Djwhal Khul. Os mestres estão perfeitamente desejosos de dar a você tudo o que você pede, e mais. Há, no entanto, um preço a pagar; trata-se da disposição de passar à liderança e começar a servir no seu mais alto potencial. Quem não pretende fazer isso deve pensar duas vezes antes de pedir essas acelerações da evolução espiritual.

Alcançar a ascensão é um sinal de que a pessoa se tornou um mestre no nível planetário. Uma vez que você seja um mestre, espera-se que você assuma a responsabilidade de um mestre. Encontro-me agora tão ocupado em servir que não tenho muito tempo para pensar no desenvolvimento espiritual ou na ascensão cósmica. Ao que parece, isso cuida de si mesmo. A ascensão cósmica é, de qualquer modo, um processo tão lento que seria uma perda de tempo concentrar-se muito nela. Se você não está disposto a servir e a retribuir todas as bênçãos que recebeu, qual seria o motivo de todo o trabalho espiritual que você fez? A compreensão de si mesmo significa que você está verdadeiramente pronto a dar. A forma desse serviço não importa, desde que você dê de todo o coração, em harmonia com a sua missão e com a sua orientação interior.

O ACESSO AOS ASHRAMS DOS MESTRES

300. Visite a Câmara do Conselho em Shamballa

Esta chave de ouro consiste em invocar o Senhor Maitreya e pedir para ser levado à câmara do conselho em Shamballa, com os seus companheiros de ascensão. Estando lá, pergunte ao conselho como você pode servi-lo melhor. Você pode fazer essa pergunta tanto com relação ao trabalho individual como com relação ao trabalho em grupo. Então, se você tiver alguma sugestão sobre como a humanidade pode ser mais bem servida no ano vindouro, o Senhor Maitreya já disse que ele e o conselho são receptivos às suas sugestões. Cada nível ashrâmico tem um foco diferente quanto ao seu trabalho. O trabalho que Djwhal Khul tem para mim difere do do Senhor Maitreya e do do Buda, que difere um pouco do trabalho que faço para Melquisedeque.

301. Visite os Ashrams dos Mestres

A chave de ouro seguinte foi a viagem aos ashrams planetários e cósmicos dos diferentes mestres e o trabalho com eles. Esse tópico será a base de um novo livro que comecei a escrever, *How to Use the Inner-Plane Planetary and Cosmic Ashrams*. Com cada mestre, em cada ashram, a hierarquia planetária e cósmica tem uma especialidade e uma área de concentração diferentes.

Por exemplo, passei algum tempo no ashram de El Morya, que tem grande capacidade em termos de liderança, de política e da integração do aspecto volitivo de Deus. Visitei muitas vezes Serápis Bey em seu retiro ascensional de Luxor, o que foi fundamental no meu processo de ascensão. Estive com o mestre Jesus, também conhecido como Sananda, em seu retiro, aprendendo sobre a devoção e o amor incondicional. Dediquei muito tempo a estar na presença de Saint Germain no seu retiro e ashram, aprendendo sobre a transmutação e a integração adequadas do sétimo raio. Visito com mais freqüência, é claro, Djwhal Khul em seu ashram de síntese, que integra todos os sete raios. Ele se localiza no primeiro andar do ashram do segundo raio. Também visitei o mestre Kuthumi em seu ashram do segundo andar, bem como o Senhor Maitreya, em seu ashram no terceiro andar do ashram do segundo raio. Passei recentemente algum tempo com o Senhor Buda, o novo Logos Planetário, em seu ashram em Shamballa.

O grupo básico e eu passamos algum tempo no ashram do Senhor Sírio na Grande Loja Branca. Foi algo glorioso e nós nos sentimos em casa. Visitamos o ashram do Senhor Arcturo em sua nave-mãe e fomos levados a passeios nela. Sempre fazemos longas visitas ao ashram de Melquisedeque, que é o mais glorioso de todos. Visitamos uma vez o ashram de Deus e sentamos ali no banco ascensional, no corpo grupal, sob a orientação de Mahatma. Já visitei os ashrams de Lenduce, de Vywamus, Melchior, Paulo o Veneziano, e Hilarião, bem como o ashram do comandante Ashtar em sua nave-mãe.

Os arcanjos também têm seus ashrams, o mesmo ocorrendo com os elohins, com os filhos do Paraíso, com os manu e com os mahachohan. Há o ashram multiuniversal bem como o de Sai Baba. Outros ashrams do plano interior são os de Hélio e Vesta, do Conselho Cósmico dos Doze, dos Vinte e Quatro Anciãos que cercam o Trono da Graça e o conselho kármico. Obtive muitos benefícios da visita a esses ashrams e da recepção de bênçãos e treinamentos concedidos por esses mestres.

MANTER A FORÇA PESSOAL COM OS MESTRES E PROFESSORES

302. Nada de Gurus

A chave de ouro seguinte foi estar envolvido com professores espirituais mas não ter gurus. Na Era de Peixes, as pessoas entregaram sua força aos gurus. Seres que compreenderam Deus como Sai Baba não querem a sua força nem precisam dela. Sai Baba costuma dizer às pessoas para continuar com a religião ou professor espiritual que já têm. O cerne da sua mensagem é: "Sim, eu sou Deus, mas vocês também são." Os Trabalhadores da Luz têm de estar bem certos quanto a isso para não inibir o progresso no caminho. Djwhal Khul disse-me explicitamente que não quer ser considerado um guru. Ele quer que nos relacionemos com ele como com um irmão mais velho, um professor espiritual, um igual e um amigo. Esse é o modelo para a nova Era de Aquário.

303. Não Entregue sua Força aos Mestres

Os mestres ascensionados também não querem a sua força. Eles querem seu respeito e amor, mas desejam que você os aborde num plano de igualdade. Como o diz *Um Curso de Milagres*, a reverência só é apropriada quando se está diante de Deus, e não dos seus irmãos e irmãs. Os mestres ascensionados são nossos irmãos e irmãs. Logo estaremos em sua posição e vamos ajudar seres da Terra da mesma maneira como temos sido ajudados. Não projete nos mestres ascensionados fantasias irreais. Mesmo Melquisedeque, o Logos Universal, me disse que tem fraquezas. Ele se empenha, tanto quanto nós, na evolução espiritual, estando a diferença no nível muito mais elevado em que ele está às voltas com questões cósmicas em vez de planetárias.

304. Mantenha o Discernimento sobre Caminhos e Professores

Esta chave de ouro vincula-se com o uso do discernimento no tocante a professores espirituais. O fato de alguém ser um canal, ser um médium que escreve livros ou ser um bom propagandista não significa que esse alguém saiba o que está falando. Líderes espirituais de maneira geral são muito mais avançados no reino espiritual do que o são mental e emocionalmente. Seu trabalho pode ser contaminado por emoções negativas, por distúrbios de personalidade e pelo ego negativo. Isso pode manifestar-se como problemas de saúde física bem depois de a ascensão ter sido alcançada. (Percebo que estou acabando com alguns dos primeiros mitos e fantasias sobre a ascensão — alguns dos quais eu mesmo transmiti a você. Mas as informações estão sendo constantemente atualizadas e é importante estar a par das mais recentes.)

Há bem poucos professores espirituais que são claros em todos os níveis. O fato de professores e líderes espirituais serem brilhantes num dado nível não significa que sejam brilhantes em todos. Eles podem ser grandes canais e ainda carecer de clareza na compreensão mental pessoal. Grandes professores espirituais, dotados de uma enorme sabedoria, podem estar ainda sendo movidos pelo ego negativo ou pelas emoções. O que não quer dizer que não possamos aprender com essas pessoas. Se todos os professores de Deus tivessem de ser perfeitos, não haveria professores. A idéia aqui é aproveitar as pérolas da especialidade de cada um e esquecer o resto. Assim, você pode incorporar o melhor de todos os professores espirituais com quem trabalha.

Há pessoas no planeta que se proclamam seres que compreenderam plenamente Deus. Esse é o cúmulo do egoísmo. O que eles estão mostrando é o grau ao qual são levados pelo seu ego negativo. Mesmo Sai Baba não compreendeu Deus no sentido mais exato do termo, pois ele percorreu apenas 31% do caminho. Claro que, comparado com o ponto em que se encontra a maioria de nós, isso é monumental, já que o Trabalhador da Luz médio deste planeta não passa de 5%. Assim, use o discernimento quando ouvir alegações desse tipo.

O principal aqui é sentir-se intimamente bem com o que conseguiu, mas não se contentar com isso. A ascensão planetária é, na verdade, apenas um pequeno passo rumo a um nível de ascensão muito mais amplo, que é a ascensão cósmica. Quando se compreende isso, é difícil se mostrar demasiado orgulhoso do ponto em que se está. Depois da ascensão, concentre-se no desenvolvimento da liderança e do serviço mundial planetário — e deixe pelo caminho todo o brilho da ascensão. Os mestres ascensionados do plano interior se concentram por completo no serviço e não no desenvolvimento espiritual pessoal. No processo do servir aos outros, as capacidades avançadas do mestre ascensionado e a ascensão cósmica virão naturalmente. Continue a se esforçar em todos os níveis por melhorar a si mesmo e aprimorar o seu programa, mas torne o serviço e a liderança espiritual a base de todas as coisas em sua vida.

SERES ESPECIAIS

305. Sai Baba

Falei muito de Sai Baba no começo deste livro, mas quis incluí-lo outra vez nesta seção por causa da incrível ajuda que ele pode oferecer. Invoque Sai Baba e peça-lhe ajuda em todos os aspectos da sua vida. Aceite-o como um guru cósmico adjunto especial em sua linhagem ascensional existente, se você quiser. Ele é uma espécie de regente espiritual de fora da nossa galáxia que veio auxiliar todas as almas da Terra, independentemente do seu caminho espiritual, do seu professor espiritual, de sua escola de mistério ou de sua religião. O fato de ser ele um avatar universal e o Cristo cósmico encarnado fisicamente de modo pleno permite-lhe ter grande poder de onipotência, de onipresença e de onisciência. Invoque-o constantemente, já que, com um pequeno aceno seu, ele põe o universo infinito à sua disposição. Invoque uma bênção ascensional especial de Sai Baba e peça que ele derrame sobre você suas cinzas vibhuti.

306. Os Anjos

A chave de ouro seguinte foi o meu trabalho com os anjos e a minha devoção a eles. Os arcanjos com os quais me sinto mais vinculado são Miguel e Metatron. Contudo, amo todos os anjos e costumo chamá-los muitas vezes. Os anjos são seres maravilhosos e muito dispostos a ajudar e a servir. Chame-os com a freqüência que desejar. Há anjos para tudo. Anjos da cura, da ascensão, da liderança, da arte, da música e da poesia. Existem anjos para ajudá-lo em quaisquer aspectos que você possa imaginar. Para uma visão geral do reino angélico, leia *Mistérios Ocultos*. Há hoje muitos livros maravilhosos sobre os anjos.

307. Peça aos Anjos para Ancorar Qualidades Crísticas

A chave de ouro seguinte vincula-se com o desenvolvimento de qualidades crísticas. Incluem-se entre essas qualidades o amor, a alegria, o perdão, a paciência, a perseverança, o compromisso, o desapego, a aceitação e a harmonia. Sejam quais forem as qualidades que você deseje desenvolver, é possível chamar os anjos que as personificam, e eles irão infundir seu campo de energia com essas qualidades.

308. Pã e os Espíritos da Natureza

A chave de ouro seguinte foi o meu trabalho com Pã, os espíritos da natureza e a minha devoção a eles. Esses seres têm sido terrivelmente maltratados neste planeta. As idéias errôneas são generalizadas. Nós não só rejeitamos a sua existência como violamos e poluímos o meio ambiente a ponto de eles não poderem viver nele. Espalhamos pesticidas em nossas fazendas, o que faz os espíritos da natureza correrem para se abrigar. Nosso alimento tem apenas um décimo da força vital que poderia ter se trabalhássemos em harmonia com eles. Para uma visão geral de Pã e dos espíritos da natureza, leia *Mistérios Ocultos*. Esse livro também contém um capítulo sobre os ensinamentos dos essênios, que viveram em harmonia com a natureza e com toda a vida.

Chame Pã e os espíritos da natureza com freqüência. Comecei a fazer isso quando morava em Monterey, Califórnia. Havia belas folhagens e arbustos por todo o meu apartamento, e eu os aguava freqüentemente. Enquanto fazia isso, eu falava com os espíritos da natureza. As pessoas costumavam ir ao meu apartamento e se maravilhar com o crescimento das plantas e do verde em geral.

Toda planta, toda árvore, todo mineral e toda rocha têm um pequeno ser espiritual vivendo no seu interior, e é ele que se encarrega do seu crescimento. Ainda que não possa perceber essa realidade com os olhos físicos ou com a visão clarividente, intua e sinta a sua presença. Eles estão ali tanto quanto você está. Eles querem desesperadamente ser respeitados e bem recebidos. Eles mostrarão ser grandes companheiros e vão servi-lo bem se você lhes dedicar o mínimo de amor e de respeito.

309. O Comando Ashtar

A chave de ouro seguinte foi trabalhar com o Comando Ashtar. Trata-se de um grande comando de luz — as pessoas da frota de navios da Fraternidade da Luz. Dirigida pelo Comandante Ashtar, a frota é composta por uma gigantesca força extraterrestre de mais de vinte milhões de pessoas de todo o universo que trabalham junto com os mestres ascensionados. Eles dão apoio à ascensão do planeta Terra e da humanidade de inúmeras maneiras neste momento crucial. Peça a ajuda deles no seu caminho de ascensão e requeira o recebimento de luz e de informações deles toda noite ao dormir nos próximos cinco anos.

DIRETRIZES NO CAMINHO

310. Comprometa-se a Ser Universal e Eclético

A chave de ouro seguinte foi o meu compromisso de ser universal e eclético ao honrar e integrar muitos ensinamentos. Embora pertença a uma linhagem ascensional específica, reverencio, amo e sirvo a mestres de todas as religiões, escolas de mistérios e caminhos espirituais. Isso teve um importante impacto no meu desenvolvimento. Mesmo um ser elevado como Sai Baba, o Cristo cósmico, não traz consigo todos os aspectos de Deus. É por meio desse compromisso que pude escrever a *Pequena Enciclopédia do Caminho Espiritual*. Uma das razões pelas quais o Wesak tem sido tão bem-sucedido é a filosofia de que ele personifique e inclua todos os caminhos.

Somos todos parte do mesmo grupo. Trabalhemos juntos e alcançaremos a vitória. Há muitos caminhos para Deus, e cada pessoa seguirá o que for melhor para si.

311. Provas Espirituais

A chave de ouro seguinte liga-se à nossa reação diante das provas espirituais de força, de fama, de sexualidade e de dinheiro. Essas são as grandes provas de todos os que se encontram no caminho espiritual. Quando alcançados, de que maneira o poder, a fama e a riqueza serão usados? Poderá o líder ou o iniciado resistir às tentações do abuso do poder? Poderão os iniciados manter o mesmo nível de imparcialidade, de humildade e de consciência crística ainda que consigam riqueza e fama? A transcendência da dualidade e do ego os fez chegar aonde estão. Poderão eles agora manter-se firmemente apegados à luz? Muitos foram seduzidos pelas forças mais sombrias ao chegar a esse nível. Uma vez que conseguiram poder, fama e dinheiro, eles mudaram. Pondere profundamente sobre isso, pois essa é a prova suprema do caráter.

312. Empenhe-se Continuamente no Caminho

A chave de ouro seguinte é a importância do esforço contínuo. Seja qual for o nível que você atingir, alegre-se mas nunca fique satisfeito, pois sempre há mais. Julguei muito interessante que Melquisedeque um dia me dissesse que mesmo ele continua a se empenhar, assim como o fazem Sai Baba, o Senhor Buda, o Senhor Maitreya e Djwhal Khul. Sempre há mais um degrau para subir.

313. Seja Compreensivo com os Erros

Esta chave de ouro foi a compreensão dos erros. É importante perceber que não há nada de ruim nos erros. Mesmo os mestres ascensionados do plano interior continuam a cometer erros. Muito pior do que cometê-los, é tentar ocultá-los. Continuo a cometer erros o tempo todo. Eu nem mesmo os vejo como erros, mas como ajustes. Nem Deus nem os mestres julgam. Tudo é uma experiência de aprendizagem e um processo contínuo de aprimoramento e purificação. O verdadeiro líder espiritual admite os próprios erros. Quando admitimos nossos erros, somos elevados em estatura e força pela demonstração da verdadeira consciência crística.

INICIAÇÕES

314. O Estudo dos Sete Níveis de Iniciação

Esta chave de ouro consiste no estudo dos sete níveis de iniciação. Estude os capítulos sobre o assunto do *Manual Completo de Ascensão* e de *Além da Ascensão*. Estude tudo o que puder acerca da iniciação que está justamente acima do nível em que você se encontra. Aprofunde-se nessa compreensão. Isso vai ajudá-lo a polarizar e a magnetizar sua consciência a fim de dar o salto para o próximo nível. Reze aos mestres toda noite para obter ajuda na passagem pela sua próxima iniciação. Peça uma dispensação divina para acelerar as suas iniciações e requeira mesmo uma certa escala temporal para alcançar esse próximo passo, se essa for a vontade de Deus. Um tempo razoável para cada iniciação pode ser de um a dois anos. Isso é inacreditavelmente rápido, mas é perfeitamente possível se você estiver completamente comprometido nesse processo.

315. O Estudo dos Sete Caminhos para a Evolução Superior

A chave do meu caminho foi o estudo intensivo do material dos sete caminhos para a evolução superior. Usando tanto a mente racional como a mente intuitiva, comece a decidir qual o caminho que você escolherá ao receber a sexta iniciação. Facilitei bastante isso para você ao esboçar esses caminhos em *Além da Ascensão*. Ocupar-se desse processo em particular irá polarizar e magnetizar a sua consciência para chegar ao próximo passo do seu processo evolutivo.

316. O Discernimento com Relação à Discussão dos Níveis de Iniciação

Esta chave de ouro tem que ver com mostrar grande discernimento com relação a onde e a quando falar do nosso próprio nível de iniciação. A experiência me mostrou que isso costuma provocar competição e comparação. Minha política é a de nunca discutir isso nas minhas aulas nem no ashram em geral. Isso permaneceu comigo bem depois de eu ter alcançado a minha própria ascensão. Falei sobre minhas iniciações nos meus livros porque os mestres me disseram que isso seria útil para que os Trabalhadores da Luz do planeta tivessem uma idéia do funcionamento do processo.

Todos são Deus, independentemente do seu nível de iniciação. Nunca devemos julgar os outros por estarem num nível inferior. Conheço algumas pessoas que têm muito mais lucidez do que outras que estão em níveis superiores de iniciação. Há muito estrelismo e egos que têm de ser evitados no tocante ao processo de iniciação.

317. Mantenha a Perspectiva com Relação ao seu Progresso

A chave de ouro seguinte foi um voto de evitar a soberba ou o excesso de confiança simplesmente por ter completado a minha ascensão. Como diz a Bíblia, "Depois do orgulho, vem a queda". O máximo que aconteceu quando completei minha ascensão foi redobrar meus esforços e ficar mais concentrado, disciplinado e comprometido do que nunca. A ascensão é um processo, e a ascensão planetária é apenas um aumento no caminho da verdadeira ascensão cósmica. Devemos orgulhar-nos dela, mas ela não passa de um décimo do caminho que leva à compreensão de Deus. Essa introvisão é útil para se ter humildade no que se refere a atingirmos a ascensão planetária.

Também é importante não se desestimular diante do que pode parecer retrocesso ou progresso muito lento. Se somos dedicados e diligentes, progrediremos. E, no tocante aos erros, simplesmente precisamos ver quais são as lições, incorporá-las e seguir adiante.

318. Magnetize o seu Próximo Passo da Evolução

Outra chave de ouro no meu progresso espiritual foi manter-me polarizado com relação ao próximo passo. Por exemplo, depois de receber a quarta iniciação, você deve parar e se concentrar no seu Eu superior e na sua alma, e dirigir toda a atenção para a mônada e para o triângulo espiritual superior da intuição, para a vontade espiritual e para a mente abstrata. Você precisa manter sempre a sua mente polarizada ou magnetizada com o próximo nível acima daquele em que você está. Se não fizer isso, você não estará magnetizando o próximo nível, o que causará grande desaceleração no seu processo de iniciação.

Desde que completei minha ascensão planetária, tenho polarizado a minha consciência para as seis mônadas e para o nível solar da consciência. Quando isso estiver dominado, polarizarei a minha consciência para o nível galáctico e, depois, para o universal. Não há como queimar etapas e, se tentar fazer isso, você retardará o seu progresso e provocará um curto-circuito no seu sistema de quatro corpos.

319. A Conexão com uma Onda Ascensional

A chave de ouro seguinte consiste em envolver-se com uma onda ascensional. A Hierarquia Espiritual estabeleceu o processo da ascensão neste momento no planeta de tal modo que os discípulos se iniciem em grupos, ou ondas. Peça aos mestres, na meditação, que conectem você com a mais elevada onda ascensional que estiver ao alcance da sua potencialidade. Não há só três ondas ascensionais, mas muitas. Elas seguirão seu caminho até que todas as almas tenham atingido a libertação.

Se quiser ter acesso à mais elevada onda possível ao alcance da sua potencialidade, venha às celebrações do Wesak no Monte Shasta. A ida ao Wesak proporcionará isso a você automaticamente. Quando você estiver conectado com uma onda ascensional, boa parte do trabalho será feita no plano interior, enquanto você dorme. De acordo com a onda em que estão, as pessoas recebem certas ativações de acordo com o seu nível de desenvolvimento espiritual. Essa é uma das grandes vantagens do trabalho com os mestres ascensionados. A melhor maneira de ser percebido pelos mestres é mostrar-se pronto e desejoso de servir, a fim de que eles saibam que podem contar com você.

320. Estude as Iniciações na Grande Pirâmide

A chave de ouro seguinte foi estudar tudo o que pude encontrar com relação às provas espirituais dos sete níveis de iniciação na Grande Pirâmide. O estudo desse material é uma das melhores maneiras de você receber suas iniciações. Compilei todo esse material para você em *Mistérios Ocultos* para facilitar esse estudo o máximo possível.

Se você nunca leu o livro de Earlyne Chaney, *Initiation in the Great Pyramid*, digo-lhe que essa é uma leitura obrigatória. Em *The Aquarian Gospel of Jesus the Christ*, as sete iniciações por que deve passar cada pessoa são a sinceridade, a justiça, a fé, a filantropia, o heroísmo, o amor divino e, por fim, a conquista da consciência crística. Essas foram as provas pelas quais passou o mestre Jesus na Grande Pirâmide.

Também recomendo enfaticamente a leitura do livro de Elizabeth Haich, *Initiation*,* escrito a partir de lembranças de vidas passadas. No livro, ela descreve cada um dos seus níveis de iniciação. Seu primeiro nível foi a prova da superação do mal. O segundo, a prova de pôr Deus antes dos prazeres do paladar. O terceiro foi a prova de pôr Deus antes da beleza sexual e da sedução. A quarta iniciação foi a prova de pôr Deus antes mesmo de sua alma gêmea. A quinta foi a prova de pôr Deus em primeiro lugar diante da morte. A sexta iniciação foi o teste do amor universal. Elizabeth teve de colocar a ajuda ao progresso espiritual alheio acima do seu próprio progresso. A sétima iniciação foi a plena compreensão de Cristo e de Deus.

Cada um de nós passa diariamente por provas semelhantes. A idéia aqui é aprender por meio da graça em vez de aprender por meio do karma. Estude e passe por essas iniciações conscientemente agora. Faça certos votos e assuma certos compromissos com respeito a esses vários aspectos da sua vida. Isso vai lhe permitir passar por essas provas quando se sentir tentado a se perder ou a se

---

* *Iniciação*, publicado pela Editora Pensamento, São Paulo, 1991.

desviar. Estude o material sobre as iniciações que outrora os discípulos passavam na Grande Pirâmide. Se souber quais serão as provas que terá de enfrentar, você estará preparado quando elas chegarem.

SUA MISSÃO

321. Sua Parte no Plano Divino

A chave de ouro seguinte consiste em rezar a Deus e aos mestres de sua escolha, pedindo orientação no que se refere à sua missão. É importante que todos compreendamos a nossa parte especial do plano divino e que não tentemos fazer o trabalho de outra pessoa. Não compare a sua vida com o que os outros fazem: volte toda a sua atenção no sentido de se desincumbir de sua parte do plano.

Cada um de nós foi criado por Deus para se encarregar de certos serviços e tarefas especiais. Se cada um de nós fizer a sua parte do plano divino em total cooperação, amor, unidade e harmonia, o plano como um todo logo chegará a termo. É nosso trabalho ajudar a estabelecer isso para toda a humanidade. Juntos, podemos criar o céu na terra.

322. Um Pedido pela sua Futura Missão

Esta chave de ouro consiste em pedir aos Senhores Arcturo, Melquisedeque, Metatron e Sai Baba que a sua futura missão, em seu mais alto potencial, seja programada em seus bancos de computador na linha do tempo eterno.

323. O Caminho do Místico e do Ocultista

A chave de ouro seguinte no meu caminho espiritual veio da minha compreensão dos caminhos do místico e do ocultista. O ocultista tende a ser mais o tipo mental. O místico é mais o tipo intuitivo, sentimental.

O místico gosta de vivenciar tudo e não é muito bom em leituras ou estudos. O ocultista gosta muito de estudar e de ler, bem como de compreender tudo. Embora seja simplificar demais, isso explica por que algumas pessoas são como são. Um caminho não é melhor do que outro; os caminhos são iguais. Os místicos não devem obrigar-se a ser ocultistas, nem devem os ocultistas forçar-se a ser místicos. Respeite a maneira como Deus criou você.

À medida que você for percorrendo os níveis superiores de iniciação e for compreendendo a sua ascensão, esses dois caminhos vão se fundir e se tornarão mais integrados. Não obstante, esses temas e tendências ainda se conservarão. O místico não terá a compreensão intelectual, a visão oculta e os sentidos espirituais no grau que os tem o ocultista. Este não terá as capacidades de clariaudiência, clarividência, clarissensação e canalização no grau em que o místico as tem.

O mais elevado e mais avançado sistema de ascensão em parceria que você pode formular consiste em fazer que místicos e ocultistas sejam amigos. Os místicos precisam que os ocultistas empreguem seus potenciais, e a necessidade que têm os místicos destes últimos é a mesma. Uns e outros devem ser honrados e respeitados no mais alto grau.

324. A Compreensão das Energias Pessoais e Impessoais

A chave de ouro seguinte foi a compreensão da diferença entre energias pessoais e impessoais. Não é possível ser excelente amigo e se mostrar pessoal com todas as pessoas. Cada Trabalhador da Luz tem de desenvolver a capacidade de ser pessoal e impessoalmente amoroso. Todo Trabalhador da Luz tem de aprender a combinar essas duas coisas. Uma das chaves do meu sucesso foi a capacidade de me relacionar com as pessoas e de criar bons vínculos, ao mesmo tempo que protegia os meus limites e não me desgastava.

Quando passei à liderança, descobri que existem muitos irmãos e irmãs que desejam o meu tempo, a minha energia e as minhas informações. Não me é possível atender às necessidades de todos, nem eu deveria fazê-lo. Há, nesse aspecto, um delicado equilíbrio a manter. Mais recentemente, fui orientado pelos mestres a ter no ashram iniciados de alto nível que me ajudassem no tocante à grande quantidade de correspondência e de telefonemas que recebo. Isso também é usar o corpo grupal como extensão de mim. É uma lição que todos aqueles que passam à liderança têm de aprender.

INSPIRAÇÃO NO CAMINHO

325. Muktananda e a Meditação

A chave de ouro seguinte foi a inspiração que recebi do estudo da autobiografia de Swami Muktananda. O caminho siddha não me atrai. Sempre fui muito mais atraído por Yogananda e Sai Baba. Mas o que me inspirou na autobiografia de Muktananda foi a sua autodisciplina e o seu compromisso com a meditação. Ele meditou dia e noite por anos a fio. Não creio ser essa necessariamente a maneira mais equilibrada de viver, mas isso me inspirou. Descobri que a meditação, a oração e a atitude são as três chaves do meu progresso espiritual. Ao me envolver com os mestres ascensionados e com o movimento ascensional, descobri que a meditação é o que mais gosto de fazer na vida.

Uma vez que vivencie a corrente divina de Deus e perceba como é fácil se relacionar e trabalhar com os mestres ascensionados, você nunca mais vai querer se desligar disso. O segredo aqui é meditar o máximo possível e fazer da vida inteira uma permanente meditação.

326. A Peregrina da Paz

A chave de ouro seguinte foi o meu estudo dos ensinamentos da Peregrina da Paz. Fui muito inspirado pela sua fé e devoção simples. Ela percorria de cima a baixo os Estados Unidos sem dinheiro, vivendo da fé e da bondade das pessoas. Embora às vezes ficasse sem comida e sem abrigo, Deus sempre lhe supria as necessidades. Foi grande a minha inspiração diante do exemplo que ela deu. É minha esperança e oração que eu possa demonstrar uma tal fé, uma tal paciência e uma tal confiança em Deus.

327. Madre Teresa

A chave de ouro seguinte foi a inspiração que recebi da vida de Madre Teresa. Sua fé inabalável em Deus e seu firme compromisso de ajudar os mais pobres dentre os pobres são para mim algo realmente comovente e inspirador. Sei que nem todos estão destinados a fazer esse tipo de trabalho, mas me vejo cheio de inspiração pelo seu exemplo. Rezo para poder servir aos meus leitores e alunos com a mesma devoção e compromisso que Madre Teresa demonstrou com tanta beleza e majestade.

RELACIONAMENTOS

328. Relacionamentos Românticos

A chave de ouro seguinte foram os relacionamentos românticos em que estive envolvido. Fui abençoado pela graça de Deus com os mais maravilhosos relacionamentos de longo prazo e casamentos. Se você quer acelerar o desenvolvimento espiritual, não há nada que se compare a um relacionamento romântico. Ele traz tudo à tona. Cada relacionamento romântico e cada casamento em que estive envolvido foram para mim prodigiosos mestres, tendo sido absolutamente fundamentais no meu desenvolvimento.

Eu pensava que cada um deles fosse durar para sempre, mas não era isso o que estava planejado. O que acho ótimo em todos os relacionamentos é que entrei neles em benefício do crescimento espiritual mútuo. Então, quando acabavam, eu não agüentava. O período que se seguiu ao fim de cada relacionamento foi com freqüência difícil. Mas eu logo descobria que o tempo por si mesmo me lançava para a frente, na fase seguinte do meu trabalho. Então, no momento certo, o envolvimento romântico seguinte acontecia, constituindo-se uma nova parceria e treinamento.

A chave aqui é amar totalmente e comprometer-se plenamente com o relacionamento que você resolveu honrar, pois isso vai aprimorar os caminhos espirituais dos dois parceiros. Contudo, se chegar o momento em que fique claro que o relacionamento não serve mais a vocês dois do ponto de vista do seu potencial mais elevado, deixe que ele termine com amor.

Um dos principais valores de um relacionamento é o fato de ele nos proporcionar um espelho para as nossas questões não resolvidas, de maneira que as possamos resolver. Nos relacionamentos, é importante não se comunicar quando os egos se envolvem. Quando estes tentam assumir o controle, cada pessoa precisa passar um tempo sozinha, acalmar-se e acertar as coisas com o seu próprio eu e com Deus. Depois disso, o casal pode se unir outra vez a fim de se comunicar e resolver as coisas. Os relacionamentos românticos proporcionam muitas oportunidades de praticar isso, bem como de transformar padrões negativos.

329. Livre-se do Apego por Ter um Parceiro

A chave de ouro seguinte aplica-se à manifestação dos relacionamentos românticos. Descobri que a maneira mais eficaz de manifestar o relacionamento romântico ideal consiste em dedicar toda a minha atenção a Deus, ao meu caminho espiritual e ao meu trabalho de serviço. Quando você põe isso em primeiro lugar, a alma ideal e o parceiro monádico serão atraídos para você quando isso estiver em harmonia com o seu caminho espiritual. O segredo é estar feliz com ou sem um parceiro. Quando a sua vida é gratificante em todos os níveis sem um parceiro, esse costuma ser o momento em que um novo parceiro aparece.

Neste momento da minha vida, estou feliz sem um parceiro. Tenho amigos maravilhosos e sinto uma grande comunhão com Deus, com os mestres e comigo mesmo. Não quero voltar a me envolver com alguém. Se for a vontade de Deus, que assim seja. Se não for, sinto-me completamente realizado em minha obra de serviço.

O WESAK E OS FESTIVAIS DA LUA CHEIA

330. O Festival do Wesak

Esta chave de ouro é um convite pessoal a cada um de vocês para que venha às celebrações do Wesak no Monte Shasta, que realizo todos os anos para 1.200 pessoas. No futuro, essas celebrações poderão acolher 2.500 e, mais tarde, 5.000 pessoas. Enquanto os realizarmos no Monte Shasta, precisamos limitar o número de pessoas a 1.200 pois não temos um auditório maior. O Wesak tem tido um profundo efeito na minha vida. Ele é, da perspectiva dos mestres ascensionados, o dia mais santificado do ano. O festival ocorre quando a Lua cheia está em Touro. O Wesak é um vale dos Himalaias em que todos os mestres e muitos discípulos se reúnem todos os anos com o Buda e o Cristo. É o ponto alto do influxo de energias espirituais no planeta.

E é também o momento em que todas as iniciações são dadas pelos mestres. O Senhor Maitreya me orientou a estabelecer uma celebração anual a fim de exteriorizar esse processo para as massas.

Você pode imaginar-se celebrando o Wesak e fazendo o trabalho de ascensão com 1.200 iniciados de alto nível e seres ascensionados no Monte Shasta? Isso vai ativar a próxima série de ondas de ascensão em massa para a humanidade sob os auspícios espirituais de Melquisedeque, do Senhor Buda, do Senhor Maitreya e de Djwhal Khul. É indescritível o grau de aceleração que você alcançará. Nunca senti o mesmo nível de infusão de Deus que consigo na celebração anual do Wesak. Estou fazendo chegar até vocês, meus amados leitores, o toque de clarim. Ligue ou escreva para mim e eu adicionarei o seu nome à mala direta. Você vai receber um folheto gratuito com 25 páginas de informações sobre a celebração do Wesak.

Fale aos amigos e à sua família sobre isso. Trata-se do momento propício para que iniciados de alto nível, seres ascensionados e líderes espirituais do mundo inteiro acorram a uma reunião totalmente universal e eclética a fim de honrar todos os mestres espirituais, todas as escolas de mistério, todas as religiões e todos os ashrams de Deus. Um momento para que todos nós nos reunamos para unificar, comungar e nos conectar com os grandes mestres planetários e cósmicos de modo que possamos nos regenerar e nos preparar para o próximo ano de serviço mundial planetário. Venha à celebração do Wesak no Monte Shasta e você entrará no reino do miraculoso. Confiem em mim, meus amigos. Se já desejaram fazer uma peregrinação ao Monte Shasta, o momento é este!

331. As Meditações da Lua Cheia

A chave de ouro seguinte foi meditar de forma muito intensa todos os meses na Lua cheia. A mais importante cerimônia da Lua cheia é, naturalmente, o festival do Wesak. Mas existem outras onze cerimônias da Lua cheia. Os dois outros grandes festivais da primavera são o Festival do Cristo, em Áries, que é na Páscoa, e o Festival da Humanidade, ou da Boa Vontade, em Gêmeos. Para maiores informações sobre essas cerimônias, leia *Ascensão Cósmica*. No período da Lua cheia é derramada uma maior quantidade de energias espirituais e há mais oportunidades de desenvolvimento espiritual. Aproveite esse período.

9

CUIDAR DO TEMPLO DE DEUS
CHAVES 332-354

Nutrição
Tecnologias
Exercício
Fortalecimento e Purificação
Honrar a Si Mesmo
Modalidades Holísticas
Recursos

NUTRIÇÃO

332. Uma Dieta Saudável

Esta chave de ouro, que foi das mais importantes na minha cura, foi seguir uma dieta rigorosa. Nesse caso, a chave foi consultar uma médium nutricionista em Los Angeles, chamada Eileen Poole. Ela é, na minha opinião, a melhor médium nutricionista do planeta. Todo o seu trabalho é feito por meio da canalização e não pelo conhecimento livresco. Seguir as recomendações de Eileen e usar um pêndulo para testar todos os meus alimentos, e uma Placa de Energia Positiva púrpura para energizar minha comida, tiveram um grande efeito energizador sobre o meu corpo.

Por causa do meu histórico de saúde, tive de ser mais disciplinado do que a maioria das pessoas no tocante à minha dieta. O fato de eu ter sido muito disciplinado na minha alimentação aumentou em muito a minha energia e fortaleceu o meu sistema imunológico. Ainda que tivesse tido alguns problemas digestivos, eu raramente ficava doente. Uma dieta saudável também serviu para tornar leve a estrutura atômica do meu veículo físico, o que me tornou mais sensível a energias sutis. Sou realmente a favor de uma dieta saudável. Também bebo muita água pura e fresca.

333. A Combinação de Alimentos

Outra chave de ouro que descobri ser extremamente útil é seguir as leis da combinação de alimentos. Julgo ser essa uma maneira sobremodo eficiente de comer, algo que conserva a energia.

As leis básicas da combinação de alimentos consistem em ingerir proteína com vegetais e amido com vegetais, mas nunca proteína e amido. A outra lei de combinação de alimentos é comer frutas sem acompanhamento. Nas lojas de produtos naturais, há tabelas que oferecem mais detalhes, mas essas são as diretrizes básicas. Confio muito nessa maneira de comer. O meu sistema parece funcionar de modo mais eficiente por intermédio dela.

334. O Jejum e as Dietas de Purificação

Outra prática que descobri ter grande valor é jejuar ou fazer dietas de purificação. O jejum de que gostei e que mais usei foi aquele em que eu me alimentava com suco de vegetais verdes misturado com um pouco de suco de cenoura.

A dieta que mais uso hoje é algo que aprendi com Eileen Poole; ela se chama caldo de Bieler. Essa dieta ficou famosa graças ao mentor de Eileen, Henry Bieler. Ele escreveu um livro maravilhoso chamado *Food Is Your Best Medicine*. Para fazer o caldo de Bieler, cozinhe no vapor, numa panela grande, zucchini, feijões verdes, aipo e salsa. Ponha então os vegetais cozidos no vapor num triturador de alimentos com igual quantidade de água. A mistura forma uma sopa espessa que eu acho deliciosa. Trata-se da mais maravilhosa substância indicada para fazer dieta e para se purificar. Ela é especificamente destinada a rejuvenescer o fígado — e funciona!

Ao longo dos anos, fui introduzindo variações na receita a fim de usar outros tipos de vegetais, e ela funciona do mesmo jeito. Eu a tomo todos os dias. Limitando-me a tomar essa sopa durante três dias ou mesmo tomando-a numa refeição só, posso ver os resultados nos meus olhos, na minha pele, nos cabelos e na aura. Gosto muito dessa mistura. Eu a venho consumindo há quinze anos e nunca enjoei dela. Essa foi uma das chaves de ouro para a cura e a manutenção do meu corpo físico.

335. Evite Estimulantes Artificiais

A chave de ouro seguinte foi um voto de evitar estimulantes artificiais como café, chás com cafeína, remédios e mesmo estimulantes herbais. Eu tomava muito café quando jovem, e isso teve um efeito devastador nas minhas glândulas supra-renais, bem como no meu fígado e no pâncreas. O que vim a perceber em meus anos de amadurecimento é que a meta consiste em ser equilibrado em todas as coisas. Isso se aplica aos pensamentos, às emoções e ao corpo físico. Não é bom viver numa montanha russa, cheia de altos e baixos assustadores.

336. *Evite as Drogas*

A chave de ouro seguinte foi uma regra estrita de me manter longe de todas as drogas. Quando adolescente, fiz experiências com elas, como a maioria das pessoas da minha geração. Os mestres afirmam enfaticamente que o uso de drogas não é recomendável para iniciados de alto nível. Há bem poucas coisas em que tenho bastante firmeza, mas esta é uma delas.

Os discípulos e iniciados que ficam brincando com drogas foram seduzidos pelo eu inferior e pelo ego negativo. Eles devem se perdoar e não sentir nenhuma culpa, mas devem interromper essa prática imediatamente. Devem-se obter estados alterados de consciência através da meditação, e não do uso de substâncias que envenenam o fígado. Fumar maconha também cria furos na aura.

Os Trabalhadores da Luz também devem evitar os remédios controlados, dando preferência às ervas e à homeopatia. Esta última é mais eficaz e contribui para a saúde e o bem-estar do corpo físico. Há exceções a isso em casos de emergência, como é natural, mas de modo geral não deve haver conflito quanto a essa opção. Num futuro não muito distante, creio que muitas das atuais práticas da medicina ocidental serão abolidas. Os médicos do futuro irão trabalhar com energia numa variedade de maneiras. A doença será considerada um desequilíbrio, passando-se então a tratar a causa do desequilíbrio, que com freqüência está nos corpos mais sutis, na mente e nas emoções.

TECNOLOGIAS

337. *As Placas de Energia Positiva Púrpura*

Esta chave de ouro teve um inestimável valor no tocante ao meu bem estar físico. Trata-se do uso da Placa de Energia Positiva púrpura. Eu jamais poderia recomendar suficientemente essa tecnologia. A placa púrpura é uma tecnologia da Nova Era na qual os átomos e elétrons [*sic*] do alumínio foram alterados para fazer que as placas ressoem com a energia básica do universo. Elas criam um campo de energia positiva que penetra qualquer substância. Essa energia é benéfica a todo tipo de vida — vegetal, animal ou humana. Sei por experiência própria que essas placas funcionam e, como fizeram muitos dos meus amigos, verifiquei isso com os mestres ascensionados e com o meu pêndulo.

Eu me atreveria a imaginar que 90% dos alimentos que obtemos, mesmo os saudáveis, têm um *spin** negativo ou neutro. Você pode verificar isso com um pêndulo. Isso pode ser causado por pesticidas, pela deterioração do alimento no refrigerador ou na prateleira, pelas pessoas que manusearam o alimento ou pe-

* Palavra inglesa que vem do verbo correlativo, que significa literalmente "girar sobre si mesmo", *spin* é uma grandeza que caracteriza as partículas na física quântica, não tendo relação com uma rotação real das partículas. O *spin* pode ser nulo, inteiro e semi-inteiro. Cf. Hurwic, Anna, *A Física*, Loyola, 1994. Trad. de A.U. Sobral. (N.T.)

las leitoras dos códigos de barra dos caixas das lojas. As possibilidades de contaminação de energia são infinitas.

Por isso, eu sempre rezo sobre os meus alimentos e uso minhas placas de energia púrpura. Elas têm diferentes tamanhos. Tenho as maiores, que custam cerca de 40 dólares. As pequenas custam mais ou menos doze. Eu ponho conscienciosamente todos os meus alimentos nessa placa. Minha placa púrpura é o meu verdadeiro descanso de panelas. Deixe o alimento na placa púrpura por um período de cinco a sete minutos antes de ingeri-lo. As placas podem igualmente ser usadas para energizar remédios homeopáticos, ervas e suplementos.

Se verificar os alimentos com um pêndulo antes e depois de eles terem ficado na placa, você notará a diferença. A placa põe um *spin* positivo nos alimentos. Isso garante que você obtenha a energia adequada, mesmo que nem sempre consiga encontrar os melhores alimentos. Se estiver prestes a tomar uma taça de sorvete, ao menos ponha-a na placa púrpura para desativar a energia negativa e criar um *spin* de energia positiva. Todo alimento que você for ingerir será bem mais saudável se você usar a placa púrpura. Não costumo procurar artefatos da Nova Era, mas esse é espantosamente eficaz e barato, além de durar para sempre. Eu testei a placa e ela é muito mais eficiente do que a Placa Soma de Hanna Kroeger, que foi criada com o mesmo propósito. Para fazer pedidos, veja as informações no final deste capítulo.

338. A Radiônica

A chave de ouro seguinte para a cura do meu corpo físico foi a radiônica. Tenho duas máquinas de radiônica, uma chamada SE5, e outra que chamo de caixa preta. Dada a sensibilidade do meu sistema digestivo e a minha aversão a ingerir um monte de pílulas, comecei a usar essas máquinas de radiônica a fim de enviar a mim mesmo a energia das substâncias de que eu precisava, em vez de tomar as pílulas. Não se trata de algo destinado necessariamente a todas as pessoas, mas o fato é que, com a combinação das minhas máquinas de radiônica e dos instrumentos dos mestres ascensionados, pude me manter num estado de saúde muito bom.

Não estou afirmando que compreendo plenamente o modo de funcionamento dessas máquinas, porém o simples ato de colocar uma amostra de cabelo ou uma foto na máquina, e uma substância ou código numérico em outra placa, faz que a máquina de radiônica acabe com qualquer vírus, com qualquer fungo ou qualquer outro problema que esteja me afetando. Isso também me faz economizar muito dinheiro, pois uso os mesmos remédios homeopáticos repetidas vezes, sem ter de ingeri-los. Eu os mantenho energizados armazenando-os nas minhas placas púrpuras de energia. Uso a radiônica como instrumento de medicina preventiva. Deixo as máquinas de radiônica ligadas 24 horas por dia a fim de enviar a mim mesmo suplementos, remédios homeopáticos, incentivadores do sistema imunológico e outras coisas do gênero. Adoro a idéia de trabalhar com a energia pura e o espírito em favor da minha cura. O ideal seria o uso de métodos físicos e métodos energéticos a um só tempo, de acordo com a orientação interior de cada um. A radiônica é, sem sombra de dúvida, a ciência do futuro.

339. Proteção contra a Poluição Eletromagnética

A chave de ouro seguinte tem que ver com o combate à poluição eletromagnética. Existem no mercado muitos produtos que se destinam a acabar com os efeitos das energias eletromagnéticas. A que descobri ter maior utilidade foi o relógio Teslar, inventado por Nikola Tesla. Quando usamos o relógio, é colocado ao redor do nosso campo de energia um campo de força que evita a entrada de freqüências elétricas em nosso campo. O relógio sincroniza sua pulsação com o pulsar da Terra e do corpo humano que tem característica absolutamente inigualável.

Nunca aprovei o uso de relógios, visto que sentia que eles interferiam no fluxo natural de energia por meio dos meus meridianos de acupuntura. Fiz testes com o relógio Teslar e ele se mostrou eficaz na promoção do sistema imunológico em níveis sutis. Ele também marca bem as horas. Não estou certo sobre onde obter o relógio Teslar agora. Mas se você estiver motivado, entre em contato com pessoas que estejam envolvidas com a radiônica ou confira anúncios de revistas da Nova Era.

340. Evite os Fornos de Microondas

Esta chave de ouro consistiu em manter distância de fornos de microondas. Ao contrário da opinião popular, bombardear os alimentos com radiação não é uma forma de cozimento da Nova Era. Os fornos de microondas fazem perfurações no campo etérico dos alimentos, o que tem sobre o corpo físico efeitos muito prejudiciais. O uso continuado do microondas pode ter um efeito muito negativo sobre a saúde, caso não se tenha cuidado.

EXERCÍCIO

341. O Exercício Equilibrado

A chave de ouro seguinte vinculada com a manifestação de saúde foi o exercício equilibrado. Diz-se que há no exercício físico três aspectos: resistência, flexibilidade e força. Atualmente obtenho resistência do ato de caminhar, que Edgar Cayce proclamou ser o melhor exercício. Eu costumava fazer corrida de longa distância e acrobacias, mas agora julgo isso demasiado traumatizante para o meu sistema. Prefiro caminhar. Caminhar ajuda a oxigenar o meu sistema.

No tocante à força, durante anos fui à academia levantar peso. Hoje não sinto necessidade de fazer isso, mas é algo bom para quem gosta disso.

342. Yoga e Alongamento

A chave de ouro seguinte foi a prática da hatha yoga e do alongamento. A yoga e o alongamento são prodigiosos no que se refere ao aspecto de flexibilidade do exercício equilibrado. Um dos segredos da saúde perfeita é manter a coluna flexível. O conjunto de nervos vinculados com a coluna serve a todas as células, todos os nervos, todos os órgãos e todas as glândulas do corpo. A yoga pode ser usada como uma modalidade de meditação ou apenas como exercício físico.

FORTALECIMENTO E PURIFICAÇÃO

343. Estimule o Timo

A chave seguinte foi a prática simples de fazer o que se descreve como estimular o timo. Simplesmente dê algumas pancadinhas com a ponta dos dedos no centro da parte superior do peito cerca de duas a três vezes por dia. Essa operação estimula o timo, glândula que é o cerne do nosso sistema imunológico.

344. Para Revigorar os Chakras

A chave seguinte foi a ação de revigorar os meus próprios chakras. Para fazê-lo, ponha a sua mão direita em concha um pouco acima do primeiro chakra. Torne-se sensível às energias por um momento e então eleve lentamente sua mão em concha, de baixo para cima, por todos os chakras, terminando com a mão acima da cabeça. Faça isso três vezes muito lentamente, com a mão a cerca de dois centímetros e meio do corpo físico. Fazer isso abre os chakras e os faz se movimentar na direção adequada.

Faço isso sempre que estou cansado ou quando o meu sistema energético me parece um pouco fora de equilíbrio. Trata-se de uma operação que realinha imediatamente a sua energia. Parece uma coisa simples, mas posso lhe dizer que isso me ajudou muito.

345. Mantenha as Pernas e os Braços Descruzados

A chave de ouro seguinte consiste em não cruzar as pernas, os pés nem os braços. Isso inibe o fluxo de energia pelos meridianos e chakras. Trata-se de um hábito muito difícil de alterar, mas tenho tentado fazê-lo com afinco para levar minha energia a fluir livremente.

346. Mantenha os Chakras Girando Corretamente

A chave de ouro seguinte foi pedir aos arcturianos e aos mestres de cura do plano interior, várias vezes ao dia, para manter os meus chakras abertos e girando na direção correta. As lições e desafios da vida podem, como todos sabemos, desarranjar esse processo.

347. Uma Purificação Ascensional Completa

A chave de ouro seguinte foi proporcionar a mim mesmo uma purificação ascensional completa mais ou menos a cada três meses, para o caso de alguma energia em desequilíbrio ter entrado no meu campo de energia e ter-se alojado ali. Se algum dos leitores estiver interessado numa purificação desse tipo, telefone para mim e eu farei uma primeira sessão. Depois disso, recomendo que você a faça sozinho.

348. O Uso de Pedras e Amuletos

A chave de ouro seguinte foi o uso de certas pedras ou amuletos com o objetivo de aumentar minha energia ou acrescentar certa vibração. Durante muitos anos, usei um pingente de cristal, que a meu ver expandiu muito a minha aura e serviu para reforçar o meu sistema imunológico. E durante muitos anos levei no bolso o amuleto que Sai Baba materializou para mim. Passei por outras fases usando outros amuletos, que tiveram um efeito muito forte. Como sabemos, toda pedra tem uma vibração específica, não havendo por isso uma orientação que eu possa dar às pessoas além de recomendar que usem a própria intuição para decidir o que devem fazer. Há também muitos livros maravilhosos sobre o uso dos cristais e das pedras preciosas. Às vezes, também passei por fases de não manter no meu corpo amuletos nem pedras quando isso parecia certo.

HONRAR A SI MESMO

349. Respeite o Ritmo Natural do Corpo

Esta chave de ouro consistiu em aprender a confiar nos ritmos do meu corpo físico. Meu ritmo natural é dormir apenas cinco ou seis horas por noite e depois tirar uma soneca no final da tarde. É disso que o meu corpo físico gosta. Contudo, cada pessoa é de uma maneira e tem de encontrar o seu próprio ritmo corporal. Tenho um corpo do sétimo raio, mas outras pessoas, com corpos de raio diferente e missões diferentes, agirão de outra forma. Confiar no meu ritmo natural foi uma importante chave para a minha eficácia geral. Na América do Sul e no México, as *siestas* da tarde são a norma para toda a população. Devo ter sido mexicano numa vida passada, pois adoro minha *siesta*.

350. Conserve as Energias

A chave de ouro seguinte foi o que denominei conservar as minhas energias. Trata-se de algo que o meu corpo físico me ensinou. Na juventude, tentei ser super-homem — e consegui por muitos anos, até que o meu corpo teve um colapso devido ao excesso de exigências. Depois que isso aconteceu, tive de ser muito mais sábio na minha abordagem das coisas. Tive de aprender a estabelecer limites mai rígidos, a ser egoísta e a dizer não. Fui forçado a aprender a pedir ajuda e a delegar responsabilidades. Antes, eu sentia a necessidade de fazer tudo sozinho, atitude que Djwhal Kuhl me convenceu de que era um pensamento deficiente. Agora, momento em que tenho responsabilidades cada vez mais ligadas à liderança, concentro-me nas coisas essenciais. Tive de desenvolver capacidades de liderança para perceber a sabedoria que reside em pedir auxílio e delegar responsabilidades.

Meu corpo físico me ensinou a ser um mestre na conservação da minha energia e na consideração desta como algo extremamente precioso. Conservar energias se traduz em ver bem como e com quem despendo o meu tempo. Significa não ser escravo do telefone e estabelecer limites para o período em que fico ao telefone. Tem que ver com fazer as minhas orações e invocações da maneira mais simples possível e com o mínimo gasto de energia. Vincula-se com ter prioridades e metas e objetivos claramente definidos — e, em seguida, com a criação dos planos de "batalha" para atingi-los.

351. Passe Algum Tempo em Contato com a Natureza

A chave de ouro seguinte foi passar algum tempo em contato com a natureza. Claro que admito que essa não é a coisa mais fácil para fazer quando se cresce em Los Angeles. Contudo, depois de trabalhar a maior parte do dia, era essencial para mim sair e caminhar ao ar fresco e sob a luz do sol, mesmo que isso se traduzisse em apenas andar num parque com umas poucas árvores e alguma grama verde. Tanto o meu corpo físico como o meu espírito ansiavam por isso. Tenho certeza de que todos vocês podem conseguir uma maneira de fazê-lo.

352. Divirta-se

Esta chave de ouro consiste em divertir-se e não ser muito sério. É importante divertir-se e brincar, bem como reservar um tempo para o prazer e a recreação, fazer coisas como ir ao cinema, ver certos programas de televisão e dedicar-se a esportes. Passe algum tempo com os amigos e usufrua a vida terrena tanto quanto os mundos celestiais. O caminho espiritual está voltado para se ter o melhor de ambos os mundos. Como vocês podem imaginar, tenho muitos compromissos, sou disciplinado e concentrado quando em contato com os mundos celestiais. Embora seja esse o caso, gosto muito da vida na Terra. Paro a fim de sentir o cheiro das rosas. Adoro tanto o processo quanto a realização das metas que estabeleço para mim. Se você não está vivenciando o júbilo em seu caminho espiritual, há algo errado que precisa ser corrigido. Divertir-se é uma importante parte de uma vida equilibrada.

MODALIDADES HOLÍSTICAS

353. Assistência Holística à Saúde

A chave de ouro seguinte foi o trabalho com praticantes da assistência holística à saúde, o que inclui profissionais homeopáticos, naturopáticos e bioenergéticos, assim como médicos que praticam a medicina oriental. Muitos daqueles com os quais tenho trabalhado usam instrumentos avançados como a máquina Vega, que pode testar substâncias subclínicas passíveis de envenenar e enfraquecer o sistema imunológico. Esse tipo de trabalho foi fundamental na reabilitação do meu corpo físico e na manutenção da boa forma do meu sistema imunológico.

Por meio do trabalho com esses artefatos, pude eliminar do meu corpo as toxinas subclínicas. Livrei-me do mercúrio de obturações, do alumínio dos utensílios de cozinha e de metal, bem como de parasitas, bactérias subclínicas, vírus, fungos, vacinas, radiação dos monitores de televisão colorida, da toxicidade eletromagnética, das substâncias químicas em geral, dos remédios que me foram administrados na infância, dos pesticidas e de outros venenos ambientais. Essa relação é só a ponta do *iceberg*, mas ainda assim dá a você uma idéia do que há a enfrentar e de como fazê-lo.

354. Remédios Homeopáticos

A chave de ouro seguinte foi uma linha de produtos homeopáticos que considero inacreditável. Eles se chamam Futureplex. Foram criados por Roy Martina, considerado um dos melhores praticantes da homeopatia e da bioenergética do país. Apresento a seguir uma descrição de alguns desses produtos:

Bacterotox: A minha experiência é que este remédio nos livra de 90% das infecções vinculadas com bactérias. Acredito que isso é muito melhor do que usar antibióticos, o que nunca faço.

Acute Virotox e Post Virotox: Descobri que esses dois produtos combatem, eliminando-os, 90% dos vírus. A medicina ocidental não tem cura para vírus.

Immune Energy: Constatei que este produto é um potente promotor do sistema imunológico. Ele elimina do corpo muitos microorganismos indesejados ao fortalecer o sistema imunológico.

Lymphotox: Eis outro produto excelente e extremamente útil na purificação do sistema linfático.

Envirotox: Percebi que este produto é extremamente útil na eliminação de toxinas ambientais do corpo.

Gentle Drainage: Este produto tem sido muito útil na purificação do meu sistema quando ele fica um pouco congestionado.

Adrenal Pep: Isto aumenta o meu nível de energia quando estou um pouco cansado. É muito melhor do que tomar café ou chá cafeinado.

Cellular Recharge: Este produto ajuda a recarregar as minhas células quando estas se acham desgastadas.

Revitalization: Este produto tem grande utilidade na revitalização de todo o meu corpo quando estou demasiado cansado ou meio aos pedaços.

Por razões legais, afirmo que não sou formado em medicina. Contudo, esses produtos homeopáticos são os que tiveram extrema utilidade em minha vida. Ponho-os na minha máquina de radiônica ao lado de certas vitaminas e minerais

24 horas por dia e, pela graça de Deus, já não fico doente. A combinação da promoção de um alto quociente de luz com a fusão com o meu corpo mayavarupa, com a prática de uma dieta saudável que está em harmonia com o meu corpo específico, com a ingestão de grande quantidade de água pura, com exercícios diários e com o uso da minha máquina de radiônica e desses remédios homeopáticos parece ser o segredo.

É ótimo tomar esses remédios oralmente, colocando-os debaixo da língua. Não faço isso pelo simples fato de que para o meu sistema, a radiônica parece funcionar melhor. Por outro lado, não poderia ser mais enfática a minha recomendação desses produtos. Não tenho ligações financeiras com a empresa, de modo que eu os recomendo a você por querer ajudá-lo a ter uma saúde excelente. Esses produtos têm sido uma dádiva de Deus para mim nos últimos dez anos. Mas, como não são vendidos na maioria das farmácias homeopáticas, apresento na próxima página informações sobre onde pedi-los.

RECURSOS

Para pedir as Placas de Energia Positiva,
entre em contato com Susan Bryant e Sandy Burnes no endereço:
Earth Elementals (520) 527-1128
P.O. Box 31149
Flagstaff, AZ 86003-1128 USA

Fonte dos Remédios Homeopáticos Futureplex:
Capitol Drugs (818) 905-8338; Fax: (818) 905-8748
4454 Van Nuys Blvd.
Sherman Oaks, CA 91403, USA

Eileen Poole:

Mencionei antes Eileen Poole, a médium nutricionista que consulto há quinze anos. Ela não trabalha por telefone. Mas se você por acaso passar por Los Angeles, vale a pena vê-la. Seu número de telefone é (310) 440-9976.

10

QUESTÕES MUNDIAIS, LIDERANÇA E A BUSCA DA EXCELÊNCIA CHAVES 355-389

O Envolvimento na Vida Terrena
Características dos Líderes Eficientes
A Busca da Excelência e o Cultivo de Capacidades de Liderança
Treinamento e Graus
Desvendar Caminhos e Ensinamentos Espirituais
Livros, Fitas e Ensinamentos Espirituais
A Busca Permanente de Conhecimento Espiritual
A Difusão da Palavra

O ENVOLVIMENTO NA VIDA TERRENA

355. O Envolvimento na Vida Terrena

Esta chave de ouro é o meu compromisso de "ir ao mercado" — viver no mundo e me envolver na vida terrena. Muitas pessoas espiritualizadas têm a tendência de se afastar da vida terrena, o que não é bom. O ideal é trazer o céu para a Terra. Envolver-se em atividades comunitárias, com sua comunidade espiritual e em trabalhos voluntários. Como disse Jesus em *Um Curso de Milagres*, "A verdadeira igreja de cada um é ajudar os próprios irmãos e irmãs". O compromisso com esse ideal faz que as energias espirituais se estabilizem, o que tem extrema importância tanto na melhoria do seu equilíbrio como na realização da sua ascensão. O ideal é ser Deus na Terra. A ascensão é na realidade descensão da mônada, ou Presença Eu Sou.

356. Ecologia Planetária

A chave de ouro seguinte tem que ver com a ecologia no nível ambiental. Não poluir o próprio corpo físico é um tipo de ecologia pessoal. Isso se aplica ao regime alimentar, ao exercício, à limpeza, ao cuidado pessoal adequado e ao uso de produtos naturais para isso. No nível ambiental, isso inclui o uso de produtos biodegradáveis, a reciclagem e o não desperdício de energia. Somos o microcosmo no interior do macrocosmo. À medida que expandimos a própria identidade, começamos a nos transformar em todas as pessoas, todos os animais, todas as plantas, todos os minerais, a própria Terra. Isso é o efeito da supressão da consciência separativa do ego negativo e da aceitação da consciência crística/búdica. Isso também se aplica a dar apoio a candidatos políticos conscientes do ambiente. Considero essa questão um dos aspectos vitais do caminho espiritual.

357. O Envolvimento na Política e nas Questões Mundiais

Esta chave de ouro é um compromisso com aquilo que acontece neste mundo em termos políticos. Alguns Trabalhadores da Luz tendem a ignorar a política, atitude compreensível. Vemos muitas vezes na política pessoas sendo regidas em larga medida pelo ego negativo. Na maioria das vezes, vemos republicanos *versus* democratas e os excessos de sempre. Contudo, esse aspecto da vida só vai se alterar se os Trabalhadores da Luz se envolverem. Nem todos podem concorrer a cargos políticos, mas todos podem votar, ajudar a elevar a consciência das pessoas, se conscientizar politicamente e se oferecer para ajudar os candidatos de sua escolha.

Djwhal Khul sugeriu que se leia jornais e se assista a noticiários todos os dias. Isso é algo que eu já fazia; contudo, julguei interessante o fato de ele fazer semelhante pedido. Essa atividade nos mostra para onde dirigir nossas orações, afirmações e visualizações em favor do serviço mundial planetário. Veja como Gandhi estava envolvido na política da Índia e que homem espiritualizado ele era. Se não despendemos tempo para votar, merecemos os candidatos que se elegem. A espiritualidade tem estado há tempo demais apartada do mundo terreno. O verdadeiro caminho espiritual consiste em trazer o céu para a Terra. É por isso que mesmo quando completa a sua iniciação de ascensão, você permanece na Terra e continua a servir. Acho que viver nesta época da história da Terra é algo extraordinário, e tenho o privilégio de estar encarnado neste momento.

CARACTERÍSTICAS DOS LÍDERES EFICIENTES

358. Autoliderança

Esta chave de ouro foi o reconhecimento daquilo que eu chamaria de autoliderança. Não se pode ser um líder eficaz dos outros se não se for um líder eficaz de si mesmo. Quando podemos dirigir a nossa mente subconsciente, a nossa personalidade, a nossa criança interior, os nossos corpos mental, emocional e físico, e as nossas subpersonalidades de maneira integrada, firme e amorosa, estamos prontos para liderar outras pessoas em larga escala.

359. Tipos de Liderança

A chave de ouro seguinte foi o reconhecimento de que existem dois tipos de liderança. Há a liderança espiritual e a liderança egotista. O fato de ocupar uma posição de liderança não faz da pessoa um bom líder. Isso se aplica igualmente às pessoas espiritualizadas. Hitler foi um líder da Fraternidade Negra. Há pessoas que são líderes empresariais mas tratam mal seus empregados. Empenhe-se em ser um líder eficaz cristificado de si mesmo e dos outros. Há na Hierarquia líderes de cada nível que são responsáveis pelo cosmos. Mas esses líderes se esforçam o máximo possível para chegar ao consenso. No tocante a isso, há uma combinação adequada entre decisão individual e consensual. O líder eficaz precisa estar em harmonia com aqueles a quem lidera, ao mesmo tempo que conserva a autoridade necessária ao exercício apropriado da liderança.

360. Todos São Líderes

Esta chave de ouro é a compreensão de que todos são líderes, da mesma maneira como todos são mestres a serviço de Deus. A liderança começa com o eu de cada um, estendendo-se então à família, aos amigos, aos colegas de trabalho e à comunidade. Quando as pessoas estão preparadas, seu campo de liderança pode abranger o estado, o país e níveis globais. À medida que for provando sua própria capacidade em cada nível, você terá mais responsabilidades, atribuídas a si em termos de liderança, por Deus e pelos mestres. Um outro domínio, no qual é interessante exercer a liderança, tem como objeto as extensões da alma, a partir da superalma e da mônada. O ideal máximo no nível pessoal é ser mestre da própria superalma, bem como líder das 144 extensões da alma advindas de sua família monádica.

361. Equilibre a Firmeza nas Decisões com a Amizade

A chave de ouro seguinte foi aprender a importância de equilibrar a firmeza nas decisões com a amizade quando se ocupa uma posição de liderança. O ideal é ser capaz de ser amigo e líder firme quando necessário. Trata-se de uma psicodinâmica sobremodo importante que se deve integrar de maneira apropriada.

362. A Liderança Tem de Ser Conquistada

A chave de ouro seguinte é a compreensão de que a liderança tem de ser conquistada. Não é porque está numa posição de liderança — na vida, nos negócios, no governo ou em outro grupo — que a pessoa está de fato preparada para liderar outras. A verdadeira liderança espiritual é conquistada por meio de longos anos de serviço altruísta e de compromisso com os próprios ideais espirituais.

363. Aprenda a Lidar com Todo Tipo de Pessoas

Esta chave de ouro foi aprender a tratar com todo tipo de pessoas. É provável que essa seja a mais importante capacidade necessária para nos tornarmos líderes espirituais eficazes. Quando trabalhamos numa comunidade espiritual ou na vida cotidiana, temos constantemente diante de nós o desafio de tratar com todo tipo de pessoas, que apresentam uma ampla gama de desenvolvimento e clareza espiritual. Para ser um líder eficaz, é importante que a pessoa saiba se relacionar com pessoas de muitas culturas e formações diferentes.

A BUSCA DA EXCELÊNCIA E O CULTIVO DE CAPACIDADES DE LIDERANÇA

364. O Comprometimento com a Excelência

A chave de ouro seguinte é aquilo que chamo de busca da excelência. Podemos descrevê-la como um voto espiritual meu no sentido de fazer o melhor que puder em todas as áreas da minha vida sem entrar em competição nem me comparar com ninguém. Trata-se de uma busca da excelência dentro de mim mesmo. É um compromisso de não ser preguiçoso ou descuidado em nenhuma área, mas me manter firme na fidelidade aos meus ideais divinos.

365. A Vida numa Corda Bamba

A chave de ouro seguinte foi um grande compromisso da minha parte no sentido de correr riscos e de viver de certo modo na "corda bamba". Por exemplo, quando promovi o meu primeiro festival do Wesak no Monte Shasta, em 1995, para 350 pessoas, agi de maneira radical, pois eu nunca promovera um evento que cobrisse todo um fim de semana para tanta gente. Mas eu certamente estava mais do que preparado para isso, e os mestres me levaram a agir com plena força no nível global.

No ano seguinte, quis expandir meus limites ainda mais, razão por que resolvi fazer a celebração do Wesak para 1.200 pessoas. Ampliarei ainda mais o tamanho do evento se essa for a vontade dos mestres. É isso o que designo por correr riscos e pressionar os próprios limites. Os riscos que corro nesse caso não incluem apenas falar para grandes grupos de pessoas, mas também o risco financeiro envolvido nas grandes despesas necessárias à publicidade e à realização do evento.

Ao longo da minha vida, sempre vivi um pouco na "corda bamba". Mudei-me e mudei de vida e de relacionamento muitas vezes quando a minha intuição e os mestres me orientavam fazê-lo. Como é mesmo o ditado? "Quem não arrisca não petisca." Isso tem mais uma vez que ver com certo voto espiritual que fiz nesta vida, em cujos termos eu percorreria todo o caminho sem voltar atrás. Essa disposição para correr riscos em todas as áreas da minha vida mediante a confiança implícita na minha própria intuição e nos mestres lançou-me como catapulta na cena mundial.

Correr riscos o tempo inteiro pode de certo modo ser desgastante, e eu de fato tento me manter no Tao desse processo. Porém, quando deixar o plano da Terra, eu quero saber que fiz o melhor e que não deixei que o medo dirigisse qualquer aspecto da minha vida. Façamos neste momento um voto e um compromisso espirituais de exigir do nosso invólucro o máximo que o nosso Tao permitir. Muitos evitam que a sua obra de serviço e o seu movimento cheguem à opinião pública porque têm medo. Se você esperar até se sentir totalmente à vontade, é provável que nunca corra o risco. Lembre-se do ditado "Sinta o medo mas faça mesmo assim".

366. Como Ser uma Pessoa da Renascença

A próxima chave de ouro foi o ideal de ser uma pessoa da Renascença, de me desenvolver em todas as áreas e de ter uma visão ampla da realidade. Isso permite que eu fale com todo tipo de pessoas e fique à vontade em todas as situações. Embora o meu principal interesse na vida sejam as coisas espirituais, faço questão de tentar ser bem-informado em muitas questões terrenas. É por isso que assistir aos noticiários e ler os jornais são coisas importantes para mim. É por isso que gosto de programas de televisão como *Prime Time, Dateline, 60 Minutes, 20/20*, e é por isso que dou uma olhada no Learning Channel e nos canais de televisão patrocinados pelos espectadores. Julgo importante ter uma educação abrangente. Se não pode lidar com pessoas no mundo real, como você pode ser um líder eficaz?

367. O Desenvolvimento de Capacidades Sociais e de Comunicação

A próxima chave de ouro foi o desenvolvimento das minhas capacidades sociais e de comunicação. Considero isso parte essencial do processo de ascensão e do treinamento para a liderança. Quando adolescente, eu era muito tímido e sensível. Contudo, à medida que fui amadurecendo, e passei a atuar no campo da psicologia, com o passar do tempo a comunicação passou a ser um dos meus pontos mais fortes. É importante ser capaz de falar com pessoas em todas as situações, sem se restringir às de cunho espiritual. Aprender a fazer com que as pessoas se sintam à vontade e ser um bom anfitrião e uma pessoa de conversa agradável é algo essencial para se ser um líder eficaz. Se houver áreas de sua personalidade que requeiram alterações, obrigue-se a estar em situações nas quais possa praticar essas capacidades. Reze ao Espírito Santo para pedir ajuda e você verá sua evolução nessas áreas à medida que o tempo passar.

368. Como Falar em Público

Esta chave de ouro foi o treinamento a que me submeti no tocante a falar em público. Quando comecei a dar aulas, eu ficava muito nervoso, pois nunca o fizera antes. Mas desde cedo usei o método de falar em público de Paramahansa Yogananda. Sua orientação era a de:

- Fazer um esboço do seu pronunciamento em vez de escrevê-lo inteiramente.
- Sempre preparar algum material extra para o caso de ser necessário.

- Rezar pela ajuda de Deus e dos mestres antes de ir para a frente do público.
- Contar uma piada ou uma história engraçada em algum momento da sua fala. (Adoro contar histórias espirituais e, por esse motivo, essa parte foi fácil para mim.)

O esboço deixa a mente relaxada e os espaços vazios que nela há permitem a intercessão do espírito. Trata-se de uma capacidade que todos os Trabalhadores da Luz devem desenvolver. Venci o meu nervosismo inicial simplesmente falando em público muitas vezes. Usei o método "finja até que seja verdade". Eu fingia que não estava nervoso, até ficar calmo. Tenho amigos que foram para a Toastmasters praticar. Nunca precisei disso, mas há quem ache muito útil.

TREINAMENTO E GRAUS

369. O Estudo da Psicologia

Esta chave de ouro foi o estudo da psicologia. Passei vários anos estudando todas as modalidades de psicologia. Eu adorava ver de que maneira todas essas modalidades se relacionavam umas com as outras e que elas eram todas partes de um mesmo todo. Eu extraía de cada metodologia as coisas que julgava valiosas e as incorporava à minha prática e às minhas aulas.

Beneficiei-me bastante, de modo especial, do estudo de livros e ensinamentos de Carl Jung e da psicologia junguiana, bem como dos de Robert Assagioli e da psicossíntese. Julgo esta última a melhor modalidade disponível de psicologia, dado que ela incorpora a consciência, o subconsciente e a supraconsciência, bem como as subpersonalidades. Acho interessante que Assagioli tenha sido discípulo de Djwhal Khul e de que a maioria das pessoas avançadas da sua organização na Itália tenha tido envolvimento com os ensinamentos de Alice Bailey.

370. Graus Terrenos e Outros Tipos de Formação Oficial

Esta chave de ouro do meu progresso espiritual foi a decisão de conseguir graus terrenos. Por certo, não recomendo isso a todos. Recomendo a muitos que implantem uma prática de aconselhamento mediante a formação oficial como ministro espiritual. No meu caso, no entanto, tendo vindo de um ambiente em que a psicologia ocupava um lugar de destaque, esse era o meu caminho lógico e sensível. Tentei ir para as escolas mais inovadoras.

Obtive meu certificado de hipnotizador no Estado da Califórnia e meu certificado de ministro na Gateway Ministries e na Association for the Integration of the Whole Person [Organização para a Integração da Pessoa Como um Todo]. Muitas das pessoas que mais respeito não são titulares de graus nem de outras formações oficiais; contudo, na nossa sociedade as pessoas costumam conferir mais credibilidade a quem tem títulos. No mundo tal como existe hoje, para fins jurídicos e de credibilidade, esse é o caminho que muitos são orientados a seguir.

Se resolver ir para a escola, prefira a mais inovadora que estiver ao seu alcance. Não se preocupe tanto com a reputação da escola como com saber se você pode conseguir um título oficial freqüentando-a. Sempre julguei limitadora a escolaridade tradicional, e tinha tédio com ela a maior parte do tempo, mas nem por isso deixei de aprender, ao longo do caminho, algumas coisas valiosas. A escolaridade tradicional foi uma importante parte do meu desenvolvimento e uma clara vantagem para mim da perspectiva da minha missão.

Contudo, pode ser difícil seguir esse caminho quando se tem acesso a níveis superiores de informação. A boa notícia é que há cada vez mais escolas inovadoras, holísticas e de orientação transpessoal. Algumas delas vão lhe conferir créditos por sua experiência de vida.

DESVENDAR CAMINHOS E ENSINAMENTOS ESPIRITUAIS

371. Peregrinações Espirituais e Darshan

Esta chave de ouro vincula-se com a realização de peregrinações espirituais a locais sagrados e a ter darshan com vários santos e mestres. Esta foi uma das coisas que passei mais tempo fazendo nos primeiros estágios do meu caminho. Mas eu o considero parte muito importante do meu treinamento global. É divertido fazer isso, especialmente na companhia de amigos. Essas experiências podem ser profundamente comoventes e transformadoras. Podem além disso ampliar a sua compreensão da natureza e da diversidade do caminho espiritual.

372. O Estudo do Cristianismo, do Hinduísmo e do Budismo

A chave de ouro seguinte foi o estudo do cristianismo, do hinduísmo e do budismo. Aprendi muito com o meu estudo do cristianismo e da Bíblia. Há no livro alguns belos ensinamentos, e alguns versículos do Antigo e do Novo Testamento são clássicos da sabedoria.

Meu estudo do hinduísmo, e especificamente dos Vedas, que incluem o *Bhagavad Gita*, revelou ser um dos mais profundos a que me dediquei. Os ensinamentos de Sai Baba baseiam-se neles, tal como ocorre com os de Yogananda e de muitos outros mestres orientais. Se você nunca estudou os Vedas, eu recomendo enfaticamente que o faça. Em *Mistérios Ocultos* e *Os Mestres Ascensionados Iluminam o Caminho* estão contidos alguns dos ensinamentos védicos. Esses ensinamentos podem se incluir entre algumas das mais excelsas informações já canalizadas para o planeta.

Ganhei muito com o meu estudo do budismo, incluindo o budismo tibetano. É interessante que Djwhal Khul, Kuthumi e El Morya tenham sido, em sua última encarnação, budistas tibetanos. O budismo compreende igualmente os ensinamentos do Dalai Lama, que é uma bela alma. Alguns dos mais belos ensinamentos do budismo incluem as quatro nobres verdades do Buda; as três jóias: buddhi, dharma e sangha, ou comunidade; os quatro imensuráveis: o amor, a compaixão, o júbilo e o equilíbrio; e o voto do boddhisattva.

Pessoas da Nova Era costumam descartar as religiões tradicionais, e eu estou aqui para dizer que há muita riqueza nelas. O estudo amplo e a pesquisa nessas áreas me trouxeram muita alegria. Na religião oriental, o estudo do *Ramayana*, que é a história de Rama e de Sita, é um verdadeiro tesouro.

373. Os 22 Caminhos Sagrados da Yoga

A próxima chave de ouro que julguei extremamente útil é o meu estudo dos 22 caminhos sagrados da yoga. Tentei seguir o caminho da síntese da yoga, que incorpora a prática de todos os caminhos da yoga. Há um capítulo a esse respeito em *Mistérios Ocultos*.

374. Os Ensinamentos das Escolas de Mistério

A chave de ouro seguinte na minha evolução espiritual foi o meu ingresso em quase todas as escolas de mistério que existem no planeta. Eu percorria os ensinamentos de uma após a outra e dominava aquilo que cada uma tinha a ensinar, e então passava a outra. Descobri que isso foi extremamente benéfico. Muito do que aprendi com esse estudo está nos meus livros, de modo que posso ter feito vocês economizarem uma grande quantidade de tempo e de energia.

Cada escola de mistério vê o caminho espiritual por meio de uma ótica um tanto específica. Trabalhar com tantas óticas me deu introvisões para uma compreensão mais universal do caminho espiritual. Esse estudo foi parte do meu treinamento não só para que eu escrevesse meus livros, mas também para ser o hospedeiro das celebrações do Wesak. Estive envolvido com praticamente todos os professores espirituais, ashrams, escolas de mistério, textos espirituais e gurus espirituais com que se envolvem as pessoas. Sinto-me à vontade com todos eles e a todos respeito. A imersão nos ensinamentos dessas escolas de mistério foi uma parte importante da minha evolução espiritual.

O que há de interessante no ashram de síntese de Djwhal Khul é ser ele o único ashram criado especificamente para sintetizar os sete raios. Embora seja apenas parte do ashram do segundo raio, ele integra os sete raios do Cristo. Ele foi criado pelo Logos Planetário e pelo mestre Kuthumi com esse propósito específico. Eis por que ele é para mim um ashram tão perfeito.

A coisa mais estimulante que vejo no Wesak é o seu grau de universalidade e de ecletismo. Vêem pessoas do mundo inteiro, de todos os mestres espirituais e ashrams ou de nenhum. Adoro a síntese de iniciados de alto nível e de seres ascensionados que para aqui acorrem. O tema da ascensão parece ser um princípio unificador com o qual todos os caminhos podem se relacionar.

375. A Escola de Mistério "Ensinamentos do Cristo Interior"

Outra escola de mistério com a qual estive envolvido por algum tempo chama-se Ensinamentos do Cristo Interior. Ela se assemelha a uma combinação da canalização com a Ciência da Mente. A mulher que a fundou escreveu alguns livros interessantes. Seu principal mestre é Babaji, que apresentou uma série de ensinamentos mais adequados à mente ocidental. Gostei da integração de diferentes abordagens que encontrei nesses ensinamentos.

376. O Zodíaco, os Raios, o Tarô, as Sefirotes e os Arquétipos

A chave de ouro seguinte foi um esforço concentrado da minha parte no sentido de me tornar proficiente e desenvolvido em todos os doze raios, nos doze signos do zodíaco, nos doze arquétipos, nas dez sefirotes e em todas as cartas do baralho do tarô. Seja qual for o seu signo, todos os signos devem ser profundamente conhecidos; seja qual for a configuração de raio a que a sua mônada, a sua alma e a sua personalidade estejam vinculadas, todos os raios devem ser bem conhecidos e integrados. Percorra os meus escritos sobre esses assuntos e faça um inventário dos seus pontos fortes e dos que exigem de você algum esforço. Depois disso, elabore um plano de ação para se desenvolver nessas áreas.

377. Os Agentes de Cura Filipinos

Outra via espiritual interessante pela qual passei foi o meu envolvimento com agentes de cura filipinos, às vezes chamados de cirurgiões mediúnicos. Na minha primeira sessão, Alex Orbito pôs a mão inteira dentro do meu ventre e a retirou coberta de sangue. O ferimento se curou diante dos meus olhos. Essa experiência teve um efeito catalisador sobre a minha consciência.

378. Exposições da Vida Inteira

A chave de ouro seguinte foi ir a Exposições da Vida Inteira. Eu as usava para ter certeza de abranger todas as áreas de treinamento. Eu participava de certos seminários e palestras, e embora as energias nesses eventos costumassem ser extremamente fragmentadas, durante certo período da minha vida eu as considerava benéficas. Depois de participar de grande número desses eventos, tenho agora muita dificuldade para encontrar algo que me interesse; mas, durante certa fase, entrei em contato com muita coisa interessante em muitos níveis. No estágio atual da minha vida, acho-me tão ocupado com o trabalho de serviço, que já não me sinto atraído a freqüentá-los.

LIVROS, FITAS E ENSINAMENTOS ESPIRITUAIS

379. O Trabalho com Fitas de Vídeo e de Áudio

Esta chave de ouro da minha evolução foi adquirir fitas de áudio e de vídeo sobre os mais variados assuntos espirituais. É comum, quando me sinto inclinado a ir a certos seminários ou a viajar pelo país ou pelo mundo, que eu encomende fitas de áudio e de vídeo relacionadas com os tópicos e lugares que me interessam e descobrir que isso me proporciona tudo de que preciso. Por causa disso, tenho uma enorme coleção de fitas. Às vezes, consigo também audiolivros em fita que ouço no carro por não ter tempo nem disposição para ler todos esses diferentes livros. Isso me permitiu integrar esse material enquanto dirijo. Eu também ouço as fitas de áudio enquanto faço caminhadas. Recorrer a todos esses instrumentos tem me proporcionado grandes benefícios em minha busca de uma educação abrangente.

380. O Estudo de Diversos Ensinamentos Espirituais

Como você sabe, uma chave de ouro fundamental na minha evolução espiritual ao longo de muitos anos foi o estudo de uma diversificada gama de ensinamentos espirituais. Apresento a seguir alguns dos livros e ensinamentos que tiveram o maior impacto na minha vida.

❖ *Os Livros de Baird Spalding*

The Life and Teachings of the Masters of the Far East, de Baird Spalding, oferece uma leitura muito interessante. Esses livros contêm fascinantes histórias da vida e das capacidades superiores dos mestres, bem como profundos ensinamentos sobre viver como Cristo e como Deus. Se não leu esses livros, você não pode deixar de fazê-lo.

❖ *Os Discursos "Eu Sou"*

Recomendo enfaticamente *The "I Am" Discourses*, de Saint Germain, uma série de 13 livros canalizados dos anos 1930. Gosto em especial dos quatro primeiros volumes da série. "Devorei" esses livros, e eles me puseram em contato com os mestres ascensionados de uma maneira que nunca me tinha sido possível antes.

Não obstante, nem todas as informações neles contidas são precisas, especialmente no tocante a certos mapas, raios, etc. E há algumas coisas simplistas, como dar a impressão de que todos os mestres ascensionados se encontram no mesmo nível e de que todos têm instantaneamente os mesmos poderes de mestres ascensionados. Embora não constituam um ensinamento completo, esses livros foram apropriados à época em que foram escritos. Eles estão repletos de histórias maravilhosas, e as introvisões aí incluídas ajudam de maneira impressionante o trabalho de manifestação. Esses livros tiveram um profundo efeito em mim; vale a pena estudá-los.

Os *"I Am" Discourses* foram escritos por Guy Ballard, também conhecido como Godfre Ray King, que foi George Washington numa encarnação precedente — e é a sua cópia fiel. É interessante que Godfre Ray King, que foi George Washington, e Saint Germain, que foi Colombo, se reunissem no Monte Shasta a fim de trazer esses ensinamentos para os Estados Unidos.

Há duas outras dispensações de ensinamentos de mestres ascensionados, escritos por Pearl e Innocente, dois outros canais, que você pode querer examinar.

❖ *Os Livros de Alice Bailey*

Os livros de Alice Bailey, que li de cabo a rabo e estudei quase três vezes, são alguns dos mais espantosos livros do planeta. Eles se acham, de certa maneira, ultrapassados, mas há neles um cabedal tão imenso de informações sobre os ensinamentos dos mestres ascensionados do caminho espiritual e dos reinos superiores, que eles são eternos.

Os livros de Alice Bailey foram, talvez, os que maior impacto tiveram sobre mim dentre todos os que eu li. Pela graça de Deus, recebi de Djwhal Khul explicações sobre eles quando os estudava, o que é uma história sobre a qual mais tarde falarei.

❖ *O Material da Fundação Tibetana*

Alguns dos mais valiosos ensinamentos que conheço são as canalizações de Janet McClure e da Tibetan Foundation. Essa organização foi fundada por Djwhal Khul e por Vywamus por meio de Janet McClure no começo da década de 1980. Ela foi um canal fantástico, tendo trazido muitas informações atualizadas de Djwhal Khul. Solicitei todas as suas transcrições e li todos os livros de Janet. Infelizmente, a organização já não existe. Esses livros tiveram sobre mim um impacto maior do que qualquer coisa além dos livros de Alice Bailey.

❖ *A* Yogasutra *de Patanjali*

Eis outro texto espiritual que teve um profundo efeito sobre mim. Um dos livros de Alice Bailey estuda esse texto da perspectiva de Djwhal Khul, o que se reveste de interesse. Ele me lembra em muitos aspectos *Um Curso de Milagres*, embora tenha sido escrito há cerca de quatro ou cinco mil anos.

❖ *A Fraternidade do Conhecimento de Si Mesmo*

Passei uma fase na qual mergulhei em Paramahansa Yogananda e na Self-Realization Fellowship. Fiz todo o seu curso por correspondência e recebi a iniciação avançada Kriya. Aceitei Yogananda como meu guru, mesmo sabendo no coração que jamais poderia aceitar apenas um guru. Na época eu era demasiado eclético e universal.

❖ *Os Livros de Earlyne Chaney e Astara*

Uma parte importante do meu treinamento foi o estudo dos livros de Earlyne Chaney, que é um excelente canal dos mestres ascensionados. Se você não leu os livros dela, eu os recomendo enfaticamente todos eles (há pelo menos dez). Também me inscrevi em seu curso por correspondência de três anos sobre os ensinamentos da escola de mistério Astara. Solicitei as lições todas de uma vez e devorei em seis semanas o curso de três anos, como era do meu feitio.

❖ *A Teosofia*

Passei por uma fase na qual estudei a Teosofia e os livros de Madame Helena Blavatsky, Annie Besant e, especialmente, Charles Leadbeater, que considerei muito mais fáceis de entender. Trata-se de uma dispensação de mestres ascensionados que contém algumas informações e histórias surpreendentes a respeito dos mestres.

❖ O Livro Urantia

The Urantia Book teve sobre mim um grande efeito, ainda que eu nunca o tenha lido de fato. Trata-se de um livro imenso, e eu o usei como recurso. Ele serviu para catalisar e abrir algumas coisas para mim.

❖ *A Cabala e a Árvore da Vida*

O estudo da Cabala constitui toda uma outra fase de estudo pela qual passei. Fui criado numa família judia e me agradavam alguns dos costumes, mas nunca tivera um vínculo espiritual forte com o judaísmo. Isso só mudou no final dos meus trinta anos, quando comecei a estudar *As Chaves de Enoch* e tudo o que me caía nas mãos acerca da Cabala e da Árvore da Vida. Julgo a Cabala e a Árvore da Vida um dos mais profundos sistemas de desenvolvimento espiritual com que tive contato. Elas abriram para mim um mundo diferente e uma maneira completamente nova de ter acesso a Deus.

❖ As Chaves de Enoch

Eis outro livro que devorei e que me causou forte impressão. O estudo do texto e do glossário desse livro abriu para mim todo um novo mundo. Trata-se de uma obra importante que proporciona uma profunda compreensão da natureza do cosmos e do nosso lugar nele. As informações apresentadas são uma fusão de ciência e espiritualidade. Em *Além da Ascensão*, partilho algumas das ativações que desenvolvi a partir da leitura desse livro.

❖ *As Religiões do Mundo*

Outro projeto muito importante no meu treinamento foi o estudo completo das religiões do mundo. Fazê-lo proporcionou-me grandes introvisões e benefícios. Isso me proporcionou uma base para o meu envolvimento mais esotérico. Como conheço todas as religiões, ao aconselhar todo tipo de pessoas — ou ao falar com todo tipo de pessoas — posso perceber de imediato de onde elas vêm. Posso adaptar o meu aconselhamento ou conversa a qualquer caminho que elas estejam trilhando.

❖ *Autobiografias Espirituais*

Um programa de estudos que julguei de imenso valor foi a leitura de autobiografias de líderes espirituais passados e presentes que respeito. Considerei inspiradora a autobiografia de Gandhi. A *Autobiography of a Yogi*, de Yogananda, é um dos melhores livros que já li. Fui muito inspirado pela autobiografia de Swami Sivananda, assim como gostei da autobiografia de Earlyne Chaney.

Eu às vezes lia autobiografias de heróis dos esportes que admirava, como Magic Johnson ou Orel Hersheiser do Los Angeles Dodgers, que era bastante espiritualizado. Aprendi muito com a leitura dessas histórias. Mas a autobiografia que mais me inspirou foi a história de sua santidade Senhor Sai Baba.

❖ *A Poesia de Kabir*

Nunca me dediquei ao estudo da poesia, mas a poesia de Kabir se acha tão repleta de Deus, que em nada se parece com a poesia que já li. Kabir foi um poeta-santo e uma das encarnações passadas de Sai Baba. Escrevi sobre a sua vida e reuni parte de sua poesia em *Os Mestres Ascensionados Iluminam o Caminho*. Acredito que você vai considerar sua vida e sua poesia tão iluminadoras quanto eu as considerei.

❖ *Santos, Mestres e Tradições do Oriente*

Durante um dado período da minha vida, dediquei-me a um intenso programa de treinamento, que consistia no estudo dos santos da Índia e dos Vedas e do *Bhagavad Gita*. Mergulhei no estudo de Ramana Maharshi, Ramakrishna, Vivekananda, Sri Sankara, Mahavira e Amritanandamayi Ma (Ammachi), para citar apenas alguns. Nessa época, estudei igualmente os ensinamentos do Dalai Lama. Gostei imensamente dos livros de Eknath Easwaran, ao lado de alguns dos livros de Swami Kriyananda, que foi discípulo de Paramahansa Yogananda. Gostei igualmente dos livros de Swami Sivananda, um prolífico autor oriental cujos livros definitivamente recomendo.

Julguei muito iluminador esse programa de estudos. Creio que uma das melhores maneiras de chegar ao conhecimento de si mesmo é estudar a vida e os ensinamentos dos santos e mestres que a ele chegaram. Esse extenso estudo levou à posterior elaboração de *Os Mestres Ascensionados Iluminam o Caminho*. Assim, você dispõe, num único volume, da vida de muitos grandes mestres.

❖ Transmissões da Estrela-Semente

Outro livro que me causou um profundo efeito foi *The Starseed Transmissions** de Ken Carey. Gostei, ainda mais do que de ler o livro, de ouvir as fitas, mas os dois são bons. Há outros livros na série, como *Vision*** e *The Third Millennium*, e Ken Carey escreveu vários outros excelentes livros.

* *Transmissões da Estrela-Semente*, publicado pela Editora Cultrix, São Paulo, 1988.

** *Visão*, publicado pela Editora Cultrix, São Paulo, 1988.

❖ O Livro do Mahatma

The Mahatma Book foi escrito por Brian Gattan, que teve estreitos vínculos com a Tibetan Foundation. O livro contém longas canalizações de Janet McClure, fundadora da Tibetan Foundation. Recomendo enfaticamente esse livro. Ele oferece ao leitor uma gama de perspectivas e de introvisões acerca da revelação do Mahatma na Terra.

❖ *Os Livros de White Eagle*

Outro conjunto de livros que são leitura imprescindível são os de White Eagle*. Trata-se de um belo material canalizado, úteis especialmente para o estudioso iniciante ou intermediário do caminho.

❖ *Os Livros de Solara*

Outra coleção de livros cuja leitura julgo valiosa são os livros de Solara. Não concordo com tudo o que ela diz e não gosto pessoalmente de sua cosmologia do universo, mas julgo que sua série de livros merece de fato ser lida, sendo sobremodo iluminadora.

❖ *Os Livros de Edgar Cayce*

Os livros de Edgar Cayce sempre foram objeto de muito amor da minha parte. Ele foi ao meu ver um dos maiores canais que já viveu na Terra, e se você não leu o material de Edgar Cayce, vale a pena estudá-lo.

❖ *Os Livros de Seth*

Os livros de Seth foram o ponto de partida do despertar da minha alma. Voltei mais tarde a ler alguns deles e os julguei um tanto áridos nessa etapa do meu progresso espiritual. Mas gostei da compreensão da sobrealma, de que falei nos meus livros.

❖ *Os Livros de Ruth Montgomery*

Ruth Montgomery é um canal. Ela escreveu uma maravilhosa série de livros. Meus prediletos são *A World Beyond* e *A World Before*. Recomendo todos os seus livros. Ela tem um maravilhoso estilo de redação e no começo do meu progresso seus livros tiveram sobre mim um grande impacto.

❖ *Eckankar*

Também passei por uma fase de treinamento com Eckankar, John Roger e Darwin Gross, bem como por um período dedicado à leitura das obras de Paul Twitchell. Para ser honesto, julguei o grupo um tanto fechado. Senti-me atraído

---

* De White Eagle a Editora Pensamento publicou *A Mente Silenciosa, A Palavra Viva de São João* e *A Voz Silenciosa*.

e repelido ao mesmo tempo. A compreensão das viagens da alma sempre foi para mim bastante interessante. Estudei todos os livros e me envolvi com a organização deles a ponto de ter sentido que obtivera aquilo de que precisava e alcançara a maestria. Depois saí. Ainda que tenha tido uma relação ambivalente com esse caminho espiritual particular, tive efetivamente algum proveito que vale a pena mencionar.

❖ *Os Livros de Analee Skarin*

Houve um período em que estudei um conjunto de livros de autoria de Analee Skarin, uma mórmon que alcançou a ascensão e escreveu alguns livros maravilhosos sobre as suas experiências.

❖ *O Movimento Extraterrestre*

O movimento extraterrestre tornou-se para mim, durante muitos anos, uma paixão avassaladora, tendo posteriormente levado à elaboração de *Mistérios Ocultos*. Estudei tudo aquilo que pude ter nas mãos. Eu ia a convenções sobre OVNIs e ouvia todos os oradores, fazendo anotações. Julgo essa uma importante parcela de todo o meu mosaico espiritual. Muitas coisas se encaixaram por meio dessa pesquisa, e essa área de estudo revelou um novo aspecto do meu caminho espiritual e da minha missão futura.

❖ *O Projeto Sedona*

Outro importante catalisador da minha cura e manifestação foi um trabalho que fiz em Sedona com uma mulher que tinha a seu cargo uma missão espiritual chamada Projeto Sedona. Ela era arcturiana e conhecia muito bem as viagens da alma. Ir ao seu encontro me ajudou a extrair implantes alienígenas e reparar alguns dos meus corpos sutis antes de eu aprender como fazê-lo eu mesmo com a ajuda dos mestres.

❖ *O Tarô e a Astrologia*

Em outra fase por que passei, estudei o tarô e a astrologia, tendo feito leituras do tarô para mim mesmo e para alguns amigos. Essa foi outra parte importante do meu treinamento, e assisti a muitas aulas nessas áreas. Não me considero um especialista nelas, mas isso me proporcionou inúmeras introvisões.

❖ *O Estudo da Cura*

Estudar a cura constitui uma fase inteiramente diferente do meu treinamento. Comecei por ser iniciado no Johrei, que tem que ver com a canalização de luz divina por meio de uma ligação com Avalokiteshvara, um derivativo budista (em forma masculina) de Quan Yin. Isso também me levou a estudar o budismo com maior profundidade. Fui depois iniciado no Reiki. Também freqüentei aulas sobre o sistema de Rosalyn Bryiere, bem como seminários com Barbara Brennan.

A prática da cura não é o principal foco da minha missão nesta vida; mas eu a considero parte essencial do meu treinamento geral.

A BUSCA PERMANENTE DE CONHECIMENTO ESPIRITUAL

381. Como Manter-se Atualizado sobre as Informações Espirituais

A chave de ouro seguinte foi manter-me atualizado sobre as informações espirituais. Essa lição me foi dada pela primeira vez há cerca de 10 anos, quando eu estudava o material de Alice Bailey. Quando completei meus estudos sobre Bailey, o espírito me disse que eu estava parado em 1942. Afirmou ele que o meu estudo daquela material era essencial ao meu progresso espiritual, mas que eu precisava me atualizar e ter certeza de me manter a par das informações espirituais. Foi essa experiência que me levou a buscar informações diretas junto a Djwhal Khul, ao Senhor Maitreya e a Melquisedeque.

Muitas são as pessoas igualmente presas ao passado. Elas podem ter parado no material de Alice Bailey, nos *Discursos "Eu Sou"*, nos da década de 1930, no material de Edgar Cayce ou em religiões ultrapassadas. Nada há de errado no estudo de fontes antigas. Sou um dos mais entusiasmados proponentes disso. Mas as coisas evoluem de maneira constante, e as pessoas precisam atentar para não ficar cristalizadas em seu pensamento e aquém da sua percepção.

Não deixe que a sua consciência se prenda numa linha temporal passada, por mais belos que sejam os ensinamentos. O próprio Djwhal Khul disse nos livros de Alice Bailey que aquelas informações ficariam desatualizadas perto do final do século. É por isso que está sendo fornecida agora outra dispensação de informações. Julgo surpreendente que pessoas envolvidas com esses ensinamentos pensem que esses canais são os únicos dotados de capacidades de canalização de alto nível ou de capacidades telepáticas. Se assim fosse, seria como se a evolução se interrompesse. Trata-se de um pensamento errôneo, que retarda seu progresso espiritual.

Tenho tentado, nos meus livros, assentar alicerces a partir desses autores, que deram uma grande contribuição. Mas também atualizei o material a fim de trazê-lo para o presente. E forneci a dispensação do futuro. Estude os mestres do passado, pois eles vão lhe fornecer valiosas bases; depois, construa algo a partir disso. É o que faço nesta série, a *Pequena Enciclopédia do Caminho Espiritual*.

382. Novas Informações Fornecidas pelos Mestres

A chave de ouro seguinte foi dar livre curso à minha ação de perguntar, investigar, pesquisar e fazer experiências com novas ativações de ascensão. A maioria das ativações contidas nos meus livros se originou da minha pesquisa e da experimentação de novas idéias que surgiam. Passado algum tempo, os mestres, percebendo minha grande perseverança, começaram a ajudar. Busque você mesmo novas ativações e novas informações.

Descobri que os mestres não fornecem voluntariamente uma série de informações. Assim, use sua própria mente universal criativa para descobrir os segredos do universo. Vejo que os mestres muitas vezes oferecem uns fragmentos e eu os pego e fico fazendo perguntas até que todo o assunto seja iluminado por novas informações. Numa ocasião isso aconteceu com Djwhal Khul. Enquanto eu fazia perguntas sobre uma idéia criativa, surgiram certas informações sobre o computador holográfico do seu ashram. Ele disse que só planejava dar essas informações dali a seis meses. Mas eu não desisti enquanto ele não as deu a mim naquele momento.

Você pode perceber que se trata, em larga medida, de um processo bilateral. Eu diria que três quartos das informações dos meus livros vieram das perguntas que faço e das minhas investigações *à la* Sherlock Holmes de todas as idéias nas quais posso pensar. Muitas informações não teriam sido fornecidas não fosse a minha incansável ação de pesquisar. Muitas vezes, eu fazia a verificação de um grande número de diferentes ativações e só algumas eram bem-sucedidas.

Eu por vezes simplesmente batia à porta da camada espiritual mãe. Os mestres não me rejeitavam se eu pudesse aparecer com as perguntas certas. Foi desse modo que descobri o processo completo da ascensão cósmica e a maneira como ele funciona. Vendo o quanto eu estava descobrindo em nosso trabalho de investigação, eles começavam a me ajudar mais. Creio que terminei por criar um monstro, visto que, atualmente, quando medito, os mestres costumam me falar de outro livro que desejam que eu escreva. Melquisedeque me disse que até o ano 2012, esta série pode contar com até cinqüenta livros.

383. O Uso de Muitos Métodos para Descobrir Informações Espirituais

A chave de ouro seguinte do meu sucesso foi a minha contínua vontade de rezar, meditar e fazer perguntas. Nunca hesito em pedir a ajuda de Deus e dos mestres ascensionados. Foi assim que descobri algumas dessas inacreditáveis ativações. Eu meditava durante horas, sozinho ou com os meus companheiros de ascensão, recebendo as energias, rezando e fazendo perguntas.

Eu confiava na minha intuição e na minha telepatia e escrevia quaisquer perguntas que me ocorressem. Então, na meditação, eu as fazia. Muitas vezes isso não resultava em nada. Porém, em algumas ocasiões, a minha intuição e o meu vínculo com a mente universal me permitiam ter acesso a algumas valiosíssimas informações e ativações novas, a maioria delas mencionada neste livro. Minha vida tornou-se uma constante meditação.

384. O Registro de Idéias e de Perguntas

Esta chave de ouro do meu sucesso equivaleu a ter comigo uma caderneta de anotações e uma caneta, ou um minigravador, o tempo inteiro. Então, eu escrevia ou ditava idéias ou questões à medida que me vinham à mente. Às vezes, criava um questionário para submeter aos mestres. Se não registrasse essas idéias ou perguntas, eu me esqueceria delas.

385. Os Bancos de Informação

Outra chave de ouro foi a compreensão de que toda pessoa tem aquilo que se pode chamar de bancos de informação. Esses bancos têm sido lenta mas seguramente preenchidos a partir de vidas passadas e desta vida. Depois que tomei consciência disso, comprometi-me a preencher meus bancos de informação para a complementação da minha missão. Alguns canais têm capacidades de canalização limitadas porque os seus bancos de informação são limitados.

A DIFUSÃO DA PALAVRA

386. A Autoria de Livros

Esta chave de ouro foi escrever a minha série de livros. Isso não foi apenas um processo que me trouxe grande satisfação — também contribuiu amplamente para a minha cura.

Os livros podem ser escritos usando-se primordialmente ou a mente intuitiva ou a mente racional. Eu uso as duas, mas principalmente a intuitiva. Não passo muito tempo planejando nem organizando. A única coisa de que preciso é o título. Quando tenho o título, ele serve como a semente que brota e se desenvolve à medida que escrevo. A maioria das pessoas transforma a tarefa de escrever um livro numa missão impossível que requer anos para ser realizada. O meu modo de trabalhar consiste em sentar, sintonizar-me com Deus e os mestres e começar a escrever. Adoro escrever. É a parte mais agradável do meu dia. Entro num estado alterado de consciência e fico surpreso ao ver que se passaram cinco horas. Escrever tem um efeito de cura sobre o meu corpo físico desde que eu não exagere. Para mim, escrever ativa os chakras e faz que uma enorme quantidade de corrente espiritual me percorra o corpo.

Levo em geral umas poucas semanas para escrever um livro. Levanto bem cedo e escrevo por umas cinco horas. Então, digo que já basta de escrever e me concentro em outros projetos. Enquanto escrevo, os títulos dos capítulos e a organização do livro vão surgindo. Minha meta é escrever um capítulo por dia.

Uma das melhores maneiras de se tornar bem conhecido é escrever um livro. Os livros assumem vida própria. Viajam ao redor do mundo e tocam milhares de vidas. Por isso, estimulo você a escrever. Não faça uma série de preparativos minuciosos nem seja perfeccionista. Simplesmente tenha uma idéia e um título para o seu livro, reze — e comece a escrever. Você se surpreenderá com as coisas que os mestres e o espírito canalizam telepaticamente através de você. Não considero isso um trabalho. Toda manhã, mal posso esperar para me levantar e começar a escrever.

Quanto ao começo do livro — a página do título, o sumário, etc. — você pode copiar, se quiser, o que fiz nos meus livros. Então, simplesmente escreva. Mesmo que aquilo que você escrever ajude apenas uma pessoa, já valeu o esforço. Mesmo que você faça isso só para si mesmo, é um excelente exercício. Mas nunca se sabe. Aquilo que você escreve pode ajudar dez pessoas, mil ou um milhão. Se deixar a sua criatividade fluir, você vai considerar o ato de escrever uma experiência jubilosa e inspiradora. E não se preocupe em conseguir um editor. Apenas escreva. Peço a Sai Baba para me ajudar a publicar os livros. Ele e Melquisedeque são os meus agentes literários — os melhores do universo. Você pode fazer uma edição pessoal ou conseguir um editor regular. É fácil, divertido e rápido escrever livros se você deixar que o espírito e os mestres o ajudem.

387. Publicidade

A próxima chave de ouro foi o processo de me desapegar do medo de gastar dinheiro com publicidade. No começo, a mínima quantia parecia demasiada. Mas agora me surpreendo com a quantidade de dinheiro que gasto no envio de coisas às pessoas e de publicidade do Wesak e dos meus livros.

O segredo é acompanhar sua publicidade bem de perto para ver de onde vem a melhor resposta. Pergunte a toda pessoa que ligar para você como conseguiu seu número. Então, faça ajustes de acordo com o que funciona e com o que não funciona. Prefira publicações que sejam as melhores para o seu tipo de trabalho. Então, faça seus anúncios com o máximo de energização e estética em termos da redação e da apresentação gráfica, para que eles chamem a atenção das pessoas.

Talvez a coisa mais importante seja acreditar de todo o coração no que você faz, bem como saber que o seu trabalho serve aos mestres e ao plano divino. Então, disponha-se a investir em seu trabalho. Mande sua mensagem ao público no maior número de veículos e com a maior eloqüência que puder.

388. O Desenvolvimento do Meu Arquétipo de Vendedor

A chave de ouro seguinte foi o desenvolvimento do meu arquétipo de vendedor. Ultimamente, não tenho tido de me esforçar muito nisso, pois pareço ter capacidades naturais de persuasão, especialmente no tocante a Deus e aos mestres ascensionados.

Às vezes, a palavra "vendedor" tem uma conotação ruim, mas não posso pensar em nenhuma palavra melhor para usar. É importante falar convincentemente acerca daquilo em que você acredita. Quando falo às pessoas e lhes sugiro que comprem meus livros e fitas, que venham ao Wesak ou façam uma sessão de purificação, não falo a partir da minha personalidade, mas a partir do meu Eu superior. Sei que esses instrumentos e atividades serão altamente benéficos a elas. Na realidade, não estou vendendo coisa alguma; apenas partilho o meu entusiasmo natural com as pessoas.

Os Trabalhadores da Luz precisam ser capazes de exprimir entusiasmo pelo trabalho que fazem. Se você não vender a si mesmo, quem vai fazê-lo? Djwhal Khul chamou a minha atenção para isso certo dia quando me disse que o meu arquétipo persuasivo era altamente desenvolvido. Ele disse que essa era uma importante capacidade, mas até então eu não pensara sobre isso conscientemente. Eu simplesmente me exprimira com o meu entusiasmo natural.

389. A Criação de uma Rede de Contatos

Esta chave de ouro é o meu compromisso com o estabelecimento de uma rede de contatos. Isso inclui partilhar informações com pessoas, colegas, líderes espirituais e organizações espirituais ao redor do mundo. Isso tem sido uma parte muito importante no meu trabalho. Ninguém é uma ilha. A consciência de grupo é a chave para a nova era. Estamos todos juntos nisso. Ter contato com diferentes líderes e grupos espirituais é uma importante parte do estabelecimento da nossa interconexão. Cada conexão que fazemos cria uma faixa de luz na rede etérica do planeta.

Um projeto que fui inspirado a pôr em prática é instituir um encontro de lideranças um dia depois da celebração do Wesak no Monte Shasta. Trata-se de um encontro para líderes espirituais de todo o globo. Nessas reuniões, meditamos juntos e fazemos uma sessão de busca de idéias a fim de ver de que maneira podemos nos ajudar mutuamente e ao plano divino a que servimos. A nossa meta é trabalhar juntos como um potente corpo de grupo. Você pode imaginar o que aconteceria se todos os líderes e grupos espirituais do planeta começassem a trabalhar juntos e a se ajudar mutuamente? Quando nos unimos em torno de um propósito comum, não há limites para aquilo que podemos realizar. É através desse esforço grupal que o planeta e a humanidade vão ascender. Nós todos trabalhando juntos podemos criar o céu na Terra.

11

GEMAS DE OURO FINAIS CHAVES 390-420

Bênçãos Especiais e Penetração das Energias
Infusões de Luz
Infusões de Amor e Expansão do Coração
Energias Advindas da Mãe Divina
Ativações Cósmicas
Aceleração Ascensional Adicional
A Cura no Plano Interior
A Vida Elevada
Bênção e Graça dos Mestres Ascensionados

BÊNÇÃOS ESPECIAIS E PENETRAÇÃO DAS ENERGIAS

390. Invocação das Energias Combinadas de Melquisedeque, Metatron e Mahatma

Esta chave de ouro consiste em invocar o fluxo combinado de energia de Melquisedeque, de Metatron e do Mahatma. Deve-se fazê-lo, de início, durante breves períodos de meditação. Posteriormente, pode-se expandi-lo para períodos mais longos durante a meditação. Porém, como a energia combinada desses três seres cósmicos é muito forte (igual às bênçãos que eles dispensam), devemos receber isso, no começo, em pequenas doses. Depois, vão-se aumentando os períodos de meditação durante os quais você invoca esse fluxo de energia. A luz e a energia de cura desse processo particular são extraordinárias, ajudando em todos os aspectos do nosso processo de ascensão.

391. O Aumento de Energia por Meio da Graça do Mahatma

Esta chave de ouro lhe dá o mais alto nível de energia por meio da graça do Mahatma. Peça todos os dias ao Mahatma um aumento de sua penetração no seu ser. O efeito disso é tríplice: aumento da sua luz, aceleração da sua evolução e expansão de sua capacidade de servir ao mundo. Esse efeito tríplice vai-se expandir à medida que você continuar a pedir diariamente um aumento da penetração da energia do Mahatma.

INFUSÕES DE LUZ

392. O Aumento do Quociente de Luz por meio do Mahatma

Com esta chave de ouro, peça que as gloriosas energias do Mahatma ajudem a aumentar o seu quociente de luz. A bênção de luz que você receberá com esse pedido vai ajudá-lo amplamente em todos os níveis do seu ser.

393. A Ancoragem dos Cristais de Deus

Use esta chave de ouro para invocar Metatron, o arcanjo que personifica a própria luz, para ancorar em seu ser determinados cristais de Deus. Isso tem o efeito de aumentar grandemente a sua luz. Os cristais de Deus podem ser trazidos dos níveis planetário, solar, galáctico, universal, multiuniversal e da divindade. Quando fizer esse pedido, solicite os cristais de Deus que estejam no mais alto potencial apropriado para você nesse momento.

394. A Ancoragem do Corpo de Luz de Deus

Com esta chave de ouro, peça a ancoragem do corpo de luz de Deus no seu corpo de luz e em todo o seu ser. Isso vai-lhe proporcionar uma infusão de freqüências inauditas de luz, elevando o seu quociente de luz.

INFUSÕES DE AMOR E EXPANSÃO DO CORAÇÃO

395. Abertura dos 352 Níveis do Coração

A chave de ouro seguinte tem como efeito a expansão ampla do coração. Da mesma maneira que nos empenhamos em aumentar nosso quociente de luz, assim também temos de aumentar nosso quociente de amor na qualidade de elemento que nos mantém em equilíbrio e faz parte da nossa natureza divina e do nosso destino. O Mahatma, que penetra todos os 352 níveis de Deus, é o ser perfeito a quem pedir para aumentar os 352 níveis do seu coração. Faz parte do seu potencial o desenvolvimento de todos esses níveis do coração. Esta ativação serve igualmente para abrir os níveis do coração no âmbito do cosmos de que todos somos parte. Quando pedimos isso, é uma boa idéia concebê-lo como uma imagem holográfica.

396. O Aumento do seu Quociente de Amor Cósmico

Esta chave de ouro faz com que a energia do amor interaja cada vez mais com o nosso ser e com o nosso coração. A luz precisa ser equilibrada com o amor, e quem melhor para fazê-lo do que o próprio Sai Baba, sob cuja tutela e orientação divinas escrevi este livro? Peça a Sai Baba que aumente o seu quociente de amor cósmico, e faça isso regularmente. Sai Baba, sendo o Cristo cósmico, é o amor personificado. Ao lhe pedir essa dádiva divina, você estará expandindo o seu próprio coração e a sua própria capacidade de amar de maneiras inimagináveis. Não tenho palavras para dizer o quanto isso é importante, visto que, sem amor, não se pode ir muito longe no caminho. Quanto mais amor se tem, tanto mais divinos nos tornamos. Assim, peça a Sai Baba que continue a aumentar o seu quociente de amor cósmico.

397. A Expansão do Coração

Usando esta chave de ouro, invoque a divina trindade de Sai Baba, do Senhor Melquisedeque e do Senhor Buda para que ressoem no seu coração como um só. As energias combinadas desses três seres divinos abrirão ainda mais o seu coração e o inundarão com um grande amor — amor com que se extasiar, amor com que servir e amor para irradiar exteriormente a fim de bendizer o mundo.

398. O Banho de Vibhuti de Sai Baba

Com esta chave de ouro, peça a Sai Baba que o agracie com um banho de vibhuti etérica. A grande bênção da sua vibhuti preencherá de amor, de cura e de iluminação todos os níveis do seu ser. Você pode também pedir uma manifestação física real de vibhuti, embora isso só ocorra quando há um propósito específico e necessidade. Contudo, um banho de vibhuti etérica está à disposição de todos. Trata-se de uma imensa bênção de Sai Baba que vai deixar o seu corpo pleno de amor e de iluminação.

399. A Energia Combinada do Buda, de Cristo e de Maria

Use esta chave de ouro para pedir a marca arquetípica do Buda, do Senhor Maitreya e da Mãe Maria. Essa energia combinada traz consigo tanto amor que é como rejubilar-se no próprio amor. Esse amor não pode deixar de irradiar-se exteriormente, abençoando todos aqueles com quem você entra em contato.

400. O Amor do Coração Imaculado e do Sagrado Coração

Com esta chave de ouro, peça à divina Mãe o coração imaculado e o coração sagrado. Eles terão o efeito de trazer para você grandes bênçãos de amor — mais uma vez, permitindo-lhe espalhar essas bênçãos de amor pelo mundo.

401. O Amor de Mestres Masculinos e Femininos Fundamentais

Usando esta chave, invoque os sete anfitriões espirituais fundamentais: o Senhor Melquisedeque, o Mahatma, o Senhor Metatron, Sai Baba, o Senhor Maitreya, o Senhor Buda e Djwhal Khul. Envolva igualmente as sete mestras fundamentais. Em primeiro lugar, invoque a Mãe divina, que abarca o próprio princípio feminino. Invoque então Mãe Maria, Quan Yin, a Senhora do Sol, a Senhora Liberdade, a Senhora da Luz, Ísis e Atena. Peça-lhes para se ancorarem em seu coração; isso fortalecerá o vínculo que já existe em seu íntimo. À medida que o seu vínculo com esses seres gloriosos for aumentando, eles irão dispensar bênçãos a você em todos os níveis. Eles procuram apenas servir e esperam o seu convite.

A natureza expansiva do seu amor só pode ser descrita como bem-aventurança. A dádiva que eles lhe concedem por meio dessa ancoragem no coração, você a transmitirá a outros pelo simples fato de estar repleto desse amor.

ENERGIAS ADVINDAS DA MÃE DIVINA

402. O Banco Ascensional da Mãe Divina

Com esta chave de ouro, peça que o banco ascensional da Mãe divina seja instalado em seu ser e em sua casa. Peça também para ser levado ao nível apropriado do banco ascensionado da Mãe divina a fim de se sintonizar de maneira mais plena com o princípio feminino da criação.

403. O Rosário da Mãe Divina

Esta chave de ouro também invoca profundamente a energia feminina universal. Há nos reinos etéricos um magnífico rosário cor-de-rosa que é levado pela Mãe divina. A essência desse rosário é duplicada e posta ao redor do pescoço de todos os que o invocam. Ele serve para proteger, curar e infundir todo o seu ser com o amor que vem da própria Mãe divina. Para receber sua própria dádiva desse rosário, simplesmente peça por ele humildemente e com amorosa devoção. Você pode então entrar em sintonia com a Mãe divina por meio do seu rosário e ter sua presença amorosa, curativa e protetora cercando-o em todos os momentos. Na verdade, a presença da Mãe divina está sempre ao nosso redor, mas esta dádiva aprofunda a nossa sintonia com ela e é uma bênção prodigiosa.

ATIVAÇÕES CÓSMICAS

404. O Cetro de Platina

Com esta chave de ouro, invoque Metatron durante a meditação e peça para ser tocado e abençoado com o seu cetro de platina. A platina é a mais elevada cor da energia, e ser tocado e abençoado por Metatron com a voltagem divina desse cetro é uma experiência iluminadora e de transformação. Em última análise, o cetro de platina fica permanentemente instalado à medida que o iniciado se torna capaz de se relacionar e de processar essa energia divina rarefeita. Contudo, isso será feito por Metatron, quando este julgar o momento certo. Mas peça regularmente para ser tocado e abençoado por esse cetro de platina. Cada contato prepara os veículos para voltagens e correntes divinas cada vez mais elevadas, e abençoa você com essas correntes de energia divina. Assim, peça humildemente a Metatron para tocá-lo com o seu glorioso cetro de platina.

405. Pacotes de Sementes Cósmicas

Com a primeira parte desta chave de ouro, sintonize-se com Hélio e Vesta, que formam o nosso Logos Solar. À medida que nos tornamos seres solares, o nosso amor e a nossa sabedoria se ampliam para além do reino do sistema planetário e se encaminham para o reino mais elevado do sistema solar. Peça que esses pacotes de sementes de amor/sabedoria sejam ancorados em seu íntimo. Eles serão de grande ajuda para você nesse processo de expansão. Quando invocados, deitarão raízes e crescerão dentro de você, ajudando-o a ficar cada vez mais cônscio e desperto em níveis solares.

Levando esse processo ainda mais longe, peça a Melchior que ancore em seu ser pacotes de sementes galácticas. No nível seguinte, peça a Melquisedeque para ancorar pacotes de sementes universais. Por fim, peça ao Mahatma pacotes de sementes que vão até o 352º nível da divindade. Esses pacotes são ancorados no interior do nosso ser a fim de preparar o caminho para expansões cada vez maiores, pelos vastos níveis cósmicos, de volta à Fonte.

406. O Tecido da Ascensão Solar e os Cristais de Deus

Usando esta chave de ouro, invoque Vywamus toda noite antes de dormir para tecer seu tecido de ascensão e ancorar em seu ser cristais solares de Deus. Visualize Vywamus tomando as próprias mãos e, através do poder e da luz desses cristais de Deus, tecendo o seu tecido de ascensão. Veja-se então a si mesmo sendo elevado em sua ascensão por esses cristais de Deus e por seu extraordinário tecido de ascensão. Essa é uma maneira maravilhosa de adormecer em paz. Saiba que esse processo continuará nos planos interiores ao longo da noite. Peça que isso seja feito em todos os 352 níveis do Mahatma, de acordo com a vontade de Deus.

407. A Assistência de Sai Baba à sua Ativação Solar

Esta chave de ouro é uma continuação da anterior. Invoque Sai Baba toda noite para assistir sua ativação solar. Peça-lhe essa ajuda bem como a bênção de sua constante proteção e de seu auxílio contínuo em sua realização de Deus em todos os níveis.

408. Descarga do Comando Ashtar

Esta chave de ouro consiste em pedir a descarga do Comando Ashtar. Então, certas freqüências e informações serão instaladas no seu sistema de quatro corpos a fim de ajudá-lo a funcionar num nível mais alto de luz, de amor e de sabedoria.

409. Descarga Arcturiana

Esta chave de ouro se assemelha à anterior, com a diferença de que você pede uma descarga a partir dos arcturianos. Assim, a energia instalada no seu sistema de quatro corpos será codificada especificamente com freqüências arcturianas. Mais uma vez, isso o fará passar a níveis cada vez mais elevados de amor, de luz e de sabedoria.

ACELERAÇÃO ASCENSIONAL ADICIONAL

410. Ativação Ascensional para Toda a sua Mônada

A chave de ouro seguinte consiste em pedir uma ativação de ascensão para toda a sua mônada, o que inclui as doze superalmas. Lembre-se de que você faz parte desse todo e de que quanto maior a obra de serviço que você fizer por toda a sua mônada, tanto mais você fará por si mesmo.

411. O Cetro de Luz do Buda para Acelerar a Ascensão

Com esta chave de ouro, peça para ser abençoado com o cetro de luz do Senhor Buda, que assumiu a posição de nosso Logos Planetário no Wesak de 1995. A força e as bênçãos do seu divino cetro de luz vão enchê-lo de uma luz e um amor tão fortes, que a sua freqüência de ascensão aumentará enormemente. O cetro de luz do Senhor Buda tem íntimo contato com a ascensão planetária, visto que agora ele é o Logos Planetário. Os benefícios que isso traz ao seu trabalho de ascensão são demasiado numerosos para ser relacionados. Trata-se de algo que promoverá uma imensa aceleração do seu processo pessoal de ascensão e do da própria Mãe Terra.

412. Sua Mais Elevada Onda de Ascensão Possível

Usando esta chave, peça para ser colocado em sua mais elevada onda de ascensão possível. Como você sabe, o processo de ascensão está sendo feito em formações de grupo, ou ondas. Na verdade, cada um de nós está na crista da onda apropriada, e todas as ondas são uma graça de Deus e se acham em alinhamento com a alta freqüência da evolução da Terra neste momento. Porém, como você sabe, a minha filosofia é avançar na mais alta taxa possível que seja segura. Isso nos torna mais disponíveis para fazer a nossa obra de serviço, assim como nos faz avançar em nosso caminho pessoal de ascensão. Tendo isso em mente, simplesmente peça que, pela graça de Deus, você seja colocado em sua mais elevada onda de ascensão possível. Então, desapegue-se e confie que tudo está se desenvolvendo à perfeição no âmbito do plano divino de Deus.

413. Purificação e Integração das 10.000 Extensões da Alma

Esta é uma chave de ouro extraordinária. No meu processo de ascensão, fui orientado a passar do pedido de purificação das minhas 144 extensões da alma ao pedido de purificação das minhas 10.000 extensões da alma. Isso porque eu completara o que precisava fazer com as 144 e era hora de passar a um agrupamento maior.

Não é aconselhável que todos façam isso. Todavia, desejo partilhar com você a vastidão e continuidade do processo de expansão divina. Tudo se move para a frente e para cima e se torna mais abrangente. Antes de invocar esse pedido, você precisa saber com certeza que completou os sete subníveis da sua sétima iniciação, e de que está se expandindo para dimensões superiores. É uma medida de bom senso verificar isso.

Então, e só então, você deve iniciar o processo de invocar a purificação das 10.000 extensões da alma de que você é parte. Sempre conclua o pedido com "... ou o maior número possível de extensões da alma neste momento, de acordo com a vontade de Deus". Os benefícios são incrivelmente expansivos, mas esta invocação tem de ser usada com muito cuidado.

A CURA NO PLANO INTERIOR

414. Os Agentes de Cura Galácticos

Esta chave de ouro consiste em invocar a cura divina dos agentes de cura galácticos. Um dos departamentos do governo cósmico é o departamento médico, cujo pessoal são agentes de cura maravilhosos. Quando são chamados a entrar em ação, eles nos dirigem correntes de cura de energia cósmica que beneficiam nossa saúde física, etérica, emocional e mental. Tudo de que eles precisam da nossa parte é o nosso chamado e uma atitude receptiva. Não posso estimular mais você a chamar esses agentes de cura avançados para qualquer necessidade de cura que você possa ter. Eles tiveram sobre mim um efeito maravilhoso, e sempre estão ávidos para ajudar.

415. O Raio de Energia Combinada de Melquisedeque, Metatron e do Mahatma

Esta chave de ouro combina a energia de três grandes seres cósmicos para a cura em todos os níveis. Peça que um raio de energia combinado de Melquisedeque, Metatron e do Mahatma seja dirigido para qualquer área do seu ser que precise de cura. Peça o envio desse fluxo de energia combinada para levar a efeito mais leveza e saúde no seu sistema de quatro corpos. Peça isso a fim de poder prestar o máximo de serviços com maior facilidade.

Lembre-se de que os que servem ficarão muito felizes em apoiá-lo em sua obra de serviço. Eles desejam ajudá-lo a atingir um lugar saudável e pacífico dentro de você mesmo de modo que você possa fazer o seu trabalho espiritual. Lembre-se de que ajudar a nos curar faz parte da obra de serviço *deles*.

A VIDA ELEVADA

416. Sua Matriz Divina Mestra

Com esta chave de ouro, peça a Melquisedeque a dispensação relativa a uma ancoragem mais completa da sua matriz divina mestra. Faça-o pedindo que os minifuracões teçam sua matriz divina no tecido de todo o seu ser. Trata-se de um valiosíssimo instrumento para despertar e ativar a sua matriz divina, bem como para promover uma consciência maior da parte que lhe toca no plano de Deus.

417. Sua Obra Mais Elevada de Serviço nos Planos Interiores

Use esta chave de ouro para pedir a Deus e aos mestres que o ajudem a encontrar sua mais elevada e mais harmoniosa área de obra de serviço nos planos interiores. Todas as pessoas têm uma vida no plano interior; os que lêem estas páginas têm uma vida muito ativa nesses planos e estão servindo aí de alguma maneira. Você poderá obter ajuda a partir do pedido para ser colocado numa função do plano interior de que você mais gosta, em conjunção com aquela em que é mais necessário. Isso auxiliará você a avançar em seu caminho nos planos interiores, bem como a ligar a sua mente consciente com o trabalho que você faz ali, de modo que você possa ter lembranças de fazer seu trabalho do plano interior.

418. Bilocação

Esta chave de ouro tem que ver com a bilocação. Na verdade, todos os que alcançamos certo estágio de evolução espiritual nos bilocamos o tempo inteiro. Sempre que entramos em sintonia com os mestres, enviamos uma parte de nós mesmos — um aspecto da nossa consciência — a um ashram dos mestres, a vários bancos ascensionais ou eventos do plano interior. Em nossas horas de sono, a bilocação é, tal como o descanso e os sonhos, parte integrante daquilo que fazemos. À medida que evoluímos, esse processo também evolui e vamos ficando cada vez mais conscientes da bilocação e adeptos dela.

Quando a bilocação é levada ao extremo, os mestres em plena manifestação podem fabricar seus corpos mayavarupa e aparecer fisicamente às pessoas. Esse é o caso de Sai Baba quando é visto por um grupo de pessoas em seu ashram e por outro grupo num lugar totalmente diferente — é possível que quase do outro lado do mundo.

Comece a praticar a bilocação indo aos vários bancos ascensionais apresentados neste livro. Você pode pedir para se bilocar a fim de visitar Sai Baba em seu ashram na Índia. Você pode pedir para ir ao ashram de síntese do plano interior de Djwhal Khul ou aos ashrams dos diferentes chohans. E pode visitar Melquisedeque em seu ashram na gloriosa Câmara Dourada. Você logo perceberá como é fácil fazer a bilocação e que o universo infinito de Deus é o seu parque de diversões. Não é preciso ser clarividente nem clauriaudiente para fazê-lo. Todos serão capazes de sentir e de captar energeticamente a experiência da bilocação.

419. O Aumento de Eficácia das Fitas de Áudio

Esta chave de ouro está relacionada com a amplificação das energias que você recebe de fitas de áudio espirituais. Ao escutar uma fita de meditação ou de afirmação, invoque os mestres e peça que a eficácia da fita seja a mesma que ela teria se você mesmo pronunciasse as palavras. Isso amplifica por dez mil a sua eficácia.

As fitas de áudio são maravilhosos instrumentos de invocação, afirmação, ativação e meditação. Quando se escuta uma conversa ou uma palestra espiritualmente inspiradas, a vibração das palavras abre de fato portais que conduzem aos próprios reinos de onde vêm as palavras. As palavras são transmissoras de freqüência. Ao assumir um papel ativo enquanto escuta, ao mesmo tempo que mantém a atitude receptiva, você se une a quem fala e combina com as dele as suas energias. Isso multiplica essas energias ao fazê-las vir do interior do âmago do seu próprio ser bem como dos locutores na fita. Mantendo uma atitude receptiva, você também permanece totalmente relaxado para receber a vibração da palavra que é transmitida.

Escutar dessa maneira permite que você seja tanto doador como receptor, equilibrando as energias masculinas e femininas, yang e yin. Assim, você obtém os melhores resultados possíveis da fita que escuta. É dessa maneira que uso fitas de meditação, de ativação e de afirmação, e isso faz maravilhas para mim. Eu transmito esse método a você para lhe possibilitar a recepção desses resultados amplificados quando escutar suas fitas.

420. O Uso Divino do seu Tempo e de suas Atividades

Nesta chave de ouro final, advirto-o que se lembre de que você pode usar o seu tempo e as suas atividades como oportunidades de aceleração da sua evolução espiritual. Se estiver trabalhando, pode usar o tempo de trabalho para fazer que a luz e as energias de cura lhe percorram o corpo; basta que você peça. Enquanto trabalho, eu sempre reservo um momento para pedir a Sai Baba, ao Senhor Arcturo e ao arcturianos para fazer que sua energia me percorra, carregando de luz e de cura meu sistema de quatro corpos.

Você também pode pedir que a energia do amor o percorra. O amor divino é a mais prodigiosa energia de proteção e de cura. Essas energias do amor, da luz e da cura vão elevá-lo e mantê-lo energizado. Você também pode enviar as energias para o exterior a fim de que elas possam servir continuamente àqueles com quem você entra em contato.

Se a sua profissão liga-se à arte da cura, a invocação dessas energias terá especial utilidade em seu trabalho. Como acentuei inúmeras vezes, não é preciso viver nem um minuto "longe" de Deus. Sempre é possível praticar a presença de Deus e ser infundido de Suas energias. Você quererá ter momentos específicos para ficar em silêncio, para meditar e para se renovar — sozinho, com seus companheiros de ascensão ou num grupo maior. Mas a conexão com a Fonte é um processo que pode e deve ser invocado em todas as situações e em todos os momentos. Enquanto assiste a um filme ou à tevê, ouvindo música ou cuidando de suas atividades diárias, peça para receber energias de Deus Pai/Mãe ou de um mestre específico, e isso lhe será concedido.

Isso se aplica igualmente ao período do sono. Todos os discípulos, iniciados e mestres devem ir dormir com a intenção de se aproximar de Deus nos planos interiores. Peça para sentar-se em bancos ascensionais, para ir a aulas do plano interior e para servir. Deus é uma aventura 24 horas por dia, sete dias por semana, de todo momento no qual estivermos envolvidos. Se assim é, por que não obter o máximo de cada momento por meio do alinhamento das suas energias com as energias divinas o tempo inteiro? Dessa maneira, já não haverá "estar em meditação" e "não estar em meditação". A própria vida será considerada, sentida e vivenciada como uma grande meditação em ação de Deus.

BÊNÇÃO E GRAÇA DOS MESTRES ASCENSIONADOS

A redação deste livro, o trazê-lo à manifestação por meio da palavra escrita, é por si mesmo uma bênção, e Joshua prestou um grande serviço ao fazê-lo vir à luz. O livro ajuda a transpor o hiato entre os ensinamentos dos mestres ascensionados, o movimento da Nova Era e a missão de amor e de Deus na Terra que cabe a Sai Baba. Como essa missão abarca a tradição oriental, ele tem sido acessível a todos os que fazem parte dessa tradição, particularmente na Índia. Mas sua missão e sua obra vão além de tudo aquilo que se puder imaginar, razão por que os seus devotos estão espalhados pelos quatro cantos do globo, atravessando os vários planos terrestres e expandindo-se no rumo do próprio cosmos.

Para todos os propósitos práticos, Sai Baba está na Índia, e no pequeno lugarejo de Puttaparthi. Aqueles a quem ele chama vão até ele. Ele vai até aqueles que clamam por ele e até os que o chamam não pelo nome mas pela devoção e pelo amor de Deus. Seu trabalho é feito primordialmente na Índia, mas a sua missão se destina a despertar o mundo inteiro. Ele acolhe todos os caminhos verdadeiros, porque Deus abarca a totalidade, e é sob essa luz de integralidade e de santidade que ele deseja ser visto e conhecido.

Ele trabalha com os mestres ascensionados; e como poderia não fazê-lo? No entanto, tantos, mesmo os que alcançaram grande avanço, têm uma parcela de visão limitada que precisa ser expandida. Essa foi a inspiração deste livro e uma de suas motivações básicas. Há aproximadamente uma década, buscavam-se avidamente os mestres orientais, podendo Sai Baba, dessa maneira, fazer-se mais conhecido daqueles que buscam. Agora, muitos estão despertando para a sua própria maestria e tomando consciência dos ensinamentos dos mestres ascensionados e do movimento da ascensão. Isso é bom; é o plano divino. Mas é com esses mesmos Trabalhadores da Luz que esse glorioso avatar deseja trabalhar de maneira mais eclética, a fim de ajudá-los em seus empreendimentos e vir em seu auxílio — e àqueles que lêem estas páginas — em sua evolução planetária e cósmica.

Desse modo, que se saiba que não há divisão entre Oriente e Ocidente, exceto na mente da humanidade e em certas formas de manifestações apropriadas ao clima de um agrupamento específico de almas. No sentido fundamental, contudo, não há divisão, e com certeza ela não existe entre a divina motivação de sua santidade o Senhor Sai Baba e a que move a nós, os chamados mestres ascensionados e a outros mestres verdadeiramente evoluídos de todos os caminhos, sejam indianos, asiáticos, americanos nativos ou os arcanjos, os elohins e a hierarquia celestial de extraterrestres positivos!

Nós, assim como vocês, temos uma função específica a exercer. Disso podem vocês ter certeza! Porém, tal como uma orquestra formada por muitos Krishnas/Cristos/sacerdotes/sacerdotisas, cada um de nós faz soar a nota que lhe cabe, tocando nossa melodia peculiar na flauta divina — criando uma gloriosa sinfonia cósmica! É a audição de todas as nossas notas que desejamos fazer sentir no íntimo de vocês, bem como a união de todos os verdadeiros caminhos da iluminação, sob a proteção do Deus único de que todos procuramos fazer vocês tomarem consciência. Dessa forma, o caminho que vocês percorrem pode ser abraçado plenamente — e conhecido como *o* caminho. Porque então não haverá divisões em seu coração quanto a quem seguir. Vocês seguem a Deus, a Brahman, em seu coração. E descobrirão os muitos mestres dos seus próprios níveis, graduados mas não comparáveis, esperando para ajudar vocês. Vocês também vão encontrar seres da linha angélica de evolução e extraterrestres avançados, todos eles procurando servir os que evoluem na linha terrena de evolução, à espera, com os braços abertos de luz, de amor e de poder — Shiva e Shakti — buscando apenas servi-los.

Façam o favor de não limitar a imensidão de Sai Baba, ou, na verdade, de qualquer um de nós, por meio de sua mente. No caso de Sai Baba, ele é um dos que nasceram despertos, tendo, portanto, ido ao encontro de vocês, sabendo que é Deus. Saibam que ele é um verdadeiro avatar no meio de vocês. Mas perguntem o que esse ser desperto procura partilhar com vocês. O que um avatar de Deus procura dizer aos devotos, àqueles que buscam e aos Trabalhadores da Luz de Deus? Na verdade isto e só isto: que vocês também são Deus. A diferença que há entre nós reside no nível de desenvolvimento no interior do nosso eu-Deus. O que Baba pode trazer e traz a vocês a partir do seu nível de desenvolvimento de vasta expansividade — acerca do qual vocês ponderam, mas que não podem apreender plenamente — são seus siddhis, ou poderes, usados apenas para servi-los de modo que vocês possam aprofundar e expandir sua própria esseidade em Deus, o Uno.

Ele quer que vocês saibam que ele está aqui mais como uma mãe ou um pai, uma irmã ou irmão ou um amigo dedicado que deseja fazê-los saber que está aqui para que vocês obtenham conforto junto a ele ou recorram à sua assistência. Ele está aqui, amados. Ele está no coração de vocês, no amor de vocês, na evolução de vocês. Conheçam-no lá/aqui, no interior de vocês mesmos. Falem com ele, escrevam-lhe, peçam sua orientação.

Há, contudo, uma coisa que vocês nunca devem fazer com Baba. Trata-se de comparar a maneira como ele se revela a vocês — as dádivas divinas do universo que ele traz — com o modo como ele se revela aos irmãos e irmãs de vocês. Há alguns que precisam de uma manifestação física, tangível, a fim de abrir o coração a Deus. Trata-se de botões muito tenros que buscam e precisam sentir e tocar a luz, porque então, com lágrimas de devoção, eles se comprometem ainda mais com o caminho da luz e do amor.

Outros ele tem próximos de si, e fica próximo deles, conectado por meio das vastidões do tempo, conectados pessoalmente no âmbito de sua encarnação como Shirdi Sai Baba ou mediante uma linhagem de devoção e de amor que existiu em planos interiores ou exteriores. Também a estes ele pode dar um presente específico como lembrança e renovação de um antigo relacionamento. A alguns ele não dá essas coisas porque dá de outras maneiras, diretamente por meio do coração, em sonhos ou nos planos interiores. Aqueles dentre vocês que estão nesta categoria sabem que ele está tanto com vocês quanto o está com os portadores de certos medalhões ou anéis ou de manifestações de vibhuti.

Há um propósito em tudo aquilo que ele faz, mas nunca comparem a maneira como ele corretamente escolhe manifestar seus propósitos ou dádivas. Nenhuma delas é melhor do que outra, mas cada uma serve a uma função específica. Se levanta um homem do sono da morte, ele não o faz por ser esse homem melhor do que vocês, mas por ser esse o melhor modo de tirá-lo do seu sono terrestre e conduzi-lo para Deus. Ou talvez porque cumpra um antigo acordo que envolve fazê-lo a fim de demonstrar à humanidade a ilusão do sono da morte. Todas essas coisas e questões vocês não podem saber; mas o que têm de saber é que há um propósito específico por trás de tudo o que ele faz e de que ele está igualmente disponível a todos.

Sai Baba vem para a humanidade tal como é necessário e tal como é chamado a vir. Ele vem despertar e realizar um propósito divino. Nesse propósito não há divisão em parte alguma. Não há distâncias, nem há separações. O amor é a chave essencial, ao lado da devoção, para os ideais divinos que ele representa. Há muitos que pensam que o seguem, mas ele superou há eras esse conceito de pessoalidade. Logo, a quem eles/vocês seguem então? Ao seu próprio eu-Deus excelso! E para onde o seguem? Para uma expansão cada vez maior de sua própria maestria! Vocês são Deus seguindo seu caminho de Deus no âmbito do Ser Eterno Único de Deus! Ele está aqui para representar isso. Assim, sigam de fato seu divino chamado, mas percebam igualmente que ele é um representante que está revelando o Deus desperto ao Deus em vias de despertar — e mesmo ao Deus adormecido. Eis o que ele é!

Todavia, a forma serve a uma grande função, não é? A forma de Baba permite que essa parte cosmicamente desperta de Deus fale com as partes de Deus que despertam e ascendem, permite que ela as toque, que ela as cure e as conforte. Em muitos aspectos, seus ensinamentos são simples. São pequenas demonstrações daquilo que o grande amor é capaz de fazer. São maneiras de captar a atenção ou modos de despertar. Sua localização física remota testa os limites da dedicação, da devoção e da vontade humana de se sacrificar em favor de Deus.

Não obstante, não caiam na armadilha de pensar que vocês não se mostram à altura do teste se não fizerem uma peregrinação a Puttaparthi. Se vocês não estiverem entre aqueles cujo destino é fazê-lo — se não há uma lição específica e definitiva a ser aprendida nem a necessidade de vocês irem até lá —, ele virá a vocês, pois vocês não foram chamados. Há aqueles que se sentem impelidos a ir mas que encontram tantos obstáculos a cada passo que terminam por nunca fazer a jornada. Saiba que ele mesmo colocou os obstáculos e que vocês cumpriram seu propósito simplesmente ao ter o desejo de ir ou ao se prepararem para ir. Se for esse o caso de vocês, não se preocupem; ele está com vocês de qualquer maneira. Do mesmo modo, vocês foram poupados de muitos dias de viagem, da ingestão de alimentos com os quais não estão acostumados e do uso de águas estranhas! Dizemos isso de coração leve, com sorrisos e risos, pois tudo isso é uma brincadeira cósmica, uma brincadeira de luz e de amor.

Entre vocês, há os que, encontrando-se lá, desejam partir antes da hora determinada pelo espírito. Estes se vêem como residentes da Índia por mais tempo do que esperavam ou desejavam, e ficam frustrados com os empecilhos que se apresentam à sua partida. Também vocês devem ficam em paz, porque são retidos até que as lições necessárias sejam assimiladas, ou até que a exposição perfeita ao seu amor imenso os tenha preenchido ao máximo. Talvez seja o próprio solo da Índia que os retêm lá, evocando lembranças de encarnações há muito esquecidas, ou talvez a necessidade de aprender com os santos da Índia aquilo que a sua alma foi buscar em primeiro lugar. Tudo o que Baba lhes pede é sua confiança e sua fé nessas questões, e que vocês saibam que sempre estão sob o olhar e a orientação dos seus divinos e benditos olhos.

Quanto ao seu propósito e ao trabalho que ele faz, permitam-nos repetir que não lhes é dado compreender a altura, a profundidade e o alcance disso — e, mesmo assim, quantas coisas ele dá a todos vocês! Por favor, sejam receptivos e procurem dar atenção a este livro. Pedimos especialmente que se transmita que ele trabalha conosco, com aqueles que vocês chamam de mestres ascensionados. Ele trabalha igualmente com outros avatares cósmicos, embora seja privilégio dele ser o único que caminha em seu meio como um de vocês, sendo ao mesmo tempo o grande ser cósmico que é. Não tentem compreendê-lo pessoalmente, mas, em vez disso, tentem revelar o Deus que vocês são, e ele aí estará presente. Embora sirva a vastos propósitos divinos, ele tem uma força, sua forma mayavarupa, e pisa no solo sagrado da Terra a fim de servir como mestre e amigo. Saibam que o amor, a energia devocional e a luz que ele simultaneamente é e demonstra são vastos o suficiente para abarcar todos vocês em sua aura.

Não se pode compreender Sai Baba pessoalmente porque ele está, em verdade, além do pessoal, ainda que possa ser conhecido e amado, bem como servi-lo e conhecê-lo pessoalmente por meio das visões, murmúrios e orações de vocês. Foi por esse motivo que ele tomou uma forma que lhe permitisse caminhar na Terra e, desse modo, dispensar todas as bênçãos possíveis que estejam em harmonia com a vontade divina. Saibam que ele não é a figura máxima de uma dada religião. Todas as verdadeiras religiões e caminhos são de Deus, e é a Deus que ele representa. Embora tenha muitos discípulos, ele não é um guru típico em nenhum sentido da palavra. Ele é a personificação do EU SOU, do EU SOU de Brahma, de Vishnu e de Shiva. Ele é o atman, o Eu mais elevado de vocês, e, portanto, Brahman, o Eu. Sai Baba vive dentro de todos vocês.

Ele põe sob suas asas devotos e estudiosos de todos os caminhos, de todos os países, de todas as raças, de todos os credos, de todas as religiões. Ele traz vocês, leitores, sob a sua asa. Porque, pelo próprio fato de ler este livro e a devoção nele contida, e ouvir histórias sobre seus gloriosos atos de serviço, o seu coração se abriu ao amor, à luz e à santidade. E, por conseguinte, o seu coração se abriu a ele. Ele é aquilo que vocês estão no processo de se tornar em sua jornada cósmica no íntimo de Deus. Aceitem, por favor, amados, aquilo que ele tem a oferecer, peçam a sua ajuda na jornada que vocês fazem. Ele está sempre à disposição.

Aqueles dentre vocês que conhecem o caminho da ascensão, conhecem-no agora um pouco mais. Ele trabalha conosco, mestres planetários ascensionados, bem como com aqueles que vocês chamam de mestres cósmicos. Estejam cônscios da unidade que existe entre sua santidade e nós, os mestres, porque essa unidade se reflete na Terra e nela deve se manifestar. Oriente e Ocidente são apenas rótulos diferentes para certas áreas do planeta. Do ponto de vista do todo, há somente o todo, e a Terra é um só planeta. Não a dividam. O amor, a sabedoria, a iluminação são abundantes em toda parte. Eles podem ser encontrados na próxima revelação, na próxima introvisão, no próximo passo da jornada.

Àqueles que estão no caminho da ascensão e que chamam a si mesmos de pessoas da Nova Era, dizemos que há muito daquilo que vocês consideram novo que se acha oculto nos ensinamentos orientais e asiáticos, bem como em outras tradições do passado. Essa luz ali se oculta porque, no passado, se destinava apenas aos poucos que estavam prontos. Agora, os muitos estão prontos; por isso, busquem essa luz. Aos americanos dizemos que vocês pisam num solo abençoado por muitos mistérios ocultos dos americanos nativos e no chão bendito que abriga mais de um vórtice de luz, de amor e de poder. Pesquisem esses mistérios e procurem revelá-los a partir dos lugares em que se ocultam.

Quanto à sua santidade o Senhor Sai Baba e nós, os mestres ascensionados do plano interior, saibam que não há lugar no qual não estejamos, e que buscamos apenas servir e despertar a todos. Em nosso coração e mente, não há divisão de pessoas ou caminhos; por isso, amados, não imaginem haver alguma aí. Para nós, não há distâncias demasiado grandes, nem situações eivadas de dificuldades em demasia. Se não conseguirem a resposta que buscam de nós, fiquem seguros de que obterão a resposta de que precisam e de que não foram desprezados.

Quanto aos amados discípulos de Sai Baba ao redor do mundo, ele agradece a vocês por manter sua presença diante do mundo num grande número de nações e comunidades. Quando vocês se reúnem em seus encontros Sai Baba, ele aí está em amor e luz, liderando todos os bhajans. Seu trabalho presta um grande serviço ao plano dele. Mas saibam também que, à medida que o mundo fica menor cada vez mais por meio da evolução e da comunicação, Sai Baba tem de se ampliar. Ampliar-se em termos de ser conhecido e chamado a servir a pessoas que seguem um caminho mais amplo do que apenas aquele que leva o seu nome. Ó devotos seguidores do seu divino e abençoado propósito, ajudem a incluir esses outros a fim de que a sua missão possa se expandir! Ajudem a tornar possível àqueles de outros caminhos a participação em seus grupos na meditação, na devoção, nas orações, nos bhajans e na sabedoria que vocês mantêm por ele. Façam-no, contudo, sem lhes pedir, quer aberta ou sutilmente, que deixem o caminho que é o seu destino.

Neste momento, estamos todos lançando este chamado de unidade. Recebemos uma grande ajuda do fato de Joshua ter escrito este livro para toda a humanidade a fim de integrar caminhos aparentemente diversos. Percebam novamente que Sai Baba não busca seguidores, mas busca aqueles que partilhem do amor e da luz que ele tem para dar. Ele está aqui para servir a cada um e a todos vocês e para estender as suas bênçãos a todos, porque vocês todos são filhos do Uno. Assim como a centelha é a chama, assim também o atman (o eu-Deus de vocês) é Brahman (Deus, o Uno), e nada existe fora do todo. Ele aceitou vir à Terra na forma a fim de que os seres humanos pudessem ver o que são capazes de ser à medida que cada vez mais luz e amor são iluminados no interior da essência do seu ser. Ele está aqui para que a humanidade possa conhecer Deus. E assim foi que ele assumiu a forma.

Deixem que a forma dele sirva a vocês, mas não o limitem à sua forma, pois isso seria uma vã tentativa de limitar o ilimitado. Por essa ótica, ele pede a vocês que cresçam, evoluam, se expandam e vivam em suas próprias formas, mas que não se limitem a essas formas, pois também vocês têm uma natureza divina que estão apenas começando a conhecer. Ele está aqui para vocês tanto em sua forma como em sua face sem forma. Ele está aqui para que vocês possam vê-lo e tirar fotos dele de modo a poder transmitir a vocês níveis de amor e de luz que ultrapassam em muito a visão e as fotos.

Quando receberem o darshan e tocarem os pés de Baba, dediquem a sua devoção a Deus, e não a ele pessoalmente, porque ele está aqui como representante do eterno. Mas também está aqui agora em forma, neste período histórico de grande expansão. Assim, chamem-no, porque ele já os chamou. Na luz que ele traz e na luz que ele é. No amor que ele traz e no amor que ele é, ele realiza atos de graça para que vocês possam ver as obras de Deus reveladas. Saibam que é este o motivo de sua presença aqui: revelar Deus em tudo o que ele faz. E saibam que ele está absolutamente disponível para vocês, bastando para isso pedir.

Saibam também que vocês estão aqui para revelar a luz do amor de Deus, para agir como Deus da mais elevada maneira que souberem. Em conseqüência, dizemos a todos os puros de coração que já dispomos de fato de um propósito comum. Sempre que o seu coração parecer árido, sua mente sobrecarregada ou sua saúde apresentar problemas, chamem sua santidade o Senhor Sai Baba, bem como a nós, os mestres ascensionados do plano interior. Confiem que, seja qual for a maneira pela qual lhes respondermos, o seu chamado será respondido e vocês não estarão sozinhos!

Um Agradecimento Especial

Eu gostaria de dar agradecimentos especiais a Marti Elana Peace por seu dedicado trabalho na organização, na edição e na digitação deste livro. Seu trabalho altruísta e dedicado no tocante a isso é objeto de muita gratidão.

Índice das 420 Chaves de Ouro